O que as pessoas estão falando sobre
A Bíblia da Consultoria

"Uma coletânea incrivelmente abrangente de sabedoria sobre os caminhos para se ter sucesso em um negócio de consultoria. Consultores mais experientes poderão tirar dicas valiosas deste livro, e os que estão iniciando a carreira não conseguirão parar de ler."

John Zenger, CEO da Zenger Folkman e coautor best-seller de The Extraordinary Leader, The Inspiring Leader, *e* The Extraordinary Coach

"Alan Weiss é um genial consultor de marketing, que entende o negócio de dentro para fora. Aplique seus anos de experiência e conhecimento para criar o negócio de consultoria dos seus sonhos. Siga as dicas e os conselhos desse *expert* em consultoria, e o sucesso será imediato."

Dr. Nido Qubein, President da High Point University e Chairman da Great Harvest Bread Co.

"Se você é um consultor independente ou gestor de uma firma de consultoria, não pode deixar de ter *A Bíblia da Consultoria* em sua mesa, toda marcada, sublinhada e gasta de tanto usar. É um livro que deveria ser lido por todo consultor."

Daniel Burrus, autor de Flash Foresight *e* Technotrends

A BÍBLIA
da
CONSULTORIA

Copyright © 2011 by Alan Weiss.
Todos os direitos reservados. Tradução publicada mediante licença
do editor original John Wiley & Sons, Inc.

Título original: *The Consulting Bible: Everything You Need to Know to Create and Expand a Seven-figure Consulting Practice*

Todos os direitos reservados pela Autêntica Editora Ltda. Nenhuma parte desta publicação poderá ser reproduzida, seja por meios mecânicos, eletrônicos, seja cópia xerográfica, sem autorização prévia da Editora.

EDITOR
Marcelo Amaral de Moraes

REVISÃO
Lúcia Assumpção

CAPA
Diogo Droschi (sobre imagem de kmlmtz66/Shutterstock)

DIAGRAMAÇÃO
Guilherme Fagundes

REVISÃO TÉCNICA
Marcelo Amaral de Moraes

Dados Internacionais de Catalogação na Publicação (CIP)
(Câmara Brasileira do Livro, SP, Brasil)

Weiss, Alan
   A Bíblia da consultoria : métodos e técnicas para montar e expandir um negócio de consultoria / Alan Weiss ; tradutor Afonso Celso da Cunha Serra. -- 1. ed.; 5. reimp. -- São Paulo : Autêntica Business, 2025.

   Título original: *The Consulting Bible : Everything You Need to Know to Create and Expand a Seven-figure Consulting Practice*
   Bibliografia.

   ISBN 978-85-513-0246-0

   1. Consultores - Marketing 2. Consultores de negócios 3. Consultoria 4. Gestão de negócios 5. Sucesso nos negócios I. Título.

17-04546
CDD-658.46

Índices para catálogo sistemático:
1. Consultoria : Administração de empresas 658.46

A **AUTÊNTICA BUSINESS** É UMA EDITORA DO **GRUPO AUTÊNTICA**

Belo Horizonte
Rua Carlos Turner, 420
Silveira . 31140-520
Belo Horizonte . MG
Tel.: (55 31) 3465 4500

São Paulo
Av. Paulista, 2.073, Conjunto Nacional
Horsa I . Salas 404-406 . Bela Vista
01311-940 . São Paulo . SP
Tel.: (55 11) 3034 4468

www.grupoautentica.com.br
SAC: atendimentoleitor@grupoautentica.com.br

Alan Weiss, PhD

A BÍBLIA *da* CONSULTORIA

Métodos e técnicas
para montar e expandir um
negócio de consultoria

5ª reimpressão

TRADUÇÃO Afonso Celso da Cunha Serra

Este livro é dedicado a todos que entraram na profissão, melhorando as condições dos clientes e assim melhorando a vida das pessoas ao seu redor. Logo, este livro é dedicado a VOCÊ, e ao seu sucesso.

Sumário

Introdução	**17**
Seção I – Gênesis: consultoria como profissão	**19**

Capítulo 1

Origens e evolução: de onde viemos — 21

O papel do consultor	21
Necessidades contínuas	25
Várias formas	29
Exemplos de sucesso	32
O futuro	36
Tendência 1: Restabelecimento da lealdade empresarial	36
Tendência 2: RH transforma-se em incrível função minguante	37
Tendência 3: Insourcing *ou desfazendo a terceirização*	37
Tendência 4: Voluntariado	38
Tendência 5: Aprendizado right-on-time	39

Capítulo 2

Criação: como constituir e melhorar a presença da empresa — 41

Jurídico	41
Constituição da empresa	41
Proteção do patrimônio pessoal	42
Finanças	43
Apoio e recursos administrativos	43
Apoio e recursos emocionais	46

Aversão ao risco	46
Demanda de tempo e perda de atenção	47
Carreiras conflitantes	48
Duas estruturas disponíveis	50
O verdadeiro solista virtuoso: o consultor autônomo	50
O diretor da consultoria	51

Capítulo 3

Filosofia: suas crenças determinarão suas ações   55

Valor é mais importante que honorários	55
Reduzindo a intensidade do trabalho	58
Identificando os verdadeiros compradores	62
Acordo conceitual	65
Objetivos	66
Medidas do sucesso	67
Valor	68
Alavancagem	70
Princípios da alavancagem	70

Seção II – Êxodo: consultoria como negócio   **75**

Capítulo 4

A jornada: como comercializar o seu valor com rapidez e lucratividade   77

Gerando gravidade e atração	77
Prospectando com eficácia	81
Implantando mídias virais e sociais	84
Traçando uma Curva de Aceleração	87
Promoção desinibida	91
Estratégias de tecnologia	95

Capítulo 5

Presença: como ser autoridade e especialista   99

Criando e fomentando a marca	99
Expandindo produtos e serviços	102
Fazendo alianças	106

Negócios oriundos de referências	109
Referências de clientes	110
Referências de não clientes	110
Referências indiretas	111
Negócios de honorários fixos e periódicos	112
Trabalho global	116

Capítulo 6

Celebridade: como ser *a* autoridade e especialista — 121

Liderança intelectual	121
Autoria	124
Honorários com base no valor agregado	128
Terceirização, franquia, licenciamento	131
Terceirização	132
Franquia	133
Licenciamento	133
Predomínio do talento	134
Reinvenção	135
Criação de comunidades	138

Seção III – Deuteronômio: metodologia de consultoria — 143

Capítulo 7

A proposta perfeita: como redigir uma proposta que é sempre aceita — 145

Garantindo o sucesso	145
Descubra o comprador econômico	146
Desenvolva relações de confiança com o comprador econômico	146
Demonstre que você é parceiro do comprador, não subordinado	147
Sempre fixe prazos e datas definitivos	148
Acordo conceitual	148
Objetivos	149
Medidas do sucesso, ou métricas	149
Valor	150
Os nove componentes	151
1. *Avaliação da situação*	152
2. *Objetivos*	152

3. *Medidas do sucesso*	152
4. *Valor*	153
5. *Metodologia e opções*	153
6. Timing	153
7. *Responsabilidades conjuntas*	154
8. *Termos e condições*	154
9. *Aceitação*	155
Como apresentar	156
Nunca sugira fases	156
Remeta a proposta por entrega rápida	157
Crie cronogramas sujeitos a revisão	157
Não inclua penduricalhos	158
Antes de apresentar a proposta, faça uma pergunta-chave	158
Prepare-se para o sucesso	159
Como fechar e começar	159
O comprador quer uma reunião	160
O comprador diz que outras pessoas analisarão a proposta	160
O comprador ama a opção 3, mas diz que só tem verba para a opção 2	161
O comprador tenta negociar o preço	161

Capítulo 8

Implantação: fórmula mágica – resultados rápidos com baixa intensidade de trabalho

	163
O papel do comprador e campeão	163
O comprador deve ser exemplo do comportamento desejado	164
O comprador deve cobrar responsabilidade dos subordinados	164
O comprador deve usar seu poder quando necessário	165
O comprador é seu parceiro e deve agir como tal	166
Os principais *stakeholders* (partes interessadas) e pontos de influência	166
Evite a infiltração lenta do escopo	170
Correções de curso	173

Capítulo 9

Desengajamento: foi ótimo, mas realmente preciso ir

	177
Demonstrando o sucesso	177
Obtendo referências	180

Repetindo negócios com o mesmo cliente	183
Expansão	185
Adição	185
Transferência	186
Exploração	186
Criando depoimentos e referências	187
Prepare o comprador	187
Sempre ofereça opções	187
Procure outras pessoas além do comprador	188
Use multimídia	188
Dê exemplos do que você precisa	188
Garantia contra abusos	189
Se solicitado, escreva você mesmo, com opções	189
Com as referências, estipule o que se espera	189
Alavancagem no longo prazo	190

Seção IV – Atos dos apóstolos: implantando metodologias de consultoria · 195

Capítulo 10

Metodologias interpessoais: primeiro, as pessoas · 197

Coaching	197
Facilitação	200
Solução de conflitos	204
Objetivos	204
Alternativas	204
Conflito sobre objetivos	205
Conflito sobre alternativas	206
Negociação	207
"Precisares"	208
"Quereres"	208
Desenvolvimento de habilidades e competências	211

Capítulo 11

Equipes e grupos: ninguém é uma ilha · 217

Liderança	217
Planejamento da sucessão	220

Desenvolvimento de carreira 224
Equipes *versus* comitês 227
Comunicação e *feedback* 231

Capítulo 12

Desenvolvimento da organização: todos os cavalos do rei e todos os homens do rei... 235

Estratégia 235
Gestão da mudança 238
Mudança cultural 241
Gestão de crises 245
Inovação 248

Seção V – Provérbios: sucesso da consultoria 253

Capítulo 13

Ética de negócios: o que é legal nem sempre é ético 255

Quando coisas ruins acontecem com bons consultores 255
Estudos de casos 255
Loucuras financeiras 258
Proteção e plágio 262
Quando recusar negócios e dispensar clientes 265
Fazendo bem ao fazer certo 268

Capítulo 14

Estratégias de saída: nada dura para sempre 273

Construindo o patrimônio líquido 273
Licenciando a propriedade intelectual 276
Alcançando o equilíbrio na vida 279
Encontrando sucessores e compradores 283
Transição 286

Capítulo 15

Retorno e reinvestimento: construímos nossa casa e ela então nos constrói   291

Mentoreando outras pessoas   291
Avançando rumo ao estado da arte   295
Participando da evolução   299
O futuro   301

Apêndice Físico   307

Apêndice Virtual   315

Sobre o autor   317

Índice   319

Introdução

Este livro foi concebido e escrito para o consultor independente e para dirigentes das butiques de consultoria. Feito esse esclarecimento, quero deixar claro logo no começo desta Introdução que as estratégias, conceitos, metodologias e experiências aqui descritas são igualmente válidas tanto para o sócio quanto para os profissionais das grandes consultorias. Meu trabalho pioneiro sobre práticas de consultoria, *Consultor de ouro: guia profissional para a construção de uma carreira*, foi lido por mais de meio milhão de pessoas, desde a primeira edição, de 1992.

Portanto, a pergunta lógica é: "Em que este livro será diferente dos anteriores?".

Este é o meu livro mais abrangente sobre consultoria; ou seja, trata da profissão do começo ao fim, desde quando o profissional começa a trabalhar até quando alcança sucesso milionário, evoluindo de esteroide a estrela. Esta obra será atualizada e revisada sempre que necessário, mas também haverá acréscimos contínuos e orgânicos, por meio do Apêndice Virtual on-line (disponível, a qualquer momento, em http://summitconsulting.com). Basta ir à livraria do site, selecionar este livro e clicar em "Apêndice". O acesso nunca será cobrado, em momento algum.

Minhas ideias mais recentes foram incluídas neste livro, inclusive propriedades intelectuais recentes, como a Accelerant Curve (Curva de Aceleração), de Million Dollar Consultant®; a criação e o papel de posições de liderança intelectual; a expansão da Market Gravity™ Wheel (Roda de Gravidade do Mercado); a Market Value Bell Curve (Curva de Sino do Valor de Mercado); e como tornar-se objeto de interesse (ODI). Evidentemente, tudo isso está incorporado no contexto das condições sociais, tecnológicas e econômicas, assim como das tendências prováveis. Também demonstrarei como alcançar o equilíbrio no sucesso em períodos de volatilidade contínua, *e como criar sua própria volatilidade.*

Finalmente, uma das críticas a meus trabalhos anteriores, a de que mais gosto (e que acho mais engraçada), é de que não explico como tornar-se grande empresa, com empregados, ativos e infraestrutura. Essas críticas são improcedentes.

Sou profissional autônomo. Não tenho pessoal, e minhas margens são de 90% – fico com o que recebo. Essa é uma Bíblia para levá-lo à terra prometida, onde você é totalmente independente, está sujeito a vitórias e a derrotas, pelas quais será o único responsável. E pode investir no próprio futuro, na profissão e em seu legado, porque está criando a maior de todas as riquezas, seu próprio tempo discricionário, com o qual faz o que quiser, quando quiser. É o também chamado tempo livre. Aqui você encontrará conselhos sobre como montar uma empresa, com base em um de dois modelos de negócio viáveis. Lembre-se, porém, de que você não quer passar 40 anos andando sem rumo pelo deserto até descobrir o modelo perfeito. Você merece alcançar o sucesso no meio do caminho.

Dei a este livro um nome sagrado, porque nossa vocação também é sagrada. Não importa que você seja novato ou experiente. Vou mostrar-lhe como tornar-se brilhante na arte de cativar e de ajudar clientes, de modo a enriquecer sua vida e a vida das pessoas ao seu redor.

Primeiro, contudo e sobretudo, é preciso acreditar.

Alan Weiss
East Greenwich, RI
Março de 2011

—————— SÈÇÃO I ——————

GÊNESIS: CONSULTORIA COMO PROFISSÃO

Origens, evolução e requisitos básicos da
consultoria bem-sucedida. Algumas realidades
são evidentes em si mesmas e são eternas.

Capítulo 1

Origens e evolução: de onde viemos

O papel do consultor

Um dia, em pleno pleistoceno, depois da última glaciação, um caçador tentava afiar sua ponta de lança para matar mais rápido os javalis que alimentavam seu clã e para defender-se dos lobos ferozes que comiam seus companheiros. Para tanto, recorreu ao único meio que conhecia, aprendido com o pai – desgastar por abrasão, diligentemente, o gume da arma, arrastando-o numa pedra maior.

Nesse dia, porém, um forasteiro passava pelas imediações, talvez buscando paragens mais amenas, talvez fugindo da própria tribo, na condição de exilado, ou, quem sabe, não seria absurdo, perambulando ao léu, vagando sem rumo. Observando o trabalho do caçador, o estranho ensinou-lhe que a ponta de lança devia ser atritada em rocha mais dura, de modo algum em superfície mais macia, e mostrou-lhe como escolher a pedra certa. Não era qualquer rocha que serviria para essa finalidade. E, de fato, o método proposto pelo estranho funcionou e o caçador confeccionou uma ponta de lança mais aguda e afiada em menos tempo. O forasteiro recebeu os agradecimentos, aceitou alimentos e provisões para a viagem, e foi agraciado com um dente de leão. Prosseguiu, então, jornada afora, bem alimentado e com um talismã.

Nascera a consultoria.

Evangelho

O papel do consultor é melhorar as condições do cliente.

Talvez não tenha acontecido dessa maneira, mas nada impede que tenha sido assim. A consultoria – como conselho, sugestão, recomendação – sempre foi parte das relações sociais, desde quando os bípedes humanos começaram a viver juntos. O atributo de ser "a mais antiga profissão" tem sido atribuído, indevidamente, a outra carreira, embora há quem diga que a consultoria também tem algo de meretrício quando prestada com segundas intenções ou executada com imperícia.

Nosso trabalho é melhorar as condições do cliente. Os médicos são consultores, e uma das primeiras coisas que aprendem nas faculdades de medicina é *primum non nocere* (primeiro, não fazer mal), preceito do grego Hipócrates, ainda hoje reiterado, embora nem sempre observado. Quando vamos embora, a condição do cliente deve ser melhor do que a de quando chegamos. Se assim não for, *nós* fracassamos. (Esse "nós" pode significar que o cliente e o consultor fracassaram, mas, em todo caso, compartilhamos o fracasso.)

Simples assim.

Praticamos a consultoria de *gestão* como consultor independente e como dirigente de pequenas empresas de consultoria, as chamadas butiques de consultoria (ou como consultores e sócios de grandes empresas). E isso não começou quando bichos-preguiças tão grandes quanto árvores vagueavam pelo planeta. Brotou e floresceu durante a vida de muitos de nós e de nossos contemporâneos.

A primeira empresa de consultoria foi a A. D. Little, fundada em 1886, por um professor do MIT. No início, era basicamente uma empresa de pesquisa técnica. A Booz Allen Hamilton, fundada por Edwin G. Booz, da Kellogg School, na Northwestern University, em 1914, foi a primeira a servir a clientes industriais e governamentais. (Só depois do começo da Grande Depressão é que essas consultorias independentes se expandiram, contratando mais profissionais e ampliando o espaço de escritório.)

Muitos, talvez a maioria, dos cronistas da consultoria de gestão rastreiam suas origens aos primórdios de Frederick Winslow Taylor, o famoso guru dos estudos de tempos e movimentos, no começo do século passado, que, alegadamente, teria espalhado pelo mercado engenheiros industriais e consultores organizacionais, que mediam e melhoravam a eficiência das fábricas. Dois são os principais equívocos dessa gênese simplista. Primeiro, foi a regulação governamental e as exigências da Segunda Guerra Mundial que propiciaram o advento da consultoria tal como a conhecemos hoje. E, segundo, o taylorismo se baseava numa grande farsa – Taylor manipulava seus números. Ao medir a eficiência de uma atividade (digamos, um operário movimentando carvão com uma pá), Taylor calculava o tamanho da pá, a distância a ser transposta com a ferramenta, a quantidade possível de levantamentos por minuto, e assim por diante. *Ele, contudo, nunca considerou o fator fadiga, inerente a todos os trabalhos físicos.* As pessoas perdem eficiência, quanto mais trabalham. Quando essa falha se tornou evidente, Taylor simplesmente tirou números do nada para ajustar-se à realidade inconveniente. O trabalho dele foi desacreditado ainda enquanto vivia.[1] Só depois da transformação global, resultante da Segunda Guerra Mundial, a consultoria de gestão atravessou o oceano, dos Estados Unidos para a Europa.

A partir desse início controverso,[2] a consultoria de gestão ostentou crescimento acelerado, primeiramente nos Estados Unidos. A natureza igualitária da democracia americana fomentou a crença de que até as pessoas situadas no topo da hierarquia podiam recorrer a especialistas (ao contrário, digamos, da crença europeia, de que as posições mais elevadas deveriam ser ocupadas por familiares, colegas de escola, membros da nobreza, ou concedidas por ato de autoridade), e que pedir ajuda era demonstração de força e lucidez, em vez de indício de debilidade ou incompetência.[3]

Já antes da guerra, porém, a regulação governamental, na verdade, promoveu a consultoria independente. Ao contrário da mentalidade de oficina de Taylor, a consultoria de gestão focava mais na estrutura organizacional – na burocracia, se você preferir. Os especialistas externos (Fig. 1.1) eram contadores, engenheiros, advogados e outros profissionais que trabalhavam para bancos comerciais, a cujos clientes prestavam consultoria.

Em meados da década de 1930, a legislação do New Deal, como a Glass-Steagall Act, proibiu os bancos de exercer atividades não bancárias, o que os impedia de contratar e remunerar esses especialistas. Os bancos, no entanto, continuaram orientando os clientes a recor-

---

[1] Ver *The One Best Way*, Robert Kanigel (Viking, 1997), para uma história fascinante de Taylor e de seu trabalho.

[2] No começo, também havia consultores autônomos, ou virtuoses solistas, como o lendário James McKinsey.

[3] Como evidência disso, a primeira conferência de consultoria de gestão foi organizada em 1888, pelo Correio alemão. De acordo com os registros, ninguém compareceu.

rer aos serviços especializados para melhorar a qualidade da gestão e possibilitar o pagamento das dívidas.

Por conseguinte, a consultoria de gestão independente foi impulsionada pela regulação governamental pós-depressão.[4] James McKinsey, por exemplo, cultivava com assiduidade o relacionamento com os bancos, para conquistar os negócios de consultoria que os próprios bancos, até então, ofereciam aos clientes.

A guerra também acarretou grandes transformações demográficas e culturais, mais relevantes para os nossos propósitos, resultantes das migrações do meio rural para o meio urbano, assim como da educação e do treinamento em massa de pessoas que até então jamais haviam desfrutado de tais oportunidades, muito menos com tanta rapidez, além de emprego de mulheres na indústria e no comércio. Depois da guerra, a consultoria de gestão passou a envolver, nitidamente, dois componentes, não mais se limitando à *expertise* específica, de determinado conteúdo, para também abarcar o domínio de processos praticados com maestria e aplicáveis em vários empreendimentos públicos e privados.[5]

Vê-se a relação entre os dois conteúdos na Fig. 1.1. O consultor que é apenas especialista em conteúdo (sapatas de freios, controle de tráfego aéreo, erros médicos), sem conhecimento de processos a serem aplicados no cliente, inclusive com transferência de tecnologia, atua mais como *perito*, a exemplo dos que depõem em processos judiciais. Sua *expertise* é procurada em áreas específicas, por tempo limitado. Se não houvesse sapatas de freios ou controle de tráfego, o consultor seria irrelevante.

O eixo horizontal denota a habilidade de aplicar processos a situações reais e de transferi-los aos clientes. Se isso é tudo, e não há, em absoluto, *expertise* de conteúdo, temos, então, o equivalente a um *facilitador*, que conduz reuniões e evita desordens, mas não oferece capital ou propriedade intelectual. O eixo horizontal, porém, complementa o domínio de processos com a *expertise* de conteúdo. A resultante dos dois eixos é a diagonal.

---

[4] Christopher D. McKenna, da Universidade Johns Hopkins e da Universidade de Oxford, escreveu trabalhos extensos sobre os fatores governamentais que promoveram a consultoria independente.

[5] Edgar Schein é provavelmente o criador do termo "consultoria de processos". Ver seu livro *Princípios da consultoria de processos: para construir relações que transformam* (Fundação Petrópolis, 2008) e meu livro *Process Consulting* (Jossey-Bass/Pfeiffer, 2002).

Sugiro que a diagonal representa o poder em consultoria: o consultor que aplica e transfere o domínio de processos, mas que também maneja com extrema destreza a *expertise* de conteúdo. Essa pessoa se torna colaborador e parceiro do cliente, e oferece muito mais valor (e cobra honorários muito mais altos) que os colegas, que se encontram nos extremos de um dos eixos, mas não de ambos.

Fenômenos recentes são o deslocamento de empresas tradicionais de auditoria e contabilidade para a consultoria de gestão mais generalizada. A confiança de que eram depositários ao lidar com as finanças da empresa foi transferida para outras áreas de atividade, ainda que com resultados mistos — a mentalidade de auditoria resultou na prática de faturamento por tempo consumido, que analisarei com mais profundidade mais adiante, concluindo tratar-se de prática insensata, antiética e imperdoável.

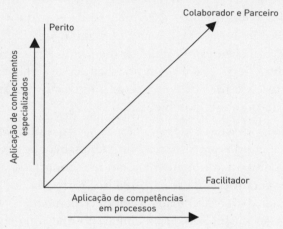

Figura 1.1 – Relações entre habilidades e conteúdo

Finalmente, lembre-se de que a IBM extrai a maior parte de seus lucros não do hardware nem do software, mas de suas operações de consultoria. Isso diz muito sobre o futuro. Ninguém conhece realmente a receita total da prática de consultoria de gestão. Estimo, porém, que, em âmbito global, é superior a US$ 400 bilhões.

Necessidades contínuas

Concluímos que nosso papel é melhorar as condições do cliente. O cliente é a pessoa que autoriza o pagamento de nossos honorários, com seu próprio orçamento. Chamo essa pessoa de *comprador econômico*.

O cliente é o comprador, não a organização. O cliente é um ser humano, não uma entidade inanimada.

Eu sei que você prefere incluir a General Electric ou a Boeing como seu cliente. E todos agimos assim. Muito poucos clientes, contudo, têm autoridade para contratar o consultor em nome de toda a organização, e mesmo os que têm esse poder – CEOs, presidentes de Conselhos – quase sempre nos contratam para ações de escopo limitado. A lealdade do consultor é para com o comprador econômico, a pessoa cuja condição deve ser melhorada. (O consultor só pode renunciar a essa lealdade se descobrir que o comprador está em conflito ético ou legal com a organização.)

"Necessidade" para o comprador se manifesta em três sabores:

1. *Necessidades preexistentes* – são necessidades primordiais, tradicionais e legítimas, hoje e amanhã, abrangendo áreas como relações com clientes, expansão de mercados, estratégia, solução de conflitos, inovação, e assim por diante. Até os faraós tinham necessidade de formar equipes, mas optavam por atendê-las com a metodologia do chicote.

2. *Necessidades criadas* – todos os clientes sabem o que *querem*, mas pouco sabem do que *precisam*. Ninguém sabia que precisava de um dispositivo para prender na cintura, conectado a fone de ouvidos, para tocar música, mas Akio Morita, da Sony, criou a necessidade com o Walkman (apesar das recomendações internas em contrário, para não se precipitar, porque ninguém queria aquilo). Esse foi o avô do iPhone, um dos produtos de consumo mais populares da história. Quando se vê um pedido de proposta (PDP), que é realmente uma alternativa predeterminada ("Estamos procurando um workshop de treinamento de liderança, com duração de três dias, que inclua estudo de casos..."), trata-se, de fato, de uma alternativa arbitrária, criada por pessoas que sabem o que querem, mas, provavelmente, não sabem do que precisam. (Será a deficiência de liderança, na verdade, resultado de atitudes negativas, não de habilidades insuficientes?)

3. *Necessidades antecipadas* – globalização, aumento da volatilidade, mudança nos costumes sociais, avanços tecnológicos, e outras ondas de mudança devem capacitar qualquer consultor a prever necessidades futuras para os clientes, tais como a de gerenciar

equipes remotas, cujos membros nunca se veem uns aos outros, de terceirizar alguns serviços, de incorporar outros, e de criar novos níveis de segurança interna para os computadores.

> ### Evangelho
>
> Todos os clientes sabem o que querem (desejos). Poucos sabem do que precisam (necessidades). Essa diferença é o valor agregado pelo consultor.

Vê-se na Fig. 1.2 que a distância de valor do consultor é a diferença entre o que os clientes dizem que querem e o que o consultor demonstra ser de fato necessário. Geralmente se chega a esse resultado simplesmente fazendo essa pergunta complexa: "Por quê?".

"Queremos um programa de treinamento de liderança. Pode você desenvolver esse programa?"

"Sim, mas por que você quer isso?"

"Depois que as pessoas chegam a gerente distrital, nossa rotatividade de pessoal sobe muito. É óbvio que os ocupantes não estão preparados para o exercício da função."

"Essa é uma possibilidade. Mas as viagens frequentes, as pressões da administração e o manejo das exigências administrativas também podem ser fonte de forte estresse e insatisfação, certo?"

"É verdade."

"Não deveríamos, então, investigar as verdadeiras razões e formular respostas adequadas? O treinamento em si talvez não contribua muito."

Uma das principais falhas dos consultores malsucedidos é *aceitarem os desejos dos clientes como se fossem necessidades reais.* As necessidades reais quase sempre se situam além e acima dos desejos expressos. Caso você atenda aos desejos do cliente, sem questionamento (situação em que não há distância de valor), ou os satisfaz apenas em parte (situação em que a distância de valor é pequena), seu valor como consultor não é muito grande.

A Bíblia da Consultoria **27**

Se, porém, você demonstra ao cliente que é preciso atacar as verdadeiras causas do problema (necessidades reais), torna-se possível ampliar o projeto, encantar o cliente, e, o que não é nada surpreendente, cobrar honorários mais altos.

Esse conceito de necessidade é crucial para o sucesso da consultoria. Ninguém, mas ninguém mesmo, quer saber de sua missão, visão ou valores, platitudes alardeadas, monotonamente, em inúmeros sites de consultores:

Figura 1.2 – Distância de valor

"Acreditamos no mais alto nível de integridade e ética."

Ah, isso é péssimo, eu estava procurando um consultor antiético.

Suas próprias crenças e valores, assim como a história da empresa, são irrelevantes e por demais entediantes para os compradores. O que os fascina são a própria história, valores e crenças. Quanto mais você oferecer o que é relevante para eles, mais você atrairá a atenção deles. E nunca se esqueça de que os compradores têm dois conjuntos de necessidades: profissionais e pessoais.

Portanto:

- Nunca aceite o que o cliente diz que quer (mesmo que se refira a "necessidade"). Procure descobrir que condições o levaram a mexer naquela coceira.
- Sempre busque as necessidades profissionais (por exemplo, equipes autodirigidas, que criam interfaces inconsúteis, ou integradas, com os clientes, sem duplicação ou confusão), e as necessidades pessoais (por exemplo, quero deixar de atuar como árbitro das equipes entre si e destas com os clientes).

Não importa o seu tipo de consultoria, esses fatos são imutáveis. As várias formas sob as quais se manifestam, no entanto, têm algumas diferenças entre si.

Várias formas

Hoje, todo mundo é consultor. Não há barreiras de entrada, o que é bênção e maldição. Quando escrevi *Consultor de ouro: guia profissional para a construção de uma carreira*, em 1991, descobri que qualquer quiromante no calçadão de Atlantic City deve ser aprovado em mais exames e cumprir mais regulamentos do que qualquer consultor independente. Aposto que isso ainda é verdade hoje, embora ninguém alegue ser quiromante na tentativa de encobrir que está, de fato, no recesso entre empregos, como os atores gostam de dizer.

Quero estabelecer uma diferença nítida:

► Consultor é alguém que melhora as condições dos clientes, transmitindo-lhes conhecimentos, competências, habilidades, comportamentos, conteúdos, conselhos, experiências e outros fatores singulares, em período predeterminado. O consultor é parceiro do comprador, e ambos especificam os parâmetros dos serviços, de comum acordo. O consultor fornece capital intelectual, geralmente na forma de propriedade intelectual. Os melhores consultores cobram honorários com base no valor agregado (*ad valorem*)

► O contratado ou subcontratado é alguém que executa trabalho para o comprador, sob a supervisão e a critério deste, atuando como trabalhador temporário, ajudando a executar os trabalhos definidos pelo cliente. O contratado é de fato um trabalhador temporário, e quase sempre é remunerado por unidade de tempo, geralmente por hora. Está no mesmo nível de outros trabalhadores internos. Na maioria dos casos, não contribui com capital intelectual exclusivo, pelo que não está sendo remunerado.

Muitos dos leitores talvez estejam tendo faniquitos ou até deixaram o livro de lado, para tomar umas e outras, que, espero, seja de boa qualidade. Essa, porém, é a minha história, e insisto nela.

A Bíblia da Consultoria

Como talvez vocês estejam pensando, muitas pessoas que se autointitulam consultores realmente não o são. Meu palpite esclarecido, com base na experiência dos últimos 25 anos, de boa e má economia, é que apenas a metade dessa gente é consultor de verdade.[6] Se eliminarmos os que se encontram na entressafra de dois empregos, que se apresentam como consultores para manter a dignidade, e os que são de fato subcontratados, sem o DNA de consultor, talvez haja 200 mil consultores nos Estados Unidos, e possivelmente o dobro em todo o mundo.

E acho que só uns 50% deles mantêm estilo de vida razoável, sem outras fontes de renda (o trabalho do cônjuge, o poço de petróleo no quintal, ou a ajuda da titia). Não mais que 20% destes últimos auferem cifras de seis ou sete dígitos. Voltarei a esta história mais adiante.

Também é possível que você já tenha percebido, horrorizado, que talvez 90% das pessoas que se autodenominam consultores de tecnologia da informação (TI) não passam, de fato, de assistentes remunerados, sem os benefícios.

Evangelho

Se você é mão de obra, sem cérebro, você não é consultor. Você é, provavelmente, um tarefeiro mal pago.

Eu, pessoalmente, atuei como mentor de consultores de TI em todo o mundo, e os ajudei a se tornarem verdadeiros consultores, parceiros de seus compradores, que cobram pelo valor agregado. Trata-se, contudo, de tarefa difícil. Grande parte dos recursos de TI se resume em fazer – escrever programas, consertar defeitos, testar novos relacionamentos. Esses indivíduos não estão contribuindo com o próprio capital intelectual, nem atuando como parceiros ou assessores do executivo de informática ou de tecnologia (que deveria ser seus compradores).

Portanto, na realidade, a oferta mundial de consultores é menor do que se supõe, ao passo que a demanda está em constante crescimento. Em outras palavras, isso significa que seu potencial de incluir-se nos

---

[6] Organizações de pesquisa, como a Kennedy Information, em Peterborough, New Hampshire, estima esse número em cerca de 400.000.

30 A Bíblia da Consultoria

20% do topo é bastante alto, caso você pelo menos encare a profissão com a diligência de um quiromante.

Até que ponto isso é difícil?

Na Fig. 1.3, reapresento um gráfico anterior com mais detalhes.

Já defendi aqui a abordagem diagonal, e, como você verá, ela de fato envolve três fatores, não apenas dois:

① A extensão em que você oferece conteúdo útil ao cliente.
② A extensão em que você oferece processos úteis ao cliente.
③ A extensão em que você conquista a confiança do comprador.

Conteúdo: O cliente já está imerso em conteúdo, o que, não raro, é problema — eles respiram o próprio ar viciado. (Certa vez, tive de lembrar a executivos da Mercedes-Benz que não lhes faltavam *experts* em automóveis, tão numerosos que tropeçavam uns nos outros, embora estivessem resolvendo os problemas dos clientes.) A capacidade do consultor, porém, de aplicar as melhores práticas do conteúdo com que se envolveu em outros lugares (e o conteúdo não precisa ser idêntico, basta que seja análogo) é extremante valiosa. A extensão em que você avança no eixo vertical depende de sua interação com o cliente, desde ficar sentado em uma sala, sozinho, até a prática informal de relações públicas.

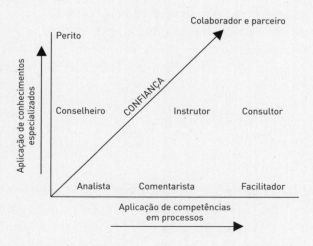

Figura 1.3 – Conteúdo, processos e confiança

Processo: Você pode acrescentar à sua contribuição processos de aplicação universal, com os quais o cliente não esteja familiarizado ou nos quais simplesmente não seja muito bom. A maioria dos clientes que enfatiza muito o conteúdo não é habilidosa nos processos de solução de conflitos, ou de definição de prioridades, ou de formulação de estratégias, pela simples razão de que dedica boa parte do tempo a questões de conteúdo. À medida que você avança no eixo horizontal, mais uma vez você se movimenta dos "bastidores" para o "palco".

Confiança: Este é o fator crítico que o impulsiona para o topo e o converte em parceiro do comprador. As seguintes condições são importantes para desenvolver a confiança com rapidez e eficiência:

- Apresentar-se por meio de um dos parceiros do comprador.
- Publicar um livro.
- Desenvolver modelos exclusivos, com registro de propriedade intelectual.
- Comportar-se e vestir-se como profissional bem-sucedido.
- Oferecer valor logo no começo, e reiterá-lo com frequência.

Vamos definir confiança: é a crença genuína de que você está agindo em defesa de meus melhores interesses. Isso significa que aceitarei de bom grado todas as críticas, porque sei que sua intenção é construtiva. Se, porém, não confio em você, desconfiarei até de cumprimentos, receoso de alguma intenção oculta em suas palavras.

A consultoria é multiforme e matizada, como reconhece a sabedoria popular. Rejeito, no entanto, quem usa o título enquanto presta serviços como autônomo e procura emprego em tempo integral. Esse repúdio talvez pareça elitista; consultoria, porém, é uma profissão nobre, para a qual se precisam definir alguns padrões, tarefa a que ninguém parece dedicar-se.

Vejamos como é o sucesso na profissão.

Exemplos de sucesso

É fácil falar em "galgar novos níveis", "fazer grande sucesso" e "turbinar a carreira", mas o que realmente significam essas metáforas? Elas referem-se a mais clientes, mais dinheiro e mais tempo?

Primeiramente, descreverei o que constitui um consultor de sucesso, em termos genéricos. Ele ou ela se caracteriza pelos seguintes atributos:

- Antecedentes comprovados de contribuir para a melhora das condições dos clientes, durante vários anos.
- Depoimentos de compradores, por escrito ou em vídeo, atestando resultados específicos produzidos pela consultoria.
- Trabalho para empresas ou pessoas além de um nicho estreito (e, em última análise, tão amplo quanto possível).
- Atuação em âmbito nacional e internacional.
- Agregação de valor por meios remotos ou alternativos, além da presença física.
- Renda suficiente para sustentar o estilo de vida almejado, assim como para gerar poupança e propiciar o planejamento financeiro adequado.
- Marca e presença no mercado, garantindo amplo conhecimento de que o consultor atua no mercado e assegurando credibilidade imediata junto aos clientes potenciais.
- Respeito dos pares e destaque na profissão, levando o consultor a ser reconhecido e citado.
- Propriedade intelectual, abrangendo canais de distribuição impressos, auditivos, visuais e eletrônicos.
- Vida pessoal em sincronia com a vida profissional, e tempo livre para a realização contínua dos próprios interesses.

Um dos consultores de que fui mentor, uns oito anos atrás, fazia cerca de meio milhão de dólares por ano, na época, e trabalhava quase sem parar, encaixando-se no estereótipo da "banda de solista". Hoje, o negócio dele rende US$ 2,5 milhões anuais; recorre com regularidade a cinco subcontratados, rejeita negócios que não lhe interessam, tem uma agenda de trabalho de dois anos, *e tira 12 semanas de férias todos os anos*. Nas férias, entre suas atividades típicas, destacam-se nadar entre ilhas caribenhas e fazer excursões personalizadas, com duração de um mês, entre uma dúzia de atrações turísticas mundiais.

Talvez você não precise de renda de um milhão de dólares,[7] nem de três meses de férias, mas isso é só para lhe dar uma ideia. Você deve ser capaz de realizar seus desejos razoáveis na vida, e até superá-los. Se algum dia eu tivesse preparado um plano de negócios ou cultivado, cerca de trinta anos atrás, aspirações ambiciosas, talvez *nunca* tivesse imaginado, nem sonhado que chegaria a essa situação hoje. Nunca.

---

[7] Cinco de meus livros têm títulos com "Million Dollar", pois, acredite-me, cem mil dólares não é mais o que já foi.

> **Evangelho**
>
> Um plano de mercado o empurrará para a frente. Um plano de negócios o matará, porque você pode realizá-lo.

Sucesso significa ter um plano de mercado, em constante evolução, do qual você cuida todos os dias. Como muitos de seus aspectos são passivos, você pode tirar longas férias e ainda contar com o plano de mercado trabalhando para você. O sucesso, porém, nunca significa ter um plano de negócios, porque eles são notoriamente inexatos e se convertem em lamentáveis profecias autorrealizáveis.

Se você planeja aumentar a receita em 20%, ou conquistar quatro novos clientes, ou expandir seu site na internet, é bem possível que você o execute – talvez em detrimento de muito mais! Você não quer aumentar a receita em 20%; você quer maximizar a receita, maximizar a conquista de novos clientes e expandir sua presença na internet (que tal um blog?).

Durante uma entrevista com o então CEO do State Street Bank, para um contrato de US$ 350.000, ele disse: "Aumentamos a receita líquida em 22% ao ano, durante meu mandato, nos últimos cinco anos. Por que precisaríamos de você?". Nos três segundos seguintes, minhas chances eram de ganhar ou perder um terço de milhão de dólares.

Então, respondi-lhe: "Como você sabe que não poderiam ser 34%?". Ele pensou por alguns segundos, sorriu, e disse: "Você está contratado".

Voltemos ao refrão tão batido: a verdadeira riqueza é tempo livre. O dinheiro é só o combustível dessa riqueza. Ironicamente, muitos consultores que perseguem o sucesso são como cães que correm atrás de carros. Provavelmente, não alcançarão o carro e, se conseguirem, não saberão o que fazer com o carro. Ainda mais irônico é que muita gente está ocupada fazendo tanto dinheiro que, na verdade, estão corroendo a própria riqueza.

Agora, associe essa premissa a outro princípio – SHBM: Sempre Há um Barco Maior.

O ponto principal não é ter o máximo; é ter o suficiente para realizar os seus propósitos, assumindo que seus propósitos crescerão à medida que você cresce. Família, interesses, filantropia, amigos e outras considerações geralmente demandam mais apoio, à medida que amadurecemos. É natural e previsível.

Quando eu passava as férias em St. Barth, poucos anos atrás, todos os melhores embarcadouros na marina local estavam ocupados: seis iates, que deviam valer US$ 20 milhões cada, estavam ancorados uns junto aos outros, para-choque com para-choque, como carros no estacionamento de um supermercado. Ao largo, na baia, viam-se dezenas de outros, que não cabiam na marina.

Sempre há um barco maior. O importante é ser capaz de adquirir o barco certo para você, em determinado momento, e progredir para outros maiores, quando adequados às suas necessidades, jamais para corresponder às expectativas de outras pessoas ou para enfrentar os desafios de seu ego.

Levanto esses atributos e filosofias de sucesso logo no começo, para que você os assimile à medida que aprende os métodos estratégicos e táticos expostos nos próximos capítulos. Esses são os parâmetros genéricos do sucesso, que observei e desfrutei ao longo de décadas na profissão. Os específicos dependerão de seu estilo de vida, de seus interesses e de suas intenções.

Finalmente, a melhor maneira de conquistar o sucesso, sob qualquer critério, na profissão de consultoria é ser generalista, não especialista. O refrão surrado "Especialize-se ou morra" soa como o lema oficial de New Hampshire, Estados Unidos: "Viva com liberdade ou morra" (*Live free or die*).

Meu mote é "Generalize e progrida". É uma equação simples: Quanto mais clientes potenciais você tiver, mais frequentes serão as suas oportunidades de fechar negócios. Quanto mais atraente você for para mais pessoas, mais você será procurado.

Ao adicionar adjetivos às suas propostas de valor, você passa a estreitar seu campo de atuação até elas caberem numa cabeça de alfinete. Qual destas duas propostas de valor é mais atraente para mais pessoas:

1. Aceleramos o tempo de fechamento das vendas e reduzimos os custos de aquisição.

2. Aceleramos o tempo de fechamento das vendas e reduzimos os custos de aquisição de mutuantes hipotecários de médio porte situados na Nova Inglaterra.

A primeira *também* atrairá mutuantes hipotecários de médio porte situados na Nova Inglaterra. A segunda *só* atrairá mutuantes hipotecários de médio porte situados na Nova Inglaterra.

O futuro

Em geral, tendências e projeções para o futuro são reservadas para o último capítulo do livro. Estou inovando aqui, porque, como você, basicamente, se preparará para o futuro ao longo dos próximos capítulos, talvez seja boa ideia chegarmos a um acordo, antecipadamente, quanto ao que o futuro nos reserva! Conforme observou Sócrates, "Quando não se conhece o porto para onde se veleja, nenhum vento é favorável".

Assim sendo, como aproveitar os bons ventos e evitar as calmarias?

Quem faz previsões instantâneas, como em um livro, pode enfrentar sérios problemas, pois os acontecimentos podem mudar com muita rapidez. Atenuarei, porém, esse problema de duas maneiras.

Primeiramente, estou oferecendo um apêndice eletrônico (disponível em: http://summitconsulting.com), ao qual você terá acesso contínuo para manter-se atualizado. Segundo, focarei não só no preço do ouro e no futuro das energias alternativas, mas também em *processos e sistemas* que influenciarão nossos clientes e, portanto, *nós*, em áreas muito amplas.

Tendência 1: Restabelecimento da lealdade empresarial

O pêndulo oscilará de volta a mais lealdade entre organizações e empregados. Surgirá um grupo pequeno, mas importante, de não executivos, que será fundamental para atender às necessidades de talento residual. A organização os cativará e os fomentará por meio de generosos sistemas de bônus e pacotes de benefícios. Eles, por seu turno, atuarão como as pessoas do Google e da Apple agem hoje — aliando-se integralmente à organização, gerando ideias e inovações, e ajudando, quando mais não seja, pela simples presença, a recrutar e selecionar mais gente da mesma espécie.

O que isso significa para os consultores: maiores serão as demandas por retenção de pessoal, gestão de pessoas, organização matricial, políticas de remuneração e incentivos, e necessidades correlatas, para a construção de ambientes de trabalho produtivos. Não se trata, em absoluto, de situação inédita. Em vários momentos do passado, empresas como Merck, Hewlett-Packard, Levi Strauss e FedEx exibiram esse perfil.

Tendência 2: RH transforma-se em incrível função minguante

Os departamentos de recursos humanos (RH) continuarão a encolher. Suas funções transacionais (administração de benefícios, movimentação de pessoal, e assim por diante) já foram terceirizadas com sucesso ao longo das duas últimas décadas. Restam, então, as funções transformacionais (gestão da mudança, reformulação organizacional, planejamento de sucessões, e assim por diante), que, em geral, têm sido manejadas com ineficiência e ineficácia por recursos humanos, que se restringem a seguir todos os modismos e neologismos milagrosos de acadêmicos e gurus das mais diversas estirpes. Caso você questione essas afirmações, basta olhar para o mercado à sua frente e ao seu redor. Ele não está sendo atendido pelas organizações que precisam de consultores. E, ao escrever essas palavras, não me lembro de um único executivo de RH que tenha sido promovido a CEO de uma empresa da Fortune 500 nos últimos dez anos. A carreira em recursos humanos tornou-se um beco sem saída.

O que isso significa para os consultores: fornecemos respostas eficazes, em relação ao custo, às necessidades transformacionais. Chegamos, melhoramos e partimos sem pacote de benefícios, sem interesses políticos, e sem intenções de instalar-nos numa sala de esquina ou desfrutar de fundos de pensão. Competências em gestão de mudanças e em desenvolvimento organizacional serão muito demandadas e, em geral, serão atendidas por profissionais autônomos, em vez de por empresas especializadas, que desembarcam em sua organização com 50 pessoas e criam um pseudodepartamento de recursos humanos!

Tendência 3: *Insourcing* ou desfazendo a terceirização

Os clientes resistirão cada vez mais a se entender com representantes de empresas, a meio planeta de distância, só porque a administração supõe que, por usarem bonés ou camisas de times de beisebol, elas seriam capazes de responder com eficácia a americanos em busca de ajuda. ("Meu nome é Alan Weiss e moro em Rhode Island, Nova York." "Obrigado por sua ligação, Mr. Alan, e em que parte de Nova York se situa Rhode Island?") A economia resultante da terceirização de atividades para lugares distantes se esvai rapidamente através de dois furos no barco: o primeiro furo é o trabalho a ser feito em casa para compensar os erros cometidos em *call centers* remotos; o segundo é a fuga de clientes, enxotados pelas longas esperas e pelo mau atendimento.

A Delta Airlines foi a primeira grande empresa de aviação, por exemplo, a trazer de volta para casa algumas atividades terceirizadas.

O que isso significa para os consultores: as empresas não tolerarão serviços de terceiros ineficientes, locais ou remotos, só por parecerem menos onerosos à primeira vista. O barato às vezes sai caro. A tecnologia deverá ser otimizada, os tempos de espera terão de ser reduzidos drasticamente, e os atendentes precisarão ser treinados para decidir com rapidez como lidar com a reivindicação ou a reclamação de um cliente.[8] A fusão de tecnologia e empatia será exigência incontornável para a redução de custos e aumento da produtividade.

Evangelho

Você não progride como consultor fazendo melhor o que já fazia ontem. Você progride antecipando-se ao amanhã.

Tendência 4: Voluntariado

Grande será a difusão do voluntariado, em consequência do envelhecimento da população e da grande quantidade de pessoas aposentadas com muito tempo livre, da ética americana de ajudar os outros (muito mais forte nos Estados Unidos do que na Europa, onde se espera que o governo cuide das pessoas carentes), e da tendência das empresas de emprestar pessoal a organizações comunitárias sem fins lucrativos, e outros movimentos sociais. Entretanto, como eu já disse em numerosos Conselhos de Administração, de organizações culturais e filantrópicas, é preciso não confundir as coisas, "sem fins lucrativos não significa sem profissionalismo". A desculpa "Sou apenas um voluntário" não justifica a displicência gerencial, o desperdício de recursos e a decepção dos diferentes públicos.

O que isso significa para os consultores: as organizações sem fins lucrativos, desprovidas de fundos públicos e de doações privadas, em comparação com os padrões históricos, têm conseguido sobreviver graças ao voluntariado generoso e à administração eficaz dos

---

8 Um simples e-mail para um Serviço de Atendimento ao Cliente (SAC) da Kent County Water Authority, em Rhode Island, movimentou um caminhão e uma equipe de trabalho para recuperar um trecho do asfalto diante de minha propriedade no dia seguinte! Depois eu recebi um e-mail de acompanhamento, para se certificarem de que eu estava satisfeito.

recursos escassos. Mesmo assim, contudo, dezenas de milhares dessas organizações foram extintas. Será cada vez maior a necessidade de preparar os Conselhos de Administração, as Diretorias e o staff para atrair, treinar, avaliar e reciclar voluntários. Voluntário ineficiente é pior que voluntário inexistente. E o dinheiro estará disponível, de doadores, patrocinadores e angariadores para instituições produtivas e eficazes.

Tendência 5: Aprendizado *right-on-time*

Eu não disse *just-in-time*, que lembra as loucuras da produção *just-in-time* do Sistema de Produção Toyota, um dos modismos mais notórios das famosas artes gerenciais japonesas. Estou falando de profissionais autônomos e de empregados de empresas com amplo acesso a várias plataformas, capazes de gerar informações imediatas, onde é fácil encontrar as melhores taxas de seguro para um piloto de aviões comerciais, recém-casado, que trabalha em empresas de aviação. Tudo estará ao alcance dos compradores e dos vendedores. A quantidade de acessos, porém, pode ser muito grande, gerando congestionamentos. Como, então, limitar as buscas, para não acabar passando 20 horas seguidas no Facebook?

O que isso significa para os consultores? As comunidades prosperarão e se difundirão, e nelas as pessoas serão atraídas pelo valor (1) do organizador, (2) dos outros participantes, e (3) do contexto.

Será necessário que você, ao mesmo tempo, não só crie suas próprias comunidades, mas também ajude os clientes a formar as deles. Não se esqueça de que queixa é sinal de interesse. É melhor expressá-las na comunidade, como o são as ideias e sugestões de outras comunidades, o que desencadeia tendências de compra.

Vamos partir agora para constituir seu próprio negócio e preparar-se para a ação. Se você já tiver uma empresa, use essas orientações para ter a certeza de estar pronto, da melhor maneira possível, para colher os frutos do sucesso.

---— Capítulo 2 —---

Criação: como constituir e melhorar
a presença da empresa

Jurídico

Constituição da empresa

A primeira recomendação é constituir uma empresa, ou seja, uma pessoa jurídica destinada ao exercício profissional de atividade econômica organizada, para a produção ou circulação de bens ou de serviços, com personalidade e patrimônio próprios, que não se confundam com a personalidade e o patrimônio do(s) sócio(s). No Brasil, formas muito comuns para a constituição de empresas de micro, pequeno e médio porte são:

- EIRELI – Empresa Individual de Responsabilidade Limitada
- MEI – Microempreendedor Individual
- EI – Empresário Individual
- LTDA – Sociedade Limitada

> **Saiba mais:** https://www.sebrae.com.br/sites/PortalSebrae/artigos/entenda-o-que-e-uma-eireli,4fe2be300704e410VgnVCM1000003b74010aRCRD

Constitui-se uma empresa para criar uma entidade legal à parte, que (a) protege os ativos pessoais do empreendedor, como uma muralha entre a pessoa física e a pessoa jurídica, (b) contrai empréstimos e se endivida, sem aumentar o endividamento e comprometer o patrimônio do empreendedor, e (c) oferece certas vantagens tributárias, como o recolhimento de tributos de maneira simplificada e unificada, a alíquotas mais baixas, pelo Simples Nacional. Além disso, a condição de empresário aumenta a credibilidade e facilita o acesso a grandes clientes.

> **Saiba mais:** https://www8.receita.fazenda.gov.br/SimplesNacional/

Sempre recorra a advogados e contadores especializados em direito societário e tributário, e familiarizados com as atividades de empresas de serviços profissionais de pequeno porte.

O advogado e o contador o orientarão quanto às melhores opções, considerando suas circunstâncias, seus objetivos, o volume de negócios e os benefícios almejados. Explore tanto quanto possível, observando os limites legais, as deduções tributárias permitidas pela legislação. O seu objetivo é pagar o máximo de despesas com recursos antes da tributação, ou seja, dedutíveis na apuração do resultado tributável.

Evangelho

Vivemos numa sociedade litigiosa e judicializada. É lamentável, mas é verdade. Não proteger seus ativos, inclusive os intelectuais, é como deixar a casa destrancada, com pilhas de jornais na porta, convidando o ladrão a entrar na casa vazia.

Proteção do patrimônio pessoal

Qualquer obra intelectual, ou seja, criações artísticas, literárias ou científicas, como textos, livros e obras de arte, está sujeita à proteção de direitos autorais. A proteção dos direitos autorais independe do registro da obra intelectual, mas o registro é importante para comprovar a autoria e, em alguns casos, para demonstrar quem a declarou primeiro. Conforme o caso, para maior segurança, recorra a um advogado especializado em propriedade intelectual.

Saiba mais: http://www.ecad.org.br/pt/direito-autoral/o-que-e-direito-autoral/Paginas/default.aspx

http://www.inpi.gov.br/

Para mais informações e orientações preliminares, procure o site do Serviço Brasileiro de Apoio às Micro e Pequenas Empresas (Sebrae), que explora esses e outros temas de gestão, como empreendedorismo, mercado e vendas, pessoas, planejamento, inovação, organização, finanças, cooperação e legislação.

Saiba mais: https://www.sebrae.com.br/sites/PortalSebrae

Finanças

Não misture suas finanças pessoais com as finanças da empresa. Contrate um contador autônomo ou um escritório de contabilidade, devidamente registrado no Conselho Regional de Contabilidade (CRC), competente, para manter em dia a escrituração contábil da empresa. Abra contas bancárias separadas para a empresa e as mantenha segregadas de suas contas bancárias pessoais. Invista as disponibilidades de caixa em contas de investimento também à parte. Contrate empréstimos, financiamentos e outras operações financeiras para a empresa sempre, em nome da empresa, escriture-os na contabilidade da empresa, e não use os recursos da empresa para atender às suas necessidades pessoais, e vice-versa.

Lembre-se de que o propósito do crédito é nivelar fluxos desiguais de receita e despesa. As dívidas devem ser pagas tão cedo quanto possível, e não devem acumular-se a ponto de virar bola de neve e criar situações de insolvência.

Seja frugal e prudente, mas também seja criativo e inovador. Mantenha-se atualizado e adapte-se às mudanças. Não ostente e não cometa excessos. Seja frugal, com inteligência e sem avareza. No meu caso específico, exerço minhas atividades profissionais em minha casa, onde tenho todos os recursos de um *home office,* ou escritório doméstico.

Apoio e recursos administrativos

Essa é uma área que pode custar-lhe os olhos da cara se você não for muito cuidadoso. Eis um exemplo.

Em 1985, quando fui demitido como presidente de uma empresa de consultoria (o proprietário e eu tínhamos forte antipatia recíproca), eu disse à minha esposa que passaria a trabalhar por conta própria, como autônomo, e que jamais seria despedido por um idiota. Ela concordou, e perguntou o que eu estava planejando.

"Alugar um escritório", respondi.

"Por quê?", perguntou ela.

"Porque trabalharei por conta própria e preciso de um escritório", disse eu.

"Por que você precisa de um escritório?"

"Para ter recursos materiais e pessoal de apoio."

"Os clientes o visitarão ou você os visitará?"

"Não sei."

A Bíblia da Consultoria **43**

"Se você concluir que precisa de um escritório, procure-o. Mas, por enquanto, por que não evitar essa despesa?"

Ainda não tenho escritório externo, nem pessoal de apoio, nem assistente, real, virtual ou imaginário (na verdade, tenho uma fotografia da Michelle Pfeiffer). Meus dois filhos frequentaram escolas privadas, do maternal até os cursos de graduação, em importantes universidades. O total das mensalidades chegou a US$ 450 mil. (Não se espante – hoje é ainda mais caro.) Calculei que, em 21 anos, um escritório modesto, com aluguel, seguro, manutenção, instalações adequadas e pessoal temporário teria custado... USR 450 mil, aproximadamente.

Pegou a ideia?

Evangelho

Pessoal de apoio não é importante, a não ser que você precise de ajuda para escalar uma longa trilha sinuosa, encosta acima, em busca de inspiração. E, mesmo assim, se você tiver problemas com a lombar.

A maioria dos assistentes virtuais requer supervisão, e muitos deles não o representam de maneira adequada, pois também estão representando dezenas de outras pessoas. Repreendi uma mulher, em Toronto, que atendeu o telefone, quando liguei para um dos membros de meu programa de mentoria, dizendo à atendente que me esforçaria, pessoalmente, para que ela fosse demitida, se ela não me atendesse com mais polidez quando eu telefonasse.

Também considere os encargos trabalhistas e outros custos, além da remuneração direta, dos empregados e, até, dos trabalhadores temporários. Além disso, você ainda enfrenta problemas de faltas e atrasos, doenças, pequenos furtos e situações pessoais, para não falar nos erros e omissões. Será que você realmente precisa dessas dores de cabeça? A maioria dos trabalhadores autônomos, dos empresários individuais e até dos pequenos empresários é refugiada de grandes organizações e das questões de gestão de pessoas que lá pululam como joio no trigo ou mofo em adegas úmidas.

Eis seis sugestões e decisões:

1 *Recolha o seu ego.* Contar com pessoal de apoio não o valoriza aos olhos do comprador. Dizer a alguém que "o meu pessoal" examinará a questão apenas sugere negligência e desinteresse de sua parte.

2 *Aprenda a executar tarefas simples com eficiência.* Crie modelos semiacabados de faturas, propostas, relatórios de despesas, e outros documentos frequentes. Explore a tecnologia. Envie aos clientes atuais e potenciais cartas semipadronizadas, adaptadas às circunstâncias específicas. Invista em computadores, periféricos, dispositivos móveis, software e internet de alta velocidade.

3 *Domine o teclado e agilize os dedos, inclusive o polegar.* Use o teclado como complemento das mãos. Conheça seus recursos. Explore os atalhos e ative a autocorreção. Digite de olho na tela e em outras fontes de informação. Evite olhar para o teclado, é perda de tempo.

4 *Delegue e terceirize.* Sou usuário frequente de serviços externos, como projetistas de layout, gráficas, estúdios de áudio e vídeo, especialistas em computação e internet, e empresas de entrega expressa.

5 *Transfira trabalho para o cliente.* Seu valor está nos resultados, não na presença física. Mostre ao comprador como o cliente pode colaborar, com trabalhos de programação, apoio administrativo, cartões de identificação, estacionamento, reembolso de despesas, acompanhamento interno, e assim por diante. Torne a sua atuação *menos* burocrática e *mais* criativa; planeje e organize o projeto de modo a concentrar o trabalho físico no cliente, sem contar com pessoal próprio. (Analisaremos esse aspecto com mais detalhes no próximo capítulo.)

6 *Contrate pessoal temporário, por hora, conforme as circunstâncias.* Se for absolutamente necessário, admita estudantes universitários ou pessoas conhecidas da comunidade (nunca amigos!), ou até pessoal temporário de empresas especializadas, por algumas horas ou até um dia, em situações excepcionais. Apenas, porém, como último recurso.

No começo da carreira, seja enxuto e ágil. Mais tarde, na maturidade, cuidado com as gorduras que se acumulam com o crescimento e o sucesso. Treinei e assessorei consultores com receita de US$ 350 mil por ano, com apenas dois empregados em tempo integral e dois outros em meio expediente. Dirijo um negócio que gera mais de US$ 2,5 milhões por ano, *sem* pessoal de apoio administrativo.

Uma das razões mais frequentes para contratar pessoal é a forte necessidade de associar-se a outros que o consultor tem, e que no passado eram satisfeitas pelos grandes ambientes empresariais ou pelo aconchego dos escritórios pequenos, mas que hoje são cada vez mais raros. A solução para essa carência é supri-la de outras maneiras: entidades de classe, serviços voluntários, atividades comunitárias, reuniões familiares e programas de lazer.

Na pior das hipóteses, animais de estimação são ótimos companheiros. Mas não contrate pessoal. Adoro cães e faço qualquer coisa por eles, nunca, porém, gastei com eles US$ 450 mil.

Essa última necessidade leva-me a um tipo de apoio muito mais intangível e vital.

Apoio e recursos emocionais

O apoio emocional não pode ser virtual, e é o mais importante em qualquer prática de consultoria, incipiente ou sazonada.

O ideal é que seja oferecido pela família, amigos, conhecidos e colegas, e, por fim, por profissionais especializados (conselheiros, treinadores, coaches, mentores). Mentoreei muitos consultores autônomos e empresários individuais que trabalhavam sobretudo para a família, embora os familiares não lhes dessem o mínimo apoio emocional.

Eis alguns motivos de ansiedade e instabilidade emocional, e o que fazer a respeito.

Aversão ao risco

Nem todos têm a mesma tolerância ao risco. Além disso, quando não se têm todas as informações, *tende-se a superestimar o risco*.

No gráfico da Fig. 2.1, que discuto com clientes empresariais, apresento aos interlocutores a síntese da situação vigente (*status quo*) e a relação risco-recompensa do empreendimento, projeto ou iniciativa. O problema do risco é, em geral, a falta de contrapesos ou compensações. Sem dúvida, um risco de –5 a que se associa uma possível recompensa de +2 não se justifica, caso não haja como atenuá-lo. Vale assumir, porém, um risco de –2 capaz de gerar recompensa de +4.

Esse tipo de visualização o ajudará a explicar a familiares e a estranhos mais convencionais (advogados, banqueiros, contadores) a diferença entre risco prudente e jogo insensato. Também contribui para reforçar a recompensa (de +3 para +4) e para mitigar o risco (de –3 para –2), com algum planejamento inteligente. Investir US$ 50 mil em um centro de conferências talvez não faça sentido do ponto de vista emocional, até se dar conta de que no ano passado você auferiu receita de US$ 300 mil com seminários e palestras, mas gastou US$ 150 mil com o aluguel de espaço e instalações.

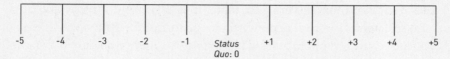

Pergunta: Quais são o melhor e o pior cenários possíveis?

+5 = Melhoria disruptiva, líder setorial.
+4 = Melhoria drástica, grande publicidade.
+3 = Grandes recompensas, em toda a organização.
+2 = Pequenas recompensas, localizadas.
+1 = Melhorias irrelevantes, mal percebidas.
-1 = Retrocessos irrelevantes, mal percebidos.
-2 = Pequenos retrocessos, localizados e controláveis.
-3 = Retrocessos públicos, necessidade de controle de danos.
-4 = Grande derrota, danos financeiros, recuperação demorada.
-5 = Perdas devastadoras.

Figura 2.1 – Relação risco-recompensa.

Demanda de tempo e perda de atenção

É preciso compensar aquelas situações em que você não vai a um jantar aconchegante, ou deixa de comparecer a um recital de dança, ou até perde uma festa de aniversário, com as ocasiões em que você pode curtir um jogo de futebol à tarde, uma viagem repentina num fim de semana prolongado ou a oferta inesperada de um presente estonteante a uma pessoa querida.

Quando comecei a viajar (sem o benefício da tecnologia moderna e da flexibilidade do trabalho remoto), eu passava em trânsito 80% do tempo. Dois eram os meus objetivos nessa área: primeiramente queria reduzir o tempo,[1] e, segundo, queria compensar as perdas. Meus filhos, quando eu não estava presente em eventos na escola, diziam aos colegas que eu estava na Califórnia, na Flórida ou em Londres, mas também não ocultavam o orgulho ao apontar para mim, nas laterais do campo, durante um jogo de futebol à tarde, ao mostrar as fotos de uma viagem

---

[1] Caiu para 65%, depois para 40%; estabilizou-se em 25%, e, nos últimos anos, tem sido de 15% o tempo em que estou fora e minha mulher não está comigo.

inesquecível, ou ao exibir aquele presente tão ansiado. Eu nem sempre estava presente em eventos a que compareciam todos os pais; mas sempre estava ativo, em outras circunstâncias, nas quais outros pais não raro eram omissos.

Nunca é bom estar ausente em ocasiões e eventos especiais. Essas datas festivas, porém, servem para representar algo muito maior que um mero passatempo, e são as experiências pessoais amorosas, inesperadas e espontâneas que devem ser cultivadas, não importa onde e quando ocorram.

Carreiras conflitantes

A profissão de consultor exige tempo, sobretudo para desenvolver uma prática próspera e crescente. Se o seu cônjuge ou parceiro também tem uma carreira, os dois precisam adaptar-se às circunstâncias. É preciso terceirizar! Contrate pessoas para tomar conta das crianças, cuidar dos animais de estimação, limpar a casa, pegar a roupa na lavanderia, cortar a grama, e assim por diante. E se a renda dupla não for suficiente para usufruir dos recursos de que precisa um casal ocupado, há algo de errado com uma ou com ambas as fontes de receita.

As carreiras do casal não precisam ser carreiras em conflito. Busque maneiras de terceirizar o mundano (limpar o jardim, faxinar o apartamento) para preservar o sacrossanto (tirar férias, brincar com os filhos, caminhar na praia). O jogo não pode ser de soma zero, em que um só ganha quando o outro perde). Ambos precisam investir para receber os dividendos.

Parte do apoio emocional consiste em não posar de mártir. O humorista George Ade disse um dia: "Não tenha pena dos mártires; eles adoram o martírio".

Nem todos, evidentemente, vivem em relação estável, o que torna ainda mais importante contar com uma estrutura de apoio emocional. Embora outros consultores se disponham a oferecê-la, cuidado com o excesso de comiseração. ("Não se importe de perder esse negócio; todos estamos perdendo negócios agora.") O importante é ter pessoas ao redor capazes de dizer quando você não errou *e quando você errou.* Você quer recorrer a pessoas que o ajudem a aliviar a pressão e a tensão, mas que também lhe cobrem responsabilidade e reatividade.

Em suma, você precisa de confiança. Lembre-se, confiança é a crença sincera em que a outra pessoa cuida de seus melhores interesses.

Procure pessoas empáticas (que compreendem sua situação), mas não simpáticas (que comungam de seus sentimentos e, portanto, distorcem a realidade, pela falta de objetividade e imparcialidade). Esses recursos tendem a mudar à medida que sua consultoria progride e/ou você amadurece. O esforço pode ser muito solitário se você não for capaz de compartilhar as pressões, de fazer perguntas profundas e de filtrar os conselhos enviesados. Descubra pessoas que não tenham uma agenda pessoal e cultivem a diversidade.

Não aceite todos os *feedbacks* como exatos ou válidos, mas procure padrões e retornos consistentes, baseados em evidências e comportamentos. Ainda mais importante, nunca aceite *feedback não solicitado,* que, quase sempre, interessa mais ao retroalimentante que ao retroalimentado. Se ouvir sugestões ao acaso, você será a bola do fliperama, quicando e ricocheteando em todos os obstáculos fortuitos que despontarem em seu caminho.

Isso acaba sendo doloroso.

> **Evangelho**
>
> O mito sobre o *feedback* é ser ele sempre valioso e construtivo. Ouça apenas as pessoas a quem você respeita e às quais tenha perguntado. Essa disciplina o poupará de muitos dissabores.

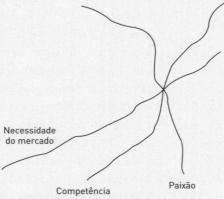

Figura 2.2 – Onde esses caminhos se cruzam?

Eis por que tenho insistido tanto em seu sistema de apoio. O sucesso é a confluência dos três caminhos apresentados na Fig. 2.2:

1. Necessidade de mercado, que você identifica, cria ou antecipa.
2. Competência para entregar trabalho de qualidade e resultados objetivos.
3. Paixão para aceitar rejeições e superar obstáculos.

Se você descobrir uma necessidade de mercado, se tiver paixão, mas não tiver competência, você perderá a competição. Se você tiver competência e paixão, mas não identificar a necessidade, você terá uma história sem ouvintes.

Se você tiver necessidade de mercado e competência, mas carecer de paixão, você terá um emprego de nove às cinco. E esse é o ambiente do qual a maioria de nós foge.

Seu sistema de apoio é a sala de máquinas da paixão. É preciso manter o fogo aceso. Algumas pessoas são melhores do que outras em deflagrar e sustentar a própria paixão; vez por outra, porém, não há quem não precise de apoio, estrutura e empatia.

A falta de paixão incomoda mais que a solidão e incapacita mais que o insucesso.

Você se sentirá frustrado.

Duas estruturas disponíveis

Serei simples: duas são as estruturas disponíveis para a prática da consultoria. Ambas são viáveis. Ficar, porém, no meio termo, entre uma e outra, é bizarro.

O verdadeiro solista virtuoso: o consultor autônomo

Quando você é realmente um consultor autônomo (também conhecido como consultor independente), seguindo as recomendações discutidas até aqui (cérebro, em vez de mãos; melhoria das condições dos clientes, e assim por diante), você trabalha por conta própria, quase sempre em casa ou em espaço compartilhado, para cujo aluguel você contribui, junto com os outros usuários. Se possível, trabalhe em casa, porque é muito mais confortável e muito menos dispendioso. Se as fontes de dispersão forem insuportáveis, descubra um espaço de trabalho pouco oneroso. Lembre-se, você vai aos clientes; os clientes não vêm a você.[2]

Todos os anos, maximize os resultados de curto e longo prazo. No curto prazo, pague tudo o que for possível com o lucro antes do imposto. Maximize, então, o lucro depois do imposto, de várias maneiras (dependendo do tipo de empresa). No longo prazo, maximize as contribuições para o lucro antes do imposto e depois do imposto, assim como

---

[2] Com raras exceções, e quando eles vêm você pode recebê-los em casa ou alugar uma sala privativa num hotel ou num clube.

para os planos de aposentadoria. Não reinvista na pessoa jurídica, a não ser em instalações e tecnologias indispensáveis, para manter-se atuante e eficaz. Controle o fluxo de caixa, registrando as receitas à medida que são recebidas e as despesas à medida que são pagas, pelo regime de caixa, mas mantenha escrituração contábil pelo regime de competência, conforme a legislação societária e tributária, e segundo as normas contábeis.

As características do verdadeiro consultor autônomo são:

- ▶ Sem pessoal de apoio, em tempo integral ou parcial.
- ▶ Escritório doméstico.
- ▶ Terceirização de serviços rotineiros (impressão, gráficos, sites, blogs e outros).
- ▶ Responsabilidade por tarefas importantes, como faturamento, correspondência, depósitos bancários, cartões de crédito, etc.
- ▶ Financiamento com crédito pessoal, até a empresa conquistar autonomia financeira.
- ▶ Sem grandes instalações, como espaço de escritório.
- ▶ A marca, quando existente, se resume a um nome.
- ▶ Despreocupação com a venda do negócio ou com a sucessão hereditária.
- ▶ Ampliações da receita abrangem licenciamento de propriedade intelectual e *royalties*.
- ▶ Os planos de aposentadoria se destinam somente ao consultor e à família.

Alguns consultores autônomos, com o passar do tempo, optam por constituir uma empresa. Isso é bom, desde que a transição seja clara. No sentido oposto, alguns empresários individuais ou sócios principais optam por dissolver a empresa e tornar-se consultores autônomos – situação mais comum do que se imagina, geralmente resultante de dificuldades financeiras.

O diretor da consultoria

Muitos consultores já começam como diretores ou se tornam diretores de uma empresa de consultoria. Isso significa que todos os anos o diretor deve reinvestir na empresa, com o objetivo de expandir os ativos tangíveis e intangíveis, o pessoal, a infraestrutura, as marcas e outros componentes do que os contadores denominam "negócio em expansão" (*growing concern*). Isso porque, em última análise, o objetivo é vender o negócio, em algum momento do futuro, por preço correspondente a algum múltiplo da receita ou do lucro, ou seja, por uma relação preço/lucro elevada.

Essa posição exige mais do que competências em consultoria. O diretor da consultoria deve ter habilidades de liderança, gestão, seleção, delegação, remuneração e incentivos, assuntos legais e outras. Muitos consultores são egressos de grandes empresas e de áreas de gestão de pessoas (inclusive eu). Retornar à mesma condição como dono da empresa não torna a missão menos desafiadora, contínua e crítica.

Nas empresas, os programas de benefícios devem ser inclusivos, para que os empregados retribuam ao proprietário benefícios equivalentes e proporcionais. Tudo isso aumenta em muito as despesas. Os salários e benefícios também devem ser ajustados com frequência às condições do mercado, preservada a equidade em todo o âmbito da empresa.

Evangelho

Nunca confunda consultor autônomo, ou solista virtuoso, com butique de consultoria, nem tente criar uma entidade híbrida. Você enfrentará as desvantagens de ambas e não auferirá os benefícios de nenhuma.

Os atributos do verdadeiro dono de butique de consultoria são:

- Quadro de pessoal crescente, em tempo integral ou parcial.
- Atuação como grande mandachuva, com a maioria das pessoas em atividades de apoio.
- Espaço de escritório independente, alugado ou próprio.
- Terceirização de necessidades especiais; preservação das competências críticas.
- Divisão e delegação de tarefas, sobretudo das burocráticas, como programação, finanças e tecnologia.
- Relações bancárias independentes do crédito pessoal, com base nos ativos e na reputação.
- Marcas que promovem a empresa, não o dono, para quebrar a dependência e facilitar eventual venda.
- Estratégia de vender a empresa no futuro e sair do negócio, mesmo que a operação exija a manutenção do relacionamento por algum tempo; a venda pode ser para os próprios empregados, estruturada como compra do controle para pagamento com o fluxo de caixa.

- Reinvestimento de lucros e de *royalties* para aumentar o valor da empresa.
- O salário do dono é considerado lucro na avaliação da empresa para venda.

O perigo se configura quando o consultor tem uma perna em cada lado do despenhadeiro, e a fenda começa a expandir-se sob seus pés. Com isso, estou dizendo que a chamada "empresa" nada mais é que o consultor autônomo, ou o solista virtuoso, sustentando pessoal e instalações desnecessárias. A não ser que esses indivíduos bem remunerados angariem bons negócios e contribuam para os resultados, eles não justificam o custo. Peões valem um centavo a dúzia.

Sei que isso é anátema para muita gente, mas essa é a dura realidade. Dezenas de milhares de peões se limitam a implantar, ensinar e executar, *porque não atuam no mercado, nem são mandachuvas*. No entanto, por mais que importunem, são substituíveis e não contribuem para o crescimento da empresa. A aquisição de novos negócios é o motor do crescimento da empresa. E se só o dono se concentra nessa atividade, ele ou ela está atuando como consultor autônomo, além de sustentar um fardo muito pesado.

Chamo esses híbridos letais de "consultorias de bem-estar social".

A história de Phil

Fui mentor de Phil durante cerca de 18 meses, alguns anos atrás. Ele tinha 47 anos na época, cerca de 15 quilos de sobrepeso, e não conseguia parar de fumar. Tinha um staff de oito pessoas, só de peões. Phil gerava, como mandachuva, cerca de US$ 450 mil por ano. Nada mal para um consultor independente, mas muito ruim para uma empresa do tamanho da dele (que deveria fazer pelo menos US$ 2,25 milhões com aquele quadro de profissionais).

Phil e eu conversávamos uma ou duas vezes por mês, mas, não raro, passávamos meses sem nos ver, quando ele estava muito sobrecarregado. Ele viajava 80% do tempo, o que era difícil para a esposa e os dois filhos.

Depois de uma ausência de dois meses, telefonei para o escritório dele. A mulher atendeu e disse que Phil falecera duas semanas antes, sozinho, num quarto de hotel em Boston. Ela ainda não tivera condições de falar com todo mundo. Alguns clientes nem mesmo sabiam do ocorrido.

Figura 2.3 – Modelo de consultoria

Nunca propus que se começasse como consultor autônomo e se construísse uma empresa, como expansão natural. Em geral, faço bem mais de US$ 2 milhões trabalhando em casa, sem pessoal de apoio. Quando comecei, fiz US$ 67 mil no primeiro ano. A receita mudou, mas a estrutura de meu negócio é a mesma. Será que eu poderia fazer US$ 4 milhões ou construir uma empresa de US$ 40 milhões? Pode ser. Talvez seja até provável. Mas não tenho interesse em fazer isso. Lembre-se de que riqueza é tempo livre.

Sempre posso fazer mais um dólar, mas nunca posso fazer mais um minuto.

Eu incentivo você a considerar as vantagens da consultoria autônoma e as grandes desvantagens de constituir uma empresa. Se você precisa de relacionamentos, busque-os de outras maneiras e por outros meios. Construir uma empresa é uma maneira muito dispendiosa e acanhada de criar colegas.

Modelo muito elementar de sucesso em consultoria é o representado na Fig. 2.3. Não há razão plausível para que também você não o aplique na prática.

–––––––– Capítulo 3 ––––––––

Filosofia: suas crenças determinarão suas ações

Valor é mais importante que honorários

Se o tema é preço, não valor, você perdeu o controle da discussão. Todo comprador adoraria reduzir o preço, mas poucos querem reduzir o valor.

Evangelho

Quem cobra por unidade de tempo nunca fará sucesso em consultoria. O critério é injusto para o cliente e injusto para o consultor.

Honorários devem basear-se em valor. Valor pode ser objetivo e tangível ou subjetivo e intangível. Falaremos sobre o acordo conceitual com os compradores e sobre a geração de tremendo retorno sobre o investimento, mais adiante, neste capítulo. Por enquanto, porém, vamos focar no que talvez pareça uma relação muito simples, embora seja, na verdade, mal compreendida pela maioria dos consultores.

Nosso trabalho é melhorar as condições do cliente. Merecemos ser pagos por nossa contribuição para esse resultado. Nossos honorários, contudo, *devem ser compatíveis com os legítimos interesses do cliente, não só com os nossos.*

As condições do cliente melhoram objetivamente (por exemplo, lucro, margem, fatia de mercado) e subjetivamente (por exemplo, redução do estresse, reforço da reputação, interfaces inconsúteis, ou sem costura, com o cliente); melhoram profissionalmente (equipes mais produtivas) e pessoalmente (as equipes não mais pedirão ao comprador para arbitrar seus conflitos).

Temos, portanto, as duas medidas tradicionais de melhoria:

1 Melhoria objetiva e subjetiva do negócio.
2 Melhoria profissional e pessoal do comprador.

Agora, acrescentemos uma terceira:

3 Velocidade da melhoria.

Quanto mais rápido você melhorar a condição do cliente, mais valioso você será, pois o cliente terá esse tempo adicional para colher os benefícios da melhoria. Caso se estime a conclusão de um projeto em seis meses e você completá-lo em três, o cliente ficará extremamente feliz. Eis os benefícios acumulados da velocidade:

- Mais tempo para beneficiar-se com as melhorias.
- Despesas mais baixas com atendentes.
- Menos rupturas organizacionais.
- Disponibilidade para focar em novos empreendimentos.
- Melhor imagem e reputação na organização.

Você pegou a ideia. A velocidade é a essência.

Assim sendo, por que cobrar pela ociosidade?

Sempre que cobrar por unidade de tempo, você enfrentará um conflito ético com o cliente. O cliente é mais bem servido, como acabamos de mostrar, quando as soluções são rápidas. O consultor, porém, nessa estrutura, é mais bem servido (faz mais dinheiro) conversando mais tempo. Esse é um método de negócios mais que inadequado e insensato. É antiético para o cliente e injusto para você.

Portanto, cobre apenas com base no valor. Propomos várias maneiras de agir assim sob o subtítulo "Acordo conceitual", mais adiante, neste capítulo, mas, por enquanto, considere a seguinte equação:

$$\frac{\text{Benefícios tangíveis} \times \text{Benefícios anualizados} \times \text{Benefícios intangíveis} \times \text{Impacto emocional} \times \text{Benefícios periféricos}}{\text{Honorários}} = \text{Valor}$$

Os benefícios tangíveis geralmente são exponenciais, ou seja, podem ser capitalizados por período de tempo e incidem uns sobre os outros — o aumento este ano se aplica sobre base maior no próximo ano. Os benefícios intangíveis exercem impactos emocionais variáveis de importância crucial ("Não tenho mais aquele sentimento de estresse sempre que avalio um funcionário"). E os benefícios periféricos incluem fatores como atrair e reter talento de alto nível em consequência do sucesso do projeto. (Não era o principal objetivo, mas é um benefício para a empresa.)

Quanto mais alto for o numerador (valor do benefício), mais alto será o denominador (valor dos honorários), e ainda irá gerar enorme valor para o cliente. Recomendo-lhe oferecer aos clientes retorno de pelo menos 10:1, isto é, benefício correspondente a 10 vezes o valor dos honorários, ou honorários de 10% do benefício, resultado que o cliente não conseguirá em nenhum outro empreendimento ou investimento. Ao trabalhar com um consultor industrial numa empresa de Nova York, descobri que ele oferecia ao cliente retorno de 3:1, e os clientes estavam encantados.

O método de precificação mais absurdo, bizarro e tolo é o que parte de suas necessidades financeiras anuais e divide o total pela quantidade de horas disponíveis no período (ou seja, o tempo livre *não* é a sua riqueza, pois você o está desprezando) para chegar ao valor dos honorários por hora! Garanto-lhe que nenhum consultor com renda de sete dígitos (nem mesmo de seis dígitos) que adota esse método está feliz com a vida.

Outra abordagem idiota sugere que você aumente os honorários somente quando a demanda superar a oferta. Bem, sua oferta é de 300 dias por ano – se é que você realmente quer trabalhar tanto. (Um dos problemas é que muitos consultores deixam o emprego para se livrar de chefes tirânicos e trabalhar por conta própria, e acabam trabalhando para clientes ainda mais exigentes e autoritários.)

O critério mais sensato e justo é basear os honorários no valor de suas contribuições para melhorar as condições do cliente, ou seja, no valor para o cliente. É preciso educar os clientes, mas isso é fácil, mesmo quando eles estão acostumados com consultores que não sabem calcular honorários. Basta explicar seu critério para o cálculo dos honorários.

Por que honorários com base no valor agregado são mais importantes para o cliente?

- ► Não é preciso decidir sobre o investimento em cada pedido de consultoria.
- ► Os custos estão sujeitos a um limite claro.

- A velocidade é recompensada, com benefícios proporcionais para o cliente.
- O retorno sobre o investimento é claro e previsível.
- O cliente tem melhores condições para defender e justificar o investimento.
- O acesso ao consultor é ilimitado, sem abusos.
- Não se questiona o motivo (o consultor recomenda o que é necessário, sem inventar desculpas para faturar mais horas).

Os advogados, AOS POUCOS, estão aprendendo a não cobrar por cada incremento de 60 minutos, mas a grande maioria ainda fatura por hora de serviço.

Como consultor ou empresário, você não precisa ser tão idiota quanto os advogados.

Reduzindo a intensidade do trabalho

Como a riqueza é tempo livre, a redução da intensidade do trabalho é *tão importante* quanto o aumento dos honorários. Anos atrás, meu assessor financeiro disse-me que pagar dívidas equivalia a poupar. Não sou especialista em finanças, mas sou especialista em consultoria, e posso assegurar-lhe que reduzir a intensidade do trabalho é fundamental para aumentar os honorários.

Muita gente trabalha como louco para aumentar a receita e, ao mesmo tempo, corrói a própria riqueza. Para se convencer dessa realidade, basta olhar para os amigos, colegas e clientes que começam a trabalhar às 8 horas da manhã e só param de trabalhar às 20 horas da noite. De nada adianta ter dois barcos se você não tem tempo para navegar em nenhum deles.

É fundamental conscientizar-se disso logo no começo, e sempre se lembrar dessa constatação óbvia ao longo da jornada, para manter a sensatez. Eis os segredos para progredir nos negócios e, ao mesmo tempo, reduzir o investimento de tempo:

1 *Não lide com não compradores no seu mercado*
Certas pessoas não podem dizer "sim", mas podem dizer "não". Nesse caso, qual seria a resposta mais provável? Recorra a não compradores apenas para ter acesso ao comprador (ou, pelo menos, para identificar o comprador). Em geral, você não

encontrará um comprador ativo (alguém capaz de emitir um cheque para pagá-lo pelo valor recebido), em recursos humanos, treinamento, consultoria interna, planejamento de eventos, nem em programação de reuniões. Na tentativa de atravessar esse pântano de equívocos, você talvez afunde na areia movediça. Caso essa narrativa pareça exagerada, só por causa de uma ou duas exceções, tudo bem. Estamos falando aqui sobre a sua riqueza. Voltaremos à questão em capítulos subsequentes.

2 *Agilize seu modelo de entrega*

O problema com um "modelo estratégico de seis passos" ou um "processo de melhoria das vendas de seis etapas" é que você se sente obrigado a dar todos os passos ou a executar todas as etapas, quaisquer que sejam as reais necessidades do cliente. (Um cliente perguntou a um colega meu se podia começar pela etapa três. "Não", respondeu o colega, "é tudo ou nada".) O perigo não é somente perder o contrato de consultoria; é também fechar o contrato e ir além das necessidades do cliente só porque o consultor está comprometido com o próprio método. Você pode executar um workshop de cinco dias em três dias? Você pode orientar seis grupos de foco em vez de uma dúzia? Você pode visitar quatro escritórios, em vez de dez? Você é o especialista em consultoria. Nunca rejeite de antemão as ponderações e contrapropostas do cliente. ("Estamos interessados em um workshop de liderança, com a duração de três dias, para 20 gestores"). Eles tendem a ser arbitrários e a exagerar na intensidade do trabalho, mas, afora isso, são ótimos interlocutores. Todo pedido de proposta de consultoria é, na verdade, uma alternativa arbitrária em busca de aceitação.

3 *Use os recursos do cliente*

Transfira o trabalho para o cliente. Não se trata, aqui, de crime federal nem de pecado capital. Use o cliente para programar e oferecer apoio administrativo, espaço de escritório, diretrizes, documentos, resumos, ou qualquer outra coisa necessária para a execução da consultoria. Lembre-se de que, ao transferir habilidades para o cliente, você está aumentando os benefícios e o valor para o cliente (ver o Capítulo 1). Deixe claro na proposta essa divisão de trabalho, sob o título "Definição de Responsabilidades".

Aprendi a liderar programas de formulação de estratégia afixando nas paredes da sala folhas de cavalete, às vezes 60 ou mais. Elas devem ser ordenadas, editadas, transcritas e circuladas ao fim da sessão, o que envolve mais trabalho do que as interações convencionais.

Até que ocorreu-me pedir a participação de um funcionário administrativo do cliente, de absoluta confiança, para tomar notas, retirar as folhas dos cavaletes, transcrevê-las e submetê-las à minha aprovação, antes da distribuição. Essa contribuição significa para mim uma semana de trabalho durante um relacionamento de 90 dias. E faz muito mais sentido que alguém do cliente faça esse trabalho burocrático do que contratar mão de obra temporária mais onerosa e, provavelmente, menos experiente.

4 *Terceirize e delegue*

Caso seu cônjuge ou parceiro saia para ir ao correio e para comprar suprimentos para a casa, o itinerário pode incluir a postagem de cartas de negócios e a compra de suprimentos de escritório. Por exemplo, você precisa acesso a prestadores de serviços de:

- ▶ Impressão
- ▶ Internet[1]
- ▶ Escrituração contábil e tributária
- ▶ Projetos de escritório
- ▶ Pesquisas
- ▶ Projetos gráficos
- ▶ Planejamento de viagens
- ▶ Provas

Nunca terceirize o marketing, por envolver relacionamentos pessoais. Na condição de comprador, eu ficaria ofendido se o consultor recorresse a intermediários em nossas transações. Terceirize atividades de apoio, mas não atividades-fim.

Sempre pague primeiro aos fornecedores locais. São, em geral, empresas pequenas ou trabalhadores autônomos, como você. Quanto mais rápido você pagar, mais os seus serviços serão considerados prioritários, sobretudo nos casos de urgência.

---

[1] Um dos *piores* desperdícios de tempo é tentar manter e administrar seu próprio site ou blog. Seja o especialista disciplinar, cuidando do conteúdo, não o especialista técnico, em área que não é a sua praia.

> ### Evangelho
>
> Se você não acredita que riqueza é tempo livre, na próxima vez em que fizer outra venda tente ao mesmo tempo criar mais uma hora.

5 *Subcontrate*

Muitas pessoas não sabem vender, mas executam muito bem, e gostariam de trabalhar para você. Admita-as não como empregados, mas como subcontratados situacionais (metaforicamente, mão de obra). Os consultores tendem a pagar demais aos peões, por crerem que a metodologia é mais importante do que realmente é; resultados, porém, são o que realmente importa. Interações e resultados são fatores críticos para a conquista e preservação de clientes e para a obtenção de boas referências a clientes potenciais. Processo e execução são a sala de máquinas. Nela, os foguistas em geral são mais importantes que os maquinistas.[2]

Eis algumas razões ideais para usar subcontratados por um dia ou um mês:

- ► O volume de trabalho realmente aumentou – grupos de foco, entrevistas, preleções, visitas a clientes, e assim por diante.
- ► Precisa-se de especialistas. Parte do projeto envolve competências financeiras ou técnicas, ou até poderes místicos, fora de sua alçada.
- ► O trabalho é enfadonho. Você até poderia fazê-lo, mas talvez cochilasse sobre a mesa.
- ► Suas prioridades são outras. Parece-lhe mais sensato concentrar-se em certas atividades de marketing, com maestria singular, do que executar atividades de rotina, ao alcance de qualquer peão. (Chave: só porque você pode fazer algo mais rápido e melhor não significa que outrem não seja capaz de executar a tarefa, de maneira satisfatória, nas circunstâncias específicas. Não se matam moscas com bazucas.)
- ► Caso se preveja a necessidade de subcontratação no futuro próximo, já é hora de se preparar para a situação.

---

[2] No 3, todos juntos: "Uau, ele é fogo!".

A Bíblia da Consultoria

Finalmente, ao mesmo tempo em que constrói a Gravidade do Mercado™ (que discutiremos mais adiante), você também aprimora o aliciamento, sem comprometer a atração. Quanto mais compradores forem atraídos espontaneamente por sua marca e reputação, menos tempo será necessário para aliciá-los, ou seja, identificá-los, alcançá-los e esclarecer-lhes sobre seu valor agregado.

Figura 3.1 – Aliciamento *versus* gravidade

Vê-se no gráfico apresentado na Fig. 3.1 que, com o progresso profissional, a tendência é precisar de cada vez menos tempo para aliciar clientes, que o procuram espontaneamente. Se os veteranos que estiverem lendo esta página não estiverem desfrutando desse grande benefício, sugiro que prossigam na leitura.

Identificando os verdadeiros compradores

O verdadeiro comprador é o indivíduo que denominei comprador econômico. Escolhi esse nome para diferenciar essa pessoa do que chamo de comprador de possibilidades, capaz de avaliar uma abordagem em termos de cultura, metodologia ou necessidade, *mas que não toma a decisão de compra*.

E também há o não comprador. Mencionamos a capacidade de dizer "não" e a incapacidade de dizer "sim".

Tudo isso se resume em sua determinação de rejeitar a aceitação e em aceitar a rejeição. Ou seja, você deve rejeitar a aceitação de quem não pode ajudá-lo (seja assinando um cheque, seja apresentando-o a alguém capaz de assinar um cheque) e aceitar a rejeição ocasional, que é inevitável neste negócio, em que você lida com poderosos compradores autênticos. Não se esqueça do diagrama da Fig. 3.1, que simplifica essa dinâmica, demonstrando que, à medida que você progride, os compradores passarão a procurá-lo, por atração espontânea, tornando a credibilidade e os honorários praticamente irrelevantes, e reduzindo a rejeição substancialmente.

Você não pode dar-se ao luxo de relacionar-se e associar-se a não compradores de baixo nível, porque esse companheirismo será tão difícil de remover quanto goma de mascar em asfalto quente. Você pode descer na organização, do cume do comprador ao vale dos peões, mas não será capaz de subir de novo ao cume do comprador, se você for visto como colega dos peões, de recursos humanos, ou de treinamento, ou de supervisores de primeiro nível.

O comprador econômico pode, metaforicamente, assinar um cheque. Ou seja, ele ou ela é capaz de fazer o computador cuspir um cheque. Você não lida com compras ou contas a pagar, nem adere às rotinas de pagamento um tanto arbitrárias e unilaterais. *Eles* é que cumprem os termos definidos por você e pelo comprador. (Os compradores também podem exigir cheques manuais, em caso de erros ou atrasos indevidos. Lembre-se, quando alguém diz que o pagamento sairá em 30 dias, o significado implícito é que durante 29 dias o pedido fica dormindo na mesa de alguém, porque os computadores podem emitir cheques a qualquer momento.)

Como identificar, então, os compradores econômicos? Digo "compradores" porque, em grandes organizações, há dezenas ou até centenas deles. Lidei com uma dúzia de diferentes compradores só na Merck, durante 12 anos. Nem sempre é possível identificá-los pelo título. Um de meus compradores mais importantes – ele gastava US$ 250 mil por ano, durante vários anos – tinha o título de "diretor internacional de desenvolvimento gerencial". No sentido oposto, alguns vice-presidentes não podem comprar nem escova de dente em algumas organizações (encontre alguém em um banco que não seja vice-presidente).

Em organizações menores, o proprietário, ou CEO, ou presidente será o comprador. Em organizações sem fins lucrativos, geralmente o diretor executivo ou diretor gerente é o comprador. Na maioria dos casos, contudo, quase sempre é possível identificar o verdadeiro comprador fazendo as dez perguntas seguintes sobre a pessoa com quem você está tratando no momento.

Perguntas para identificar o comprador econômico

1. Que verba será necessária para essa iniciativa?
2. Quem pode aprovar imediatamente esse projeto?
3. A quem recorrerão as pessoas em busca de apoio, aprovação e credibilidade?
4. Quem controla os recursos necessários para fazer isso acontecer?
5. Quem tomou a iniciativa do pedido?
6. Quem reivindicará responsabilidade pelos resultados?
7. Quem será considerado o principal patrocinador ou campeão?
8. Será necessária a aprovação de alguém mais?
9. Quem aceitará ou rejeitará as propostas?
10. Se você e eu apertarmos as mãos, eu poderia começar amanhã?

Com frequência, encontram-se, entre os não compradores, apoiadores importantes, capazes de alavancar e acelerar seus esforços para identificar o comprador econômico. Vale a pena desenvolver relacionamentos com essas pessoas, a fim de contar com alguém capaz de baixar a ponte levadiça sobre o fosso.

> **Evangelho**
> É fácil desenvolver relações de longo prazo com não compradores inofensivos, mas daí resulta o não pagamento de sua hipoteca.

Vale a pena rever nosso gráfico do modelo de consultoria (ver Fig. 3.2).

Figura 3.2 – Modelo de consultoria

Começamos com os valores compartilhados – não valores espirituais ou religiosos, mas valores de negócios. Por exemplo, não participo de trabalhos de enxugamento da organização, pois eu os considero antiéticos, resultantes de erros de avaliação (quando não de marchas para a insensatez) na alta administração. Isso sou eu; outros talvez discordem. Recuso, porém, esse tipo de trabalho, por discrepância de valores.

Se os valores forem compatíveis, estabelecemos, então, um relacionamento com o comprador econômico. E isso exige que se identifique o comprador econômico, razão por que nos demos ao trabalho de examinar esse processo aqui.

O passo seguinte é desenvolver o acordo conceitual, que é o próprio cerne do meu modelo de consultoria, mas que pode consumar-se *somente com um comprador econômico*. Apenas os compradores podem assinar propostas (o passo seguinte no modelo), e só eles podem fornecer os detalhes que tornarão a proposta de alto valor, para justificar seus honorários.

A maioria dos consultores tropeça na tentativa de encontrar o comprador econômico e se satisfaz com níveis mais baixos, por questões de autoestima, ou seja, o sentimento de que não merecem a atenção de um alto executivo. Supere esse bloqueio.

Acordo conceitual

Depois de desenvolver uma relação de confiança com o comprador econômico, você está pronto para forjar o acordo conceitual. Estamos no meio do gráfico, exatamente no ponto doce, e, por ironia, *quanto mais lento for o desenvolvimento da relação e o fechamento do acordo conceitual, mais rápida será a obtenção do projeto.*

Sei que isso parece contraintuitivo, mas só quero dizer que a sucessão de passos é racional. Ninguém lhe confiará os próprios objetivos, por exemplo, se não acreditar em você, e você não poderá apresentar a proposta (o passo subsequente ao acordo conceitual) sem a compatibilidade entre as expectativas e as percepções de valor de ambas as partes. (Nem poderá chegar a honorários razoáveis e aceitáveis.)

O acordo conceitual tem três aspectos: objetivos, medidas do sucesso e valor.

Objetivos

O fator realmente mais importante, sempre, são os resultados dos negócios, nunca os produtos ou os insumos. Objetivos descrevem os *componentes da melhoria das condições do cliente*. Por isso é que os insumos não são o fator mais importante, porque um programa de treinamento ou um grupo de foco não melhora as condições do cliente, em si; apenas custa dinheiro! (Você verá que a maioria dos guarda-costas e das pessoas de RH fala apenas em termos de insumos, e quase sempre os pedidos de proposta são insumos predeterminados, como, por exemplo, workshop sobre estratégia, de quatro dias, e auditoria de segurança.)

Eis alguns exemplos de objetivos:

- ► Reduzir o tempo médio de fechamento das vendas.
- ► Melhorar o tamanho e a frequência dos pedidos dos clientes.
- ► Reduzir os níveis de estresse e o consequente absenteísmo.

Observe que os objetivos podem ser profissionais e pessoais, assim como tangíveis e intangíveis. Você deduz os objetivos do comprador fazendo-lhe perguntas inteligentes, sem desistir, até explorar em profundidade, à exaustão, todas as respostas. Aqui estão dez exemplos de perguntas:

1. Que desfecho ideal você gostaria de experimentar?
2. Que resultados você está tentando alcançar?
3. Que melhoria de condições referentes a produto/serviço/cliente você almeja?
4. Por que você está interessado nesse trabalho/projeto/contrato?
5. Como seria diferente a operação, em consequência desse trabalho?
6. Qual seria o retorno sobre o investimento? (Vendas, ativos, patrimônio líquido, etc.)?
7. Como seria aprimorada a imagem/reputação/credibilidade?
8. Que males (estresse, disfunções, guerrilhas, etc.) seriam atenuados?
9. Quanto você ganharia na competição, como resultado?
10. Como melhorar a sua proposta de valor?

Dica: Se um comprador lhe der um insumo ou produto arbitrário, apenas pergunte por que aquilo é importante e quais serão seus resultados.

Medidas do sucesso

O segundo aspecto do acordo conceitual é a métrica, ou seja, os indicadores ou as medidas de progresso ou conclusão. Esse aspecto é importante para que você e o comprador possam julgar o sucesso relativo a qualquer momento, *e o sucesso alcançado é atribuível às suas contribuições para o projeto*. Isso é fundamental para demonstrar o ROI, ou retorno sobre o investimento, e justificar seus honorários.

Exemplos de métricas:

- ▶ Planilhas de horários, mostrando a redução do tempo para o fechamento das vendas.
- ▶ Relatórios de vendas, mostrando a rapidez no atendimento aos pedidos de reposição.
- ▶ Relatórios casuísticos dos níveis de estresse em reuniões e indicadores semanais de absenteísmo.

Observe que tudo isso pode ser objetivo (com base em evidências empíricas) e subjetivo (com base em percepções pessoais e em observações de comportamentos). Tudo bem, desde que você e o comprador concordem em relação a quem preparará o relatório casuístico.

Algumas perguntas para desenvolver métricas podem ser as dez seguintes:

1. Como você saberá se realizamos nosso intuito?
2. Como, especificamente, será a operação diferente, quando terminarmos?
3. Como medir isso?
4. Que indicadores você adotará para avaliar o nosso progresso?
5. Quem ou o que relatará nossos resultados em comparação com os objetivos?
6. Você já definiu os indicadores a serem aplicados?
7. Que taxa de retorno (sobre vendas, investimentos, etc.) você procura?
8. Como saberemos que o público, empregados, e/ou clientes perceberam os resultados?
9. Ao conversarmos, que padrões nos indicarão que estamos progredindo?
10. Como você saberia que tropeçou na coisa? (Bob Mager)

A Bíblia da Consultoria **67**

Dica: Se o comprador não estiver convencido sobre um critério, pergunte:"Como você sabe que os requisitos necessários não estão sendo cumpridos, e como você saberia quando passarem a ser cumpridos?".

É fundamental adotar critérios eficazes para avaliar a realização dos objetivos. Muitos compradores alegam que querem progredir de *"good to great"* (de bom para ótimo), inspirados no título de um livro de grande sucesso (Jim Collins, *Empresas feitas para vencer — good to great*), ou alcançar "padrões de classe mundial", com base em presunçosas declarações de missão alheias. Isso nada significa se não for possível definir fontes e fundamentos. O lendário especialista em treinamento, Bob Mager, escreveu em vários de seus livros:"Como você saberia que tropeçou na coisa?". Não é um mau conselho.

Evangelho

Nunca despreze nem repudie sumariamente um acordo conceitual. Se estiver ansioso e agoniado a ponto de rejeitá-lo sem maiores ponderações, as consequências serão perder a venda, vender menos que o possível ou envolver-se em um projeto com nenhum resultado prático (e um comprador infeliz).

Valor

Embora seja o aspecto mais negligenciado do acordo conceitual, valor para o cliente é uma nuance crucial, pois, nesse ponto, o comprador efetivamente define os benefícios do projeto, o que lhe permite demonstrar o ROI excepcional de seus honorários. Por essa razão, você deve ser implacável no questionamento sobre o valor, até avaliar o impacto do projeto bem-sucedido, em termos empresariais e pessoais.

Eis alguns exemplos de valor:

- Ampliação das margens de vendas.
- Aumento do lucro anual por cliente.
- Foco mais intenso na estratégia e menos intenso nas táticas e insucessos da alta administração.

Os vetores de valor às vezes se confundem com os objetivos. O lucro, por exemplo, é tanto objetivo quanto valor. O lucro, porém, exerce impacto significativo e diversificado: mais investimentos em pesquisa e desenvolvimento (P&D), maiores dividendos para os acionistas, melhor reputação em Wall Street, aumento das reservas contábeis, e assim por diante.

Nunca aceite o superficial e o óbvio, mas ajude o comprador a estipular toda a gama de possibilidades de valor.

Aqui estão dez perguntas pertinentes:

1. O que significarão esses resultados para a sua organização?
2. Como você avalia o retorno efetivo (sobre o investimento, ativo, vendas, patrimônio líquido, etc.)?
3. Qual é a extensão da melhoria (ou correção)?
4. Como esses resultados impactarão o lucro líquido?
5. Quais são as economias *anualizadas* (o primeiro ano talvez seja decepcionante)?
6. Qual é o impacto intangível (reputação, segurança, conforto, etc.)?
7. Como você estaria, pessoalmente, em melhores condições ou com mais apoio?
8. Qual é o escopo do impacto (sobre clientes, empregados, fornecedores)?
9. Quão importante é isso em comparação com o total das suas atribuições?
10. E se isso fracassar?

Dica: Se o comprador perguntar por que isso é importante, responda, simplesmente, que o impacto do projeto ajudará a definir prioridades, escopo, recursos, e assim por diante. Não é provável que haja suspeitas de que sua intenção é aumentar os honorários, *pois você já construiu uma relação de confiança*. Agora é fácil compreender a razão da sequência, e por que é tão importante preservá-la.

Acordo conceitual – objetivos, critérios e valor – é tão simples quanto sugerem essas poucas páginas, mas é tão vital para seu êxito em consultoria quanto qualquer outra coisa que você venha a aprender neste livro. Você verá mais adiante, ao falarmos sobre propostas, como esses fatores o capacitarão a criar de maneira sucinta, mas convincente, propostas vantajosas para ambas as partes – consultor e comprador. E ainda constroem a base para uma tremenda alavancagem.

Alavancagem

Com o termo "alavancagem", refiro-me à capacidade de melhorar exponencialmente suas chances de vitória, sua taxa de sucesso, a frequência e a intensidade de seus êxitos, e assim por diante, sem trabalho adicional, sem depender do alinhamento das estrelas, e sem subornar agentes públicos. Descobri que podemos fazer coisas bastante simples para predispor as cartas a nosso favor.

Evangelho

Quando você atua com equipamento alheio, em campo alheio, sob regras alheias, permitindo-lhes contratar o árbitro, você perde o jogo.

Quanto mais cedo e melhor você aprender a alavancar, tão mais acelerado será o crescimento do negócio, e tão mais intensamente ele se converterá em sua segunda natureza. Arquimedes disse: "Dê-me uma alavanca e eu erguerei o mundo".

Tudo o que peço é que você impulsione alguns clientes.

Princípios da alavancagem

1. *Sempre ofereça alternativas de respostas afirmativas*

Evite oferecer alternativas do tipo "pegar ou largar". Nas propostas, sempre apresente opções. Mesmo assim, porém, é possível aumentar suas chances adiando a decisão para uma próxima reunião: "Parece que precisamos de mais tempo para definir os objetivos do projeto. Que tal encontrar-me com vocês, amanhã, aqui, na mesma hora; ou, se vocês preferirem fora do local de trabalho, podemos tomar café da manhã ou almoçar na quinta ou sexta; ou, se for mais cômodo, sempre temos a alternativa de conversar por telefone, o que pode ser feito em qualquer tarde desta semana, se vocês me concederem uma hora de sua agenda? O que é melhor?[3]

Se você estiver lidando com guarda-costas ou intermediários: "Você pode apresentar-me ao vice-presidente e marcar uma reunião para nós três; marcar uma reunião só para mim; ou eu posso procurar o vice-presidente, citando seu nome? O que você prefere?".

Minha estimativa é que você melhora as chances de resposta afirmativa em pelo menos 50% ao oferecer escolhas ao interlocutor.

---

[3] Observe que vocês podem concordar em se reunir por telefone só porque, pessoalmente, já desenvolveram uma relação de confiança.

Isso, por ser óbvio, é extremamente importante ao se apresentar uma proposta. Exploraremos esse recurso mais a fundo quando chegarmos a essa fase do processo.

2. *Nunca empacote; sempre desempacote*
Um colega meu, Paul, oferece treinamento de formação e aperfeiçoamento em televendas abrangendo os seguintes tópicos:

- Discussões com a equipe gerencial
- Customização do programa
- Entrega pessoal
- CDs e textos impressos
- Assistência ao comprador
- Programa para cônjuge
- Respostas por e-mail e telefone durante 30 dias
- Dois dias e meio de treinamento externo
- Gravação para localidades distantes
- Assinatura de newsletters
- Acesso a propriedade intelectual

Paul cobrou US$ 7.500 por tudo isso. Eu teria cobrado US$ 75.000. A proposta incluía tudo. Eu a teria desdobrado em opções e menus.

Paul focou nos produtos. Eu teria focado nos resultados almejados e na criação de valor decorrente desses resultados.

A maioria dos consultores tende a empacotar seus produtos e serviços, por se sentirem inseguros quanto aos próprios méritos e, em consequência, por quererem oferecer a maior quantidade possível de itens para justificar os honorários. Por isso é que o meu sistema *começa* com o acordo conceitual sobre resultados e valor.

Não empacote. Quando alguém chama um bombeiro hidráulico, ele não diz: "E, depois de consertar o ralo, também regulo a descarga do vaso sanitário, troco a carrapeta das torneiras, impermeabilizo a banheira e rejunto os azulejos".

3. *Deixe claras todas as suas competências e certifique-se de que foram compreendidas.*
Ainda ouço de muitos consultores: "Mas se eu disser que faço tudo isso, será que não serei visto como 'faz-tudo'?". É ridículo como certos chavões vazios, alguns de séculos atrás, colam como

estigmas e afetam tanta gente do século XXI. O provérbio de origem inglesa "Faz tudo, mas mestre de nada" não se aplica ao mundo moderno. E não estamos falando de assentar tijolos, nem de ordenhar vacas.

Um excelente cliente meu, CEO de uma seguradora, a quem eu vinha prestando serviços havia dois anos, perguntou-me: "Você poderia me recomendar um palestrante para a conferência anual de CEOs da American Council of Life Insurance? Passei o dia convencendo-o de que eu não estava tentando arranjar um bico para mim mesmo, mas que eu era um palestrante muito requisitado. Ele nunca imaginara esse meu lado. E por que deveria? Eu nunca lhe dissera! Eis como fazê-lo de graça:

- Descreva todas as suas competências, em meios eletrônicos *e* por escrito.
- Reúna depoimentos sobre *tudo* o que você faz, qualquer que seja a frequência.
- Pratique a fecundação cruzada; por exemplo, mencione sua prática de consultoria em suas palestras, refira-se a uma de suas palestras ao conversar com um comprador de consultoria, e assim por diante, nos casos de coaching (treinamento pessoal), de facilitação, de editoração, de treinamento, ou qualquer outra atividade relevante.
- Nunca estreite indevidamente seu espectro de atividades. Mantenha uma proposta de valor ampla. Não foque em nicho, e descarte a frase "especialize-se ou morra" na mesma lixeira em que jogou as referências a "faz tudo".

4. *Colecione referências impiedosamente.*
Aprenda esta frase: "Referências são a moeda do meu reino".

Repita-a para si mesmo a toda hora, e não a esconda dos clientes, recitando-a em voz alta sempre que for oportuno. "Referências são a moeda do meu reino, e fico imaginando quem vocês conhecem que também poderia beneficiar-se com o tipo de valor que ofereci aqui." (E prossiga com as alternativas de respostas afirmativas: "Você pode apresentar-nos, ou basta mencionar o seu nome, ou não me refiro ao seu nome na conversa – o que você prefere?".)

Todos damos referências de nossos médicos, advogados, dentistas, contadores, mecânicos de automóvel, e assim por diante, como mera cortesia. O que é diferente aqui? Nada. Só que essas pessoas geralmente sabem mais sobre a face oculta da lua que sobre sua oferta de valor. Diga-lhes como você ajuda as pessoas, para que também elas indiquem seus serviços.

Nunca seja confuso:"Atuo no espaço de equipes de desempenho interativo, onde prevalece a autodireção, em harmonia multidimensional". Prefira:"Ajudo todas as organizações, grandes e pequenas, a promover ao máximo o trabalho em equipe, para melhorar o desempenho e aumentar o lucro".

Nesses termos, até um advogado consegue entender.

SEÇÃO II

ÊXODO: CONSULTORIA COMO NEGÓCIO

Rotas, técnicas e meios para superar
obstáculos e evitar desvios. É legítimo e
importante querer ajudar as pessoas.

------------------------------ Capítulo 4 ------------------------------

A jornada: como comercializar o seu valor com rapidez e lucratividade

Gerando gravidade e atração

A Roda de Gravidade do Mercado™ é uma representação das suas opções para atrair pessoas. Quanto mais tempo você estiver no negócio, maior deverá ser a sua capacidade de:

- ► Atrair pessoas, com a força da sua reputação e *expertise*.
- ► Conquistar negócios, por influência das referências de clientes.
- ► Gerar novos negócios com os mesmos clientes.

A combinação desses fatores deve resultar em cerca de 85% de seus negócios anuais. Associando essa tendência à minha crença de que você deve alijar os 15% inferiores de todos os seus negócios a cada dois anos, vê-se que você precisará gerar uma quantidade razoável de novos negócios, mas não tanto.

Muitos consultores enfrentam *dificuldades significativas na carreira* por não terem adotado essa filosofia e estratégia. Mergulham na rotina do trabalho, não fazem o marketing de seus serviços, e, então, enfrentam a síndrome do banquete ou da fome: ou mal dão conta do trabalho ou se desesperam em busca de trabalho.

Não são nem formiga nem gafanhoto. São carniça de estrada. Cuidado com os urubus.

Você deve descartar a extremidade inferior de sua lista de clientes porque:

- ► O cliente deixou de ser lucrativo.
- ► Você está enfadado com o trabalho.
- ► O cliente é problemático.
- ► O trabalho é desagradável.

77

Ironicamente, você está fazendo um favor ao cliente e a você mesmo. O fato é que você ainda mantém muitos clientes por inércia ou por falso senso de lealdade. Sua paixão e interesse por eles, porém, já arrefeceram, e você, na verdade, os está enganando. Diga-lhes nada mais que o seguinte:

> Mudei minha consultoria para um lugar de onde já não posso dispensar-lhes o foco e a atenção que vocês merecem. Para que vocês continuem sendo bem servidos, vou recomendar-lhes algumas pessoas capazes de manter nosso padrão de qualidade e de oferecer-lhes o mesmo nível de competência, energia e lealdade. Sou grato por nossos negócios e nosso relacionamento, mas não quero tirar proveito desses antecedentes, sem condições de continuar atendendo plenamente às suas necessidades.

E bola pra frente.

Além disso, você também quer criar novos negócios, pelas seguintes razões:

- Melhorar ou mudar seus mercados.
- Desenvolver novas habilidades e acumular novas experiências.
- Diversificar sua lista de clientes e reforçar sua credibilidade.
- Melhorar sua visibilidade.
- Criar mais interesse e diversão.

Grande parte de sua receita anual, porém, deve ser gerada pelos clientes atuais e por suas referências. Por conseguinte, você não pode limitar-se a fazer marketing apenas nos períodos de inatividade. É preciso fazer marketing o tempo todo, ou seja, parte de seu esforço de marketing deve ser passivo, no sentido de estar sempre em ação, gerando novos negócios, enquanto outra parte é ativa, com a sua atuação contínua, mesmo que você esteja trabalhando em outros projetos.

A Fig. 4.1 representa a clássica Roda da Gravidade do Mercado™, que criei mais de uma década atrás, e continuo a desenvolver, à medida que a tecnologia e a sociedade evoluem, com a ajuda de meu especialista técnico e parceiro, Chad Barr, do Chad Barr Group.

Discutiremos aqui, sucintamente, alguns de seus principais elementos, e você verá, no restante do livro, como eles se combinam e interagem com os planos de marketing.

Figura 4.1 – Roda da Gravidade do Mercado

> **Evangelho**
>
> Ninguém em consultoria foi treinado ou preparado para ser marqueteiro. Mas esse é um negócio de marketing. Portanto, é melhor ser bom nisso.

- *Referências.* Já discutimos a importância de pedir referências, pelo menos a cada trimestre, não só dos clientes, mas também de outros profissionais, contatos sociais, coparticipantes de movimentos cívicos, e outros.
- *Livros publicados.* Se as referências são o padrão platina, ser autor de um livro publicado é o padrão ouro. Hoje, publicam-se mais livros do que em qualquer outra época. *Não precisa ser um* best-seller; *basta que o livro leve os compradores a pensar: "Preciso conversar com esse autor".*
- *Blogs.* São fontes ideais para desenvolver e demonstrar *expertise.* É preciso ter propriedade intelectual, oferecer ideias provocantes, postar texto/áudio/vídeo várias vezes por semana, e interagir com os leitores, através de comentários.

- *Networking*. É melhor desenvolvê-lo e cultivá-lo com estranhos sem preconceitos, e não pedir cartões comerciais, mas sim identificar um ou dois compradores ou abonadores.

- *Trabalho voluntário*. Escolha uma causa em que acredite e que necessite de sua ajuda, como membro de Conselho ou de Comitê, ou na qual você possa aplicar suas competências (estratégia, liderança, formação de equipes, ou qualquer outra), e logo você encontrará colegas entre gestores e líderes que lá atuam em condições semelhantes.

- *Relatórios de posicionamento (position papers)*. É possível demonstrar sua *expertise* e tornar-se objeto de interesse redigindo breves relatórios sobre vários aspectos de sua proposta de valor (por exemplo, "Os cinco mitos da remuneração de vendas" ou "Por que o planejamento está matando a estratégia").

- *Palestras*. Mesmo que você não seja um palestrante profissional (isto é, com receitas regulares oriundas de palestras temáticas e inspiradoras), é possível fazer o marketing de sua consultoria apresentando-se perante um público, em que decerto haja pelo menos alguns clientes ou abonadores potenciais. Para tanto, uma das melhores alternativas são associações comerciais.[1]

- *Sites de internet*. Seu site na internet *não* é veículo de vendas. Os verdadeiros compradores − por isso é que tenho sido tão cuidadoso em especificar quem são − *não perambulam pela internet*, como o fazem as pessoas de nível mais baixo. Seu site merece credibilidade. Use-o para reforçar sua liderança intelectual, sua propriedade intelectual e sua estatura total.

- *Depoimentos*. Como no caso das referências, peça depoimentos de todos os clientes, *durante* e não depois do projeto ou relacionamento. Prossiga com as alternativas de respostas afirmativas. Pergunte-lhes se preferem escrever uma carta, depor em um vídeo de 60 segundos, ou qualquer alternativa. Vídeos de clientes satisfeitos no seu site são muito poderosos.

Examinaremos mais a fundo esses aspectos à medida que prosseguirmos, e ficará evidente a grande diversidade dos acréscimos e das mudanças em torno da Roda da Gravidade. Não é preciso fazer tudo,

---

[1] Recurso muito útil é *National Trade and Professional Associations of the United States* (Columbia Books). Existem publicações semelhantes em muitos outros países.

mas é importante envolver-se em pelo menos uma dúzia de escolhas, acrescentando algumas outras todos os anos.

Alguns elementos talvez lhe pareçam meio incômodos em sua zona de conforto. Posso, porém, lembrar-lhe do seguinte: o subtítulo desta parte do livro é "Consultoria como negócio".

Se nenhum dos elementos na Roda da Gravidade do Mercado estiver em sua zona de conforto, você, por certo, está no negócio errado.

Prospectando com eficácia

Todos, em algum ponto da carreira, precisam prospectar. É o que geralmente se denomina *cold calling*, ou chamada a frio. Há quem diga que é algo perfeitamente legítimo e a melhor maneira de fazer marketing e vender. Não concordo.

Ponha-se no lugar do comprador. Você seria receptivo a que alguém ligue ou escreva para você, na tentativa de convencê-lo de que ele ou ela tem a resposta ou a solução para um problema que você ignorava? Ou para algo que não é a sua prioridade? Ou para uma questão que você só entregaria a alguém da sua mais absoluta confiança?

Você, por acaso, responde a quem lhe telefona com uma proposta de investimento, ou lhe envia um e-mail oferecendo a chance de ajudar uma pessoa de um país do terceiro mundo a exportar uma herança de US$ 45 milhões? Qual é a sua reação quando alguém *que você não conhece e de quem nunca ouviu falar* lhe oferece um negócio bom demais para ser verdadeiro?

As chamadas a frio funcionam melhor no mercado de *commodities*, onde o preço baixo ganha o dia, a qualidade é padronizada, e a necessidade é contínua. Os agentes de compra são pagos para encontrar o preço mais baixo para certo tipo de computador, e muita gente entra nas concessionárias de automóveis com a fatura impressa do fabricante, extraída da internet, oferecendo US$ 100 acima do custo real do revendedor.

Essa tática, porém, não será eficaz com marcas como Bentley, Bulgari ou Brioni, pois essas são grifes tidas, em geral, como de alta qualidade, que não precisam desse tipo de abordagem, que para elas é até prejudicial.

Portanto, ao prospectar clientes, não faça chamadas a frio; tente, pelo menos, amorná-las um pouco. E o requisito essencial aqui é angariar um mínimo de confiança, a condição antípoda à do estranho.

Na Fig. 4.2, Pirâmide da Confiança, vê-se como conseguir esse resultado, para que você nunca ofereça seus produtos e serviços no estilo deplorável e contraproducente da conversa de vendedor.[2]

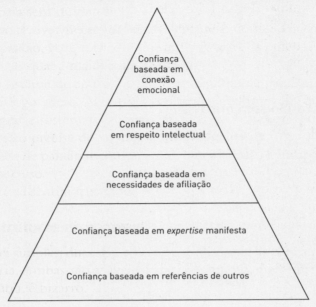

Figura 4.2 – Pirâmide da Confiança

A base da pirâmide é a confiança resultante das referências. Já falamos sobre isso. Se você for bem-sucedido, o processo será espontâneo, sem necessidade de estímulo.

Em seguida, vem a confiança decorrente da *expertise* manifesta, que se torna notória com a difusão de suas criações intelectuais. (Se você receia que roubem suas ideias, tranque-as num cofre, mas também mude de profissão, pois você não vencerá como consultor com esse nível de paranoia.) Não faltam materiais, metáforas e mensagens circulando por aí, sobretudo na internet, que são o meio mais acessível para conquistar o reconhecimento de massa.

No terceiro nível, encontra-se a confiança baseada em necessidades de afiliação. Isso significa que, ao praticar o networking (que

---

[2] As palavras que você dirige a si mesmo – solilóquio ou falar sozinho – são elucidativas de seu comportamento. Não pense somente em termos de "persuasão" e "preço".

é, basicamente, uma forma de prospecção, assim como o mecanismo de gravidade), você encanta as pessoas; ao comparecer a eventos, você está circulando e exercendo atração, sobretudo quando assume posições de liderança e voluntariado. Tudo isso significa fazer-se conhecer e desenvolver a gravidade. (Disse-me um comprador: "Ainda não sei para que projeto contratá-lo, mas sei, com certeza, que precisamos de pessoas inteligentes; portanto, inclua-me em sua agenda para a próxima semana e, juntos, veremos onde você será mais útil e quanto pagá-lo pelo trabalho".)

A confiança baseada em respeito intelectual é ainda mais importante para pessoas poderosas, que são atraídas por autores de livros, por indivíduos instigantes e convincentes, que não hesitam em expressar seu poder de fogo intelectual. *Expertise* é competência notória em determinada área. Intelecto é capacidade de destacar-se em qualquer área.

Evangelho

Os compradores escolhem *commodities* com base no preço e selecionam parceiros com base na confiança.

Finalmente, a confiança baseada em conexões emocionais é o topo da pirâmide. Lembre-se de que a escalada da pirâmide na Fig. 4.2 *não* é sequencial; você não está subindo da base para o cume; em vez disso, é como se você estivesse usando um helicóptero, do qual pode desembarcar em qualquer trecho da encosta. Como, porém, criar essa possibilidade, quando se prospecta sem relacionamento prévio? O ponto de partida é descobrir os interesses do comprador. Alguma instituição filantrópica apoia o comprador publicamente? Ele é torcedor assíduo e ativo de alguma equipe esportiva? Seriam as atividades caseiras e familiares as suas preferidas? O comprador está sempre viajando? Faça o dever de casa e inicie a abordagem com esses gatilhos emocionais.

O pior aspecto das chamadas a frio, a propósito, é darem certo nas primeiras tentativas. É o que eu disse! Como suas chances são de 1 em 10.000 de ser bem-sucedido, o problema é acertar na primeira tentativa, gostar da experiência e insistir no método, batendo de porta em porta, telefonando para desconhecidos, enviando malas diretas – e errar nas 9.999 investidas subsequentes.

Resumindo, a Fig. 4.3 oferece outra visão de meu marketing de consultoria.

Prosseguiremos nessa questão com mais detalhes. Voltemos agora a um ponto já visto antes: como usar a internet para reforçar sua reputação, sua marca, sua *expertise* e sua promoção boca a boca — a, virtualmente (sem trocadilho!), custo zero e sem movimentação física.

Figura 4.3 – Modelo de marketing de consultoria

Implantando mídias virais e sociais

Conheço poucas coisas com mais ruído promocional e menos aplicação prática que as denominadas plataformas de mídia social. Até têm utilidade, se usadas da maneira correta, mas podem ser enormes desperdícios de tempo, se forem confundidas com prodígios de marketing.

Vejamos os contras e descartemos alguns mitos, para, então, focarmos nas poucas vantagens válidas:

> 1 *As mídias sociais amplificam sua mensagem*
> O problema é que elas amplificam todas as mensagens, e produzem uma cacofonia em que, para começar, é difícil se fazer ouvir. Imagine-se num bar de Copacabana, no dia 31 de dezembro. Todos estão gritando e brincando, a maioria diz coisas sem sentido, e quem fala alguma coisa sensata não é

compreendido em meio ao alarido. Pelo menos, eles têm a desculpa e a compensação da bebida.

2 *Você pode prospectar clientes de graça, pessoalmente*
Não é bem assim. Até poderia, se você estivesse oferecendo imóveis ou dietas. Os compradores de empresas, porém, não usam mídias sociais para descobrir e selecionar consultores. Não se deixe enganar por pesquisas mostrando que x% dos gestores de empresas usam a internet todos os dias em busca de informações. De fato, é muito provável que recorram ao Google, à Wikipédia ou a Amazon, mas não estão procurando consultores. *Você* selecionaria um assessor pessoal com base em contato pela internet? Se a resposta for "sim", mantenha-se longe de objetos cortantes ou pontiagudos.

3 *Mesmo com baixa porcentagem de interesse, você será bem-sucedido, por causa do grande número de contatos potenciais*
Neste momento, o LinkedIn diz que 6.142.687 pessoas estão conectadas comigo, de uma maneira ou de outra. Minha proposta é a seguinte: diga-me como arrancar 50 centavos de cada um, e divido o dinheiro com você. Se você tiver uma lista de postagem com um milhão de pessoas, sem interessados reais ou potenciais, ela não vale nada. Você estará em melhor situação com um único comprador potencial, que você conheceu pessoalmente num evento de networking, do que acumulando mil pessoas por semana no Facebook.

4 *Tem gente lançando e construindo empresas com sucesso em plataformas de mídias sociais*
A maioria das pessoas que ganha a vida com negócios virtuais é aquela que vende serviços do tipo como fazer marketing em plataformas de mídias sociais! Elas não estão comercializando bens tangíveis e não conseguiram vender produtos ou serviços em mídias sociais, mas, de alguma maneira, são especialistas e podem vender técnicas de marketing em mídias sociais. Não se constrói, porém, uma profissão num desvio nem numa trilha; desenvolve-se uma profissão numa estrada pavimentada, já aberta e em uso, na qual seja possível avançar com velocidade.

Depois de salientar esses aspectos negativos, eis como realmente alavancar de maneira inteligente e sem perda de tempo as mídias sociais,

A Bíblia da Consultoria **85**

pois esses novos veículos proliferarão, miscigenarão e crescerão – e talvez já sejam até mais eficazes no momento em que você estiver lendo esta página.

1 *Crie um repositório de propriedade intelectual*
Posto no Twitter todas as manhãs. Não demoro mais que dois minutos, e tento ficar abaixo do limite de 140 caracteres, para que o tuíte seja retuitado. Essa é uma das maneiras de viralizar a reputação. Não tuíto vulgaridades, citações alheias, nem comentários fúteis sobre o que estou comendo. Tuíto valor: técnica de negócios, métodos de gestão, inovações tecnológicas, e assim por diante. A certa altura, contei os meus tuítes, chegando a 100 em 100 dias.[3]

2 *Crie singularidade*
Não sigo ninguém no Twitter, embora tenha milhares de seguidores. Embora essa falta de reciprocidade enfureça algumas pessoas (que, em todo caso, não são compradores), ela ajuda a manter minha reputação de contestador, fora do convencional.

3 *Use multimídia*
É possível inserir texto, áudio e vídeo nas plataformas sociais e nos blogs. Explore esse potencial, para tornar-se objeto de interesse e para ser citado. Mostre fotos ou vídeos do seu trabalho com os clientes, de suas palestras e de depoimentos de clientes.

4 *Faça anúncios importantes*
Todos os sites têm regras para destacar eventos importantes. Divulgue seus prêmios, homenagens, workshops, publicações, palestras, compromissos e assim por diante. Essas postagens podem ser lançadas em segundos, tornando razoável o investimento em tempo para a chance de 1 em 10.000.

5 *Crie grupos*
Torne-se líder intelectual de grupos que se interessem por sua proposta de valor, trabalho, *expertise* e metodologia. Ofereça propriedades intelectuais e exerça liderança intelectual. À medida que os grupos crescem, busque referências, ligações e cooperações realistas.

---

[3] Não o aconselho a seguir todos os seus seguidores no Twitter, para não ser sugado no redemoinho do tempo. Não há protocolo a esse respeito; portanto, não se deixe impelir para o desperdício de tempo.

Em geral, seu investimento de tempo em plataformas de mídias sociais, para finalidades de negócios, deve limitar-se a 30 minutos por dia. (O que você faz nesses sites para recreação e relacionamento, atividades muito mais compatíveis, é problema seu. Mas não confunda as duas coisas. Entrar num site para postar uma notícia de negócios em menos de um minuto e continuar lá duas horas depois, é como deixar o escritório para caminhar no parque.)

Seu investimento em blogs, que é algo diferente, deve ser mais alto. Recomendo-lhe postar no mínimo três vezes por semana. Dicas:

▶ Use podcasts, vídeos, fotos, desenhos, gráficos e textos. Mantenha o blog variado, atualizado e interessante.

▶ Peça comentários e responda-os. Atue como moderador, removendo obscenidades, propagandas e disparates.

▶ Poste itens breves, de um terço a meia tela. Postagens maiores podem ocupar uma página inteira, mas evite ir além.

▶ Mantenha o site sempre informativo e valioso, com promoções discretas (com itens à margem ou anúncios breves). As pessoas não voltarão ao que não passa de painel de propaganda.

▶ Não tenha medo de divulgar seu valor. Poste suas ideias, propriedades intelectuais e métodos. Seja original e ousado.

O blog é muito poderoso quando você já tem marca, mas também contribui para a criação da marca, se você for interessante e agressivo. Isso é possível em qualquer momento de sua carreira, e os bons blogs viralizam rapidamente. Ofereça feeds RSS, para que os seguidores sejam notificados de cada novo post. Admita também contribuições de convidados, demonstrando que você é o centro de atenção em sua área de *expertise*, na medida em que outros especialistas também postam em seu blog.

Traçando uma Curva de Aceleração

Já analisamos os benefícios de atrair compradores e também a necessidade de prospectá-los em certas ocasiões. No marketing profissional, o objetivo da prospecção, quando oportuna e conveniente, é acelerar o crescimento das transações deles com você, em termos de escopo, grau e intensidade.

Portanto, podemos considerar uma Curva de Aceleração que veja o negócio como duradouro e os clientes como vitalícios.

O eixo da esquerda da Fig. 4.4 representa a facilidade de fazer negócios com o consultor ou com a consultoria. No alto, à esquerda, encontram-se fatores como download gratuitos, livretos baratos, teleconferências modestas, publicidade do trabalho voluntário, e assim por diante.

No eixo inferior, encontram-se intimidade e honorários crescentes (e, ao contrário da intuição, também a redução da intensidade do trabalho, conforme veremos em breve). Portanto, o lado esquerdo envolve compras impessoais e participação em grandes eventos, enquanto o lado direito inclui coaching pessoal, honorários fixos e periódicos, e assim por diante.

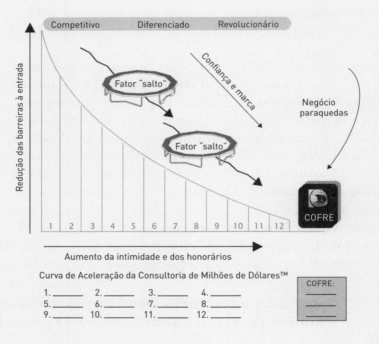

Figura 4.4 – Curva de Aceleração

Evangelho

Pense primeiro na quarta venda. O cliente nunca é um evento, mas parte de um relacionamento que dura enquanto você fornecer valor e responsabilidade.

As entradas verticais (não há número mágico; simplesmente escolhi uma dúzia, para ilustração) representam suas ofertas de serviços e/ou produtos. Considerando os critérios nos eixos, as três da esquerda tenderiam a ser competitivas; as três do meio, diferenciadas; e as três da direita, proprietárias ou revolucionárias.

Finalmente, o gráfico desemboca em seu cofre pessoal. São serviços que se inspiram em vínculos muito fortes entre você e o cliente. Exemplos:

- ▶ Honorários fixos e periódicos de US$ 25 mil por mês.
- ▶ Licenciamento de sua propriedade intelectual para o cliente.
- ▶ Fornecimento de material privativo ajustado às necessidades específicas do cliente, como newsletters, áudios, vídeos, e outros.
- ▶ Contratos exclusivos, com cláusulas de não competição (e honorários significativos).

Três fatores empurram os clientes Curva de Aceleração abaixo:

1. A confiança e a marca desenvolvidas pelo consultor, para encorajar o comprador a compartilhar e a absorver cada vez mais valor.
2. Ausência de divergências que levem o comprador ao ponto de não mais querer negócios com o consultor.
3. Fatores quânticos, ou avanços descontínuos, que impelem o cliente a saltar à frente, de maneira abrupta e rápida. Por exemplo, muitos leitores de meus livros, que podem custar US$ 40, logo aderem a meu programa de mentoria, por US$ 5.500, e depois avançam para o meu Million Dollar Consulting®College, que custa US$ 14.500.

Ao encarar o negócio dessa maneira, é possível raciocinar em termos de "primeiro, a quarta venda", ou seja, o cliente representa uma fonte potencial, em longo prazo, de alta receita, *se você for capaz de oferecer valor progressivo, em longo prazo, na forma de serviços e produtos variados.*

Ao construir marca significativa, você será beneficiário do que denomino "negócio paraquedas", ou seja, aquele que "aterrissa" no lado direito do gráfico, sem descer pela curva, sob a atração da reputação e pela força do seu trabalho, assim como das conversas entre seus clientes potenciais. (Por isso é que discutimos marketing viral antes.)

Você pode ter uma oferta – uma teleconferência, por exemplo, ou serviços de coaching, ou workshops, ou uma auditoria de comunicação – que agregue valor com base em sua configuração e entrega, e que, portanto, represente um avanço de vários pontos em sua Curva de Aceleração. (Meu Programa de Mentoria está disponível em três dimensões, com intimidade e honorários crescentes.)

Ironicamente, à medida que você prossegue para a esquerda, rumo ao cofre, a intensidade de seu trabalho tende a diminuir, uma vez que:

▶ O trabalho em condições de honorários fixos e periódicos é valioso, em razão da possibilidade de acesso imediato, embora não envolva, necessariamente, presença e uso.

▶ O licenciamento de propriedade intelectual é, por definição, remoto, com implantação pelo cliente, não pelo consultor.

Portanto, você atingirá o nirvana se usar essa metodologia de maneira correta, oferecendo incentivos aos clientes para aumentar o escopo dos negócios e, em igual proporção, dos honorários, ao mesmo tempo em que não mais exige tanto a sua presença. Dez clientes que pagam honorários fixos e periódicos de US$ 10 mil por mês, cada um, geram renda anual de sete dígitos, em que, praticamente, quase tudo é lucro.

Estou apresentando a Curva de Aceleração agora, por ser um dos fatores mais importantes no avanço da renda, de cinco dígitos para seis dígitos, e, em seguida, de seis dígitos para sete dígitos. O conceito o induz a descartar certas abordagens, em razão de desajustes com a Curva de Aceleração, em vez de mantê-las, por inércia ou apego. À medida que você alcança cada vez mais sucesso, todo o mecanismo se desloca para a direita, significando que até as suas ofertas com barreiras à entrada baixas podem envolver honorários substanciais, uma vez que sua marca tem tanto magnetismo e exerce tamanha atração.

Um recém-chegado pode começar com dois ou três serviços em cada categoria, mas um veterano deve manter cinco ou seis serviços. Você também pode usar o seguinte gabarito de seis pontos para efeitos de marketing e estrutura:

1 Você tem ofertas gratuitas ou pouco onerosas para atrair clientes e familiarizá-los com sua oferta de valor?

90 A Bíblia da Consultoria

2 Você oferece passos lógicos, sequenciais e evolutivos para que os clientes continuem a trabalhar com você? (Poucas pessoas avançarão diretamente de um livro de US$ 40 para um projeto estratégico de US$ 150 mil, embora, por vezes, ocorram esses saltos.)

3 Você está oferecendo diferenciais em seus produtos e serviços para que os compradores percebam que só você pode fornecer-lhes tanto valor agregado?

4 Ao construir o relacionamento, você consegue manter o impulso?

5 Ao desenvolver produtos e serviços, eles se encaixam em sua Curva de Aceleração, evolutiva, ou eles não passam de soluções em busca de problemas?

6 Você está aumentando o conteúdo do cofre, o que representa, em última instância, o mais íntimo relacionamento com o cliente?

Experimente o gráfico e teste até que ponto suas atuais condições se encaixam nos segmentos "competitivo", "diferenciado" e "revolucionário". Verifique se você tem sido pouco ativo no desenvolvimento de novos serviços diversificados ou complacente demais em relação aos seus serviços tradicionais, com os quais você tem feito sucesso.

Promoção desinibida

Descobri que, ao escrever um livro como este, mesmo para um excelente editor, como o deste, é melhor preparar-me para promover eu mesmo o livro se eu quiser resultados excelentes. Afinal, o editor é responsável por milhares de títulos, e ele não estaria sendo prudente, do ponto de vista empresarial, caso se concentrasse apenas em meu trabalho. No entanto, eu lanço um livro de cada vez, e é muito razoável que eu me concentre exclusivamente nele.

Isso porque é de minha exclusiva responsabilidade agir dessa maneira. Qualquer iniciativa do editor é muito útil, mas, em última instância, eu sou o único responsável.

Se for assim para um livro, o que dizer sobre seu nome? Seus resultados? Sua propriedade intelectual? Sua *expertise*? Apesar do marketing viral, da tecnologia de ponta, das referências convincentes e de tantos recursos excelentes, é melhor estar preparado para autopromover-se.

Sem inibição.

Sempre me dizem que, em certas culturas (e aí se incluem, ao que parece, todos os lugares, do Reino Unido ao Japão, passando por Groelândia e Antártica), a autopromoção é condenada. Em certas partes dos Estados Unidos (do Maine à Califórnia, de Minnesota à Flórida), a autopromoção também não é bem vista; nem em alguns mercados (instituições financeiras, indústria automobilística, construção e demolições, parques temáticos).

> ### Evangelho
>
> O único método garantido para assegurar que seu nome seja elogiado e citado positivamente é fazê-lo você mesmo.

Tenho algo a dizer a toda essa gente. *É possível* autopromover-se e ser bom em autopromoção.

Quanto à "desinibição", depende da pessoa e do lugar, mas, acima de tudo, de sua determinação e audácia. Não importa, porém, quem você seja e onde esteja, é quase certo que você pode autopromover-se melhor do que faz agora. Todos nós temos certa percepção implícita ou explícita do que é certo ou errado, próprio ou impróprio.

Essa percepção, porém, geralmente é inibida e convencional, uma herança do passado. Vivemos numa época de autenticidade e desinibição. Não acho que você corra o risco de ser preso pela patrulha do decoro se repetir com mais frequência que faz um bom trabalho.

Basicamente, a questão é de mentalidade.

Mentalidade retrógrada	Mentalidade progressista
► Estou tentando vender algo.	► Estou procurando agregar valor.
► Isso é antagônico; ganha-perde.	► Isso é colaborativo, ganha-ganha.
► Os outros devem decantar meus méritos.	► Devo fazer meu próprio marketing.
► A modéstia deixa os outros à vontade.	► A autoconfiança torna os outros autoconfiantes.
► Devo ouvir mais do que falar.	► Quando falo, devo ser convincente.
► Ninguém quer saber o quanto sou bom.	► Todos querem ser ajudados.
► Você precisa fazer o que diz.	► Você deve dizer o que faz.

Lembre-se de que os clientes conhecem você. Eles têm referências sobre seu trabalho. Os clientes potenciais, porém, não têm nada disso. Por isso é que você deve "dizer o que faz", virando de cabeça para baixo o velho lugar-comum de "fazer o que diz". Muitos consultores se queixam de que os clientes potenciais não os apreciam tanto quanto os clientes existentes.

Bobagem!

Quando entrei na Rutgers University, alguns veteranos resolveram promover um jogo de basquete no ginásio. Como éramos 11, um ficaria de fora. Como eu tinha jogado no time da escola, no ensino médio, não estava preocupado.

E acabei não sendo escolhido. Fiquei furioso. Mais tarde, no mesmo dia, um amigo, ouvindo minhas lamúrias, perguntou: "Qual foi a reação deles quando você lhes disse que tinha jogado no time da escola?".

"Não lhes disse."

"Aí está", respondeu. "Por isso é que você sobrou!"

Você precisa contar as suas proezas aos clientes potenciais. Eis várias maneiras de fazê-lo, sem ser preso:

As técnicas desinibidas de Alan

- ► Converta seu site em área de alta credibilidade, com relatórios de posicionamento, depoimentos impressos e em vídeo, listas de clientes, e assim por diante. Encaminhe os interlocutores para o seu site, o tempo todo e por todos os meios. Com o advento dos smartphones e tablets, eles não precisam estar no escritório para chegar lá. Podem fazê-lo na sua presença.
- ► Refira-se a trabalhos com os clientes em suas conversas. "Essa questão de remuneração, de que você está falando, tem semelhanças com um projeto que eu concluí para a Boeing e para a Apple." Se você assinou acordos de confidencialidade, omita os nomes, substituindo-os por insinuações: "...para uma grande empresa industrial de ponta e para uma empresa de alta tecnologia de primeiro nível".
- ► Use seu nome para construir sua marca pessoal, como descrevi no topo desta lista. Faça a mesma coisa na newsletter, no blog, e em outros meios de comunicação. (Meu blog é

www.contrarianconsulting.com, mas o nome no cabeçalho é "Alan's Blog".)

- Lance novas ideias representando sua *expertise*. Em conversas, diga: "Você sempre se refere a 'desenvolvimento de equipes', mas, pela minha experiência, a maioria das organizações tem comitês, não equipes, e identifiquei quatro princípios importantes para a formação de comitês". Esse comentário arrebatará a atenção sobre você.
- Amplie sua visibilidade quase todos os dias. Grave um *podcast*, crie um vídeo curto, poste um artigo, fale num evento, escreva uma carta ao editor – faça o que for necessário, e tudo o mais em que você se sentir à vontade. Por mais que falem em você, jamais seu nome será repetido demais.
- Não suponha que postar em plataformas de mídias sociais é equivalente a fazer tudo isso. Se você resolver atuar em mídias sociais, tudo bem, mas essa decisão não o dispensará de fazer todas as outras coisas. Supor que restringir as suas atividades promocionais às mídias sociais resultará em um negócio sustentável é como deixar acesas as luzes da pista para Amelia Earhart (pioneira da aviação americana, primeira mulher a cruzar o Atlântico, em voo solo, em 1932, que, desapareceu misteriosamente sobre o Pacífico, em 1937, ao tentar dar a volta ao mundo em voo solo) – é um bom pensamento, mas muito improvável que seja útil.
- Envie *press releases* todas as semanas. Fale sobre seus novos clientes, homenagens, palestras, novos modelos, opiniões a respeito de eventos em curso, o que lhe parecer mais oportuno. Você pode agir da mesma maneira com uma lista privativa de produtores de programas de entrevistas, editores de pauta, e pessoal de mídia, de sua agenda, ou recorrer a listas de associados (como www.expertclick.com). Também há, na internet, grande quantidade de fontes de *press releases* gratuitos. (Ver, por exemplo, meu blog, em www.contrarianconsulting.com/press-release-distribution-sources.)
- Finalmente, mostre às pessoas como você é bom e demonstre seu entusiasmo em trabalhar com elas. A empolgação é contagiosa e o excesso de contenção é sonífero. "Um de meus clientes me disse na semana passada que eu era o melhor especialista em gestão de mudança que já pusera os

pés na empresa dele, e eu gostaria de mostrar-lhe por que ele acha isso!"

Já disse isso antes, e, provavelmente vou dizer de novo, porque você precisa reconhecer essa realidade inequívoca: se você não tocar sua própria corneta, não haverá música.

Estratégias de tecnologia

A tecnologia interage e intervém em grande parte de nosso marketing, de uma maneira ou de outra. O importante é não deixar que interfira.

O colunista de tecnologia do *Wall Street Journal*, Walter Mossberg, disse a um grupo que eu estava recepcionando: "Da mesma maneira que você não anuncia que está conectado na rede elétrica quando usa o secador de cabelo ou a televisão, também vamos parar de dizer que 'estamos on-line', porque estaremos on-line o tempo todo". Como a maioria dos líderes intelectuais, ele tem uma maneira sucinta de mudar os pontos de vista alheios.

Portanto, com iPhones, iPads, Androids, notebooks, laptops, e vários assistentes pessoais digitais ainda a serem inventados, vamos assumir racionalmente que os seguintes princípios se aplicarão a todos nós que atuamos como consultores profissionais e em áreas correlatas:

- ► Teremos aplicativos pessoais que serão acessíveis para os clientes e que propiciarão fluxos de renda totalmente novos e distintos.
- ► As plataformas de mídias sociais se juntarão, evoluirão e se fundirão em veículos muito mais pragmáticos e focados, para criar comunidades-alvo, grupos de interesse, experiências de desenvolvimento, e assim por diante.
- ► Os sites de internet se tornarão orgânicos, no sentido de que se ajustarão ao contexto com muita frequência, talvez até diariamente, para refletir eventos recentes, como novos depoimentos, novas condições econômicas, ou novas criações intelectuais.
- ► A construção de marcas (tema sobre o qual falaremos no próximo capítulo) será mais difícil, por causa do nível geral de ruído, mas também mais fácil, por causa dos recursos de visibilidade sem precedentes, transformando a diferenciação e a singularidade em valores-chave.

- Muito à semelhança dos supermercados, que ficam abertos 24/7 (vinte e quatro horas por dia, sete dias por semana), clientes reais e potenciais em todo o mundo procurarão assistência e esperarão respostas 24/7. A velocidade da resposta será tão importante quanto a qualidade da resposta, talvez mais, como diferenciador.
- Também você estará acessível 24/7, não importa onde esteja, o que não é necessariamente um benefício.
- Vida pessoal e vida profissional são realmente a mesma vida, em que é preciso lidar com o novo paradigma de retornar ligações até na praia, se isso significar um contrato de US$ 150 mil, e tirar folga na quarta à tarde, para prestigiar a filha na apresentação de dança.
- Também é possível viver em falso isolamento, na crença de que suas interações constantes nas mídias sociais são uma forma de associação, quando, de fato, são o equivalente a ouvir música no iPod, em vez de comparecer à sala de concertos.

Evangelho

Use 100% dos somente 30% da tecnologia que são relevantes para você. Dessa maneira, você a controlará, mas não será controlado.

Se for mais difícil ler o *New York Times* num iPad do que no papel, *e se a versão em papel estiver disponível*, seria loucura usar o iPad só por amor à tecnologia. Se for mais fácil ver o preço das ações no iPad do que na versão em papel, *e se o iPad estiver ao alcance*, será tolice acompanhar o preço das ações na versão em papel.

Você usa o que fizer mais sentido, aqui e agora, em termos de tempo, eficiência e exatidão.

Essa regra se aplica a todas as tecnologias. Ter o mais novo, o maior (ou o menor), e o melhor não é necessariamente uma busca sábia. Será que a versão recém-lançada justifica os custos adicionais, inclusive de tempo de pesquisa, quando a versão anterior funciona tão bem?

Eis cinco sugestões para a sua estratégia e sua filosofia em relação à tecnologia, acima e além dos conselhos táticos que se encontram em todo este livro, sobre praticamente todos os aspectos da construção de uma prática de consultoria bem-sucedida e lucrativa.[4]

---

[4] Por exemplo, a maioria dos fatores da Roda da Gravidade do Mercado depende de alguma forma de envolvimento tecnológico.

Filosofia de Alan em relação à tecnologia para não tecnólogos

1 Não confunda familiaridade com uso ou investimento. Por exemplo: sou ativo no Facebook e no LinkedIn, por se tratar de importantes plataformas de mídia social, sobre as quais me perguntam com frequência. Delas participo e nelas tenho muitos "seguidores" e "amigos", pois, do contrário, não teria condições de dar conselhos adequados (como os que você está lendo neste livro). Isso, porém, não significa que eu dedique mais de dez minutos por dia a essas atividades, nem que elas sejam componentes de meus próprios planos de marketing.[5]

2 Não o faça você mesmo. Encontre excelente técnico ou empresa para desenvolver e atualizar sua presença na internet, para cuidar de suas necessidades tecnológicas, e para outras tarefas do gênero. Os melhores tomarão a iniciativa de sugerir inovações e projetos avançados, *compatíveis com sua proposta de valor e seus planos de marketing*. Não perca tempo tentando ser seu próprio tecnólogo, a menos que você também esteja orientando clientes potenciais a não o contratarem e a atuarem como seus próprios consultores.

3 Use o veículo apropriado para os fins compatíveis e explore sua singularidade. Se você for nada mais que uma "cabeça falante" no vídeo, por que, então, fazer vídeo em vez de áudio? Se você estiver gravando um áudio que exige a visualização de alguma coisa, por que, então, fazer áudio em vez de vídeo? Se você estiver oferecendo às pessoas acesso à internet para o fornecimento de determinado valor, por que enxotá-las, ao exigir alguma informação que gere insegurança, pelo risco de serem incluídas em listas de e-mails e passarem a receber spam?

4 Tecnologia de ponta não é ponta de faca. Vanguarda não é compulsão. Ouvi falar pela primeira vez em tablet como dispositivo móvel multifuncional, inclusive para a leitura de jornais e livros, no American Press Institute, em 1990. Havia até um modelo primitivo em funcionamento. Duas décadas depois, nem "todo mundo" usa tablets no dia a dia! Cultive a moderação

---

[5] Por isso é que também me associei à Mensa (http://www.mensa.com.br/), por imaginar que se tratava de um bando de pretensiosos, que simplesmente se davam bem num teste (tinham sorte ou ludibriavam), e eu estava certo. Se essa gente representar os 2% mais inteligentes da população, os pastores alemães herdarão o planeta.

e o pragmatismo, sempre tendo em vista seus clientes potenciais e seu público. Pergunte-se a que dispositivos e mídias a maioria das pessoas será receptiva, e com que rapidez. Sempre será possível avançar, se você tiver sido muito conservador, mas é muito dispendioso retroceder, depois de investimentos vultosos, por ter sido muito otimista e imprudente.

5 Avalie, aprenda e explore as inovações que lhe parecerem extremamente úteis. Se você usar teclado todos os dias, domine a digitação em alta velocidade – não é difícil e logo se torna intuitiva e automática (muito mais fácil que os controles da maioria dos videogames). Se você estiver enviando newsletters, descubra os melhores, mais automatizados e mais confiáveis bancos de dados.

A tecnologia, como a eletricidade, é parte de nosso dia a dia. Meu conselho é focar nos objetivos e resultados e, então, dar um passo atrás e adotar a tecnologia mais eficiente e eficaz para acelerar-se no rumo certo. Advertência: se a tecnologia vier com dois vídeos de instrução e exigir aprendizado demorado, procure um profissional ou adie o uso da inovação.

—————————— Capítulo 5 ——————————

Presença:
como ser autoridade
e especialista

Criando e fomentando a marca

Marca é uma expressão uniforme de qualidade. Pode ser um trabalho, frase, logotipo ou nome. Sua marca é, em última instância, seu nome.

Os três requisitos da marca poderosa são:

1 Você identifica uma necessidade de mercado que:

► Já existe e é vibrante (formulação da estratégia).

► Deve ser criada e preparada para ser vibrante (coaching remoto).

► Tudo indica que será vibrante (o mercado brasileiro).

2 Você tem competência para:

► Criar propriedade intelectual e ideias instigantes.

► Registrar e proteger modelos e métodos proprietários ou privativos.

► Destacar-se da maioria dos concorrentes.

3 Você tem paixão suficiente para:

► Aceitar rejeições inevitáveis.

► Sempre evoluir e melhorar suas abordagens.

► Atuar como preconizador entusiástico de seus resultados.

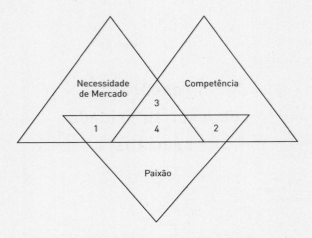

1. A marca é um conceito inteligente, mas não entrega substância.
2. A marca se ajusta sob medida às suas condições, mas o mercado não é receptivo.
3. A marca pode tornar-se eficaz, mas não tem apoio.
4. A marca é mágica.

Figura 5.1 – Requisitos da marca poderosa

A Fig. 5.1 mostra as armadilhas que você enfrenta quando falta ainda que apenas um desses três elementos. Como, porém, você já tem ou pode desenvolver todos os três, é possível construir e viralizar sua marca.

> **Evangelho**
>
> Se você for um solista virtuoso, você é a marca. Se sua intenção for construir uma empresa para vender algum dia, a empresa é a marca.

A construção da marca é mais eficaz com repetição e consistência. Quando eu estava começando como consultor, sem dinheiro no bolso e perdido no meio do ruído e da fumaça da profissão, tornei-me um "contestador". Não me dei conta de que estava construindo a marca; às vezes, porém, é melhor ter sorte do que competência. Percebi que o movimento da qualidade não era bem sobre qualidade, que a formação de equipes era ineficaz porque a maioria das organizações tinha, na verdade, comitês, e que planejamento estratégico era oximoro ou contradição.

As pessoas eram céticas, cínicas, perplexas – e interessadas. Fui contratado para dar palestras, recebi convites para apresentar artigos, que levaram a colunas, e emergi da fumaça e do ruído. No percurso para converter meu nome em marca, concebi frases como "Consultoria de Um Milhão de Dólares", "Ato de Equilíbrio", "Arquiteto de Comunidades Profissionais", e uma dúzia de outras, que registrei e protegi.

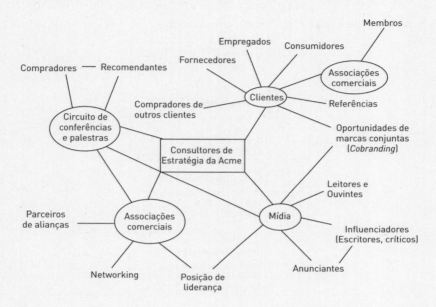

Figura 5.2 – Networking da marca

Sendo consistente e repetitivo, é possível propagar a palavra em progressão exponencial.

A Fig. 5.2 está limitada pela falta de espaço aqui, mas ela é ilimitada em um universo tridimensional. Hoje, a natureza viral da difusão da marca é intensificada, obviamente, pela tecnologia; *não basta, porém, difundi-la somente por meio da tecnologia*. É preciso falar, escrever, aparecer, enredar-se (fazer networking, participar de redes sociais), e, em geral, empurrar a marca em contextos de rede, como os apresentados no gráfico.

O ponto de partida é criar marcas em torno da sua proposta de valor. Se a sua proposta de valor for "Reduzir o tempo de fechamento das vendas e os custos de aquisição", sua marca poderá ser algo como "Acelerador das Vendas" ou "Fechamento Rápido".

Você pode, então, lançar newsletters, blogs, postagens, colunas, podcasts, vídeos, palestras, livretos, e assim por diante (pense nos raios da Roda de Gravidade) para difundir a marca.

A sequência total se assemelha à Fig. 5.3.

Você começa criando a marca. Avalie sua aceitação: as respostas são positivas? A marca é citada? Ela atrai as pessoas? Posicione a marca, então, entre os compradores almejados, identificando e compreendendo o que eles leem, ouvem e assistem.

Figura 5.3 – Pirâmide da marca

Construa a marca como sugeri. Use a Roda da Gravidade para disseminá-la de todas as maneiras possíveis, dentro de sua zona de conforto (e, talvez, fora de sua zona de conforto). Finalmente, aprecie o valor. Converta a marca em seu nome, ao mesmo tempo em que retém outras marcas. Alavanque-a para angariar parceiros e recomendações. Você não se surpreenderá ao constatar a facilidade e a rapidez com que os editores analisam sua proposta de escrever um livro ou com que você tem acesso àquele comprador esquivo.

E depois que sua marca se tornar forte e reconhecida, é possível aumentar a alavancagem expandindo as ofertas.

Expandindo produtos e serviços

Cuidado com o terrível "*so, so*", em inglês, "mais ou menos" ou "assim, assim". São as iniciais de "*same old, same old*", ou "o mesmo de sempre, o mesmo de sempre".

Ao olhar para trás, na minha carreira, não raro me surpreendo com as recomendações e os conselhos aos clientes, entre as décadas de 1980 e 1990. Mas eles gostavam, e, na época, era o melhor que eu podia oferecer-lhes. Boa parte do que eu sugeria dava certo. Mas eu também achava que meu Corvette e GTO eram velozes e potentes, até comprar Ferraris, e Astons e Bentleys. Todos eram carros fabulosos, mas não servem para mim hoje. (Quando eu disse a alguém, depois de meu terceiro Ferrari, que não compraria outro, porque eu os superara, meu interlocutor respondeu: "Nunca imaginei que eu ouviria um adulto macho fazer essa afirmação, e duvido que eu venha a ouvir isso de novo de um macho alfa". E o que você acha, porém, desses caras grisalhos dirigindo Corvettes? Fale, agora, em dissonância cognitiva.)

De dois terços a três quartos de minha renda hoje resultam de produtos e serviços que não existiam três anos atrás. O lado direito da Curva de Aceleração, e meu cofre, continuam crescendo, como os negócios paraquedas, que lá aterrissam. Essa é a proeza das marcas, e elas se convertem em grifes, o que veremos no próximo capítulo.

Por enquanto, vejamos as características de seus produtos e serviços, e analisemos uma estratégia racional para desenvolvê-los em qualquer economia. Primeiramente, concordemos que quatro são as categorias básicas, como mostra a Fig. 5.4.

	Clientes existentes	Novos clientes
Produtos e serviços existentes	1	2
Novos produtos e serviços	3	4

Figura 5.4 – Quadrantes das prioridades de marketing

Nas economias normais, o quadrante 1 é o dos frutos nos galhos baixos. Os clientes que acreditam em você e usaram os seus serviços tendem a continuar com você – negócios repetidos. O próximo alvo de oportunidades mais prováveis é o do quadrante 3, onde os mesmos clientes são receptivos a novas ofertas – novos negócios para os atuais clientes.

O quadrante 2 é o seguinte, levando os produtos e os serviços existentes, com depoimentos e referências, a novos clientes. O último e mais difícil é o quadrante 4, onde você tenta oferecer novas coisas a novas pessoas, osso duro de roer (e, portanto, a maldição de todos os novos consultores, para os quais qualquer comprador é novo e todos os produtos e serviços são novos).

Em tempos de má economia, porém, até os bons clientes tendem a cortar despesas às cegas ("às cegas", aqui, significa apesar do retorno que estão obtendo); portanto, o remédio é começar no quadrante 3! Afinal, os clientes já confiam em você, e se você estiver oferecendo novas soluções e novas oportunidades compatíveis com os novos tempos, é provável que escutem. A segunda opção é o quadrante 2, onde os produtos e os serviços existentes *parecerão novos para os novos clientes*. Em seguida, vem o quadrante 1 e, por fim, o quadrante 4.

Vê-se, por conseguinte, que um gráfico simples como esse será muito útil em suas estratégias de expansão, e você precisa de estratégias de expansão, porque os seguintes fatores podem ameaçar as estratégias "*so, so*", a qualquer momento.

- ► Tumulto econômico
- ► Entradas competitivas
- ► Novas tecnologias
- ► Novas tendências e até modismos
- ► Saturação de sua base tradicional
- ► Reestruturação das indústrias e negócios alvo
- ► Mudança da percepção do público
- ► Regulação do governo

Pegou a ideia? Não espere para ser reativo agindo em desespero.

Evangelho

Você é a sua própria fábrica de P&D (pesquisa e desenvolvimento), e os clientes são o seu laboratório. Tenha sempre algo cozinhando na bancada de trabalho.

Uma última consideração: como saber *que* clientes abordar primeiro, ou mesmo *que* clientes potenciais são os mais promissores?

Até certo ponto, isso é arte e ciência, mas aqui podemos focar pelo menos no aspecto científico.

Trata-se de uma questão de combinação de sua diversidade – meu laboratório "culinário" a que se refere a caixa "Evangelho", logo acima –, e a maturidade do cliente (ver Fig. 5.5.).

Quanto mais diversas forem as suas ofertas e mais maduros forem os seus clientes,[1] mais abrangentes poderão ser as suas abordagens. No polo oposto, quanto menos maduro e menos diversificado forem, mais você será uma *commodity* – o pônei que só faz um truque.

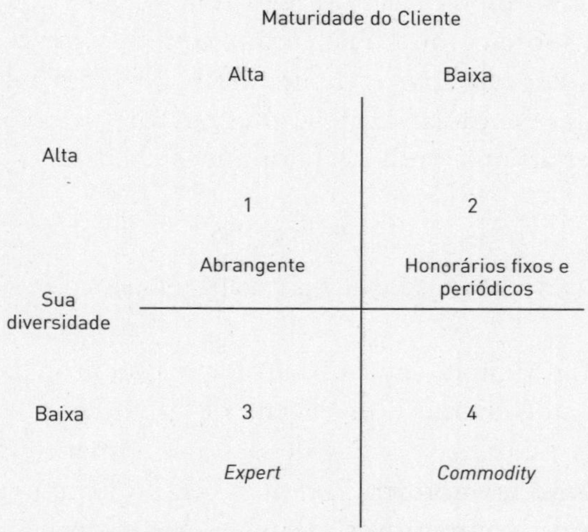

Maturidade do Cliente

	Alta	Baixa
Alta	1	2
	Abrangente	Honorários fixos e periódicos
Sua diversidade		
Baixa	3	4
	Expert	*Commodity*

1 = Projetos de longo prazo.
2 = Parcerias integradas.
3 = Especializado, no local (implantar a tecnologia).
4 = Especializado, remoto (desenvolver planos de negócios).

Figura 5.5 – Maturidade do cliente

Se sua diversidade for alta e a maturidade do cliente for baixa, a prestação de serviços mediante a cobrança de honorários fixos e periódicos talvez seja o posicionamento adequado. Se sua diversidade for baixa, mas a maturidade do cliente for alta, o cliente talvez prefira usar seus serviços como especialista de foco estreito.

A Fig. 5.5 dá exemplos de como maximizar cada uma dessas combinações.

---

[1] Os clientes maduros recorrem a consultores com habitualidade, são pioneiros em inovações, formam parcerias responsáveis com os consultores, e enfatizam resultados, não tarefas.

Fazendo alianças

As discussões entre consultores sobre "reunir forças", "formar parcerias" e "constituir consórcios" só encontram similares entre os grupos que passam a vida em debates sem fim sobre o monstro do Lago Ness e sobre visitas de extraterrenos: sem sentido.

Eis seu lema, diretamente do ator Cuba Gooding, no filme *Jerry Maguire*: "Mostre-me o dinheiro".

Qualquer aliança conceitual é perda de tempo e energia. Faço essa afirmação sem qualquer resquício de dúvida, depois de observar consultores desperdiçar o pouco tempo livre de que disporiam especulando sobre como trabalhariam juntos – teoricamente. Nessas conversas fiadas, criam teias de aranha intrincadas sobre como suas metodologias se encaixariam e se integrariam, gerando sinergias, mas nada disso seria significativo para os atuais clientes.

Evangelho

As alianças só fazem sentido quando há dinheiro na mesa.

Vários anos atrás, um consultor me procurou e explicou que tinha um grande cliente, com receita de US$ 1,5 bilhão por ano, ao qual vinha prestando serviços de desenvolvimento de liderança e formação de equipes. Agora, porém, o CEO lhe pedira para ajudá-lo na formulação da estratégia. Estratégia, no entanto, não era o forte desse consultor, e ele se lembrou de mim.

Concordamos que ele me apresentaria como o estrategista, e praticamente fechamos o acordo naquele momento. Eu prepararia uma proposta, e ele ajudaria na entrega, para aprender o processo. Dividiríamos o projeto de US$ 160 mil na proporção 60/40, eu/ele.

A abordagem funcionou muito bem. O consultor continuou a trabalhar para o cliente, com ainda mais ferramentas, o cliente estava muito satisfeito, e eu conseguira um negócio que, do contrário, não teria obtido. O consultor procurou-me com dinheiro na mesa.

Eis seis diretrizes para alianças eficazes, em qualquer estágio de sua carreira, que evitam as armadilhas e exploram os benefícios:

1. Foco em negócio bem delimitado e de curto prazo, em que nenhuma das partes já esteja trabalhando. Se não for possível nomear o cliente e mostrar o cronograma, nem comece a conversar.

2. Busque 1+1=160. Ou seja, a atuação conjunta deve aumentar exponencialmente o valor para o cliente e, portanto, os honorários para ambas as partes. Se, sozinho, você receberia, digamos, US$ 80 mil, mas, com o parceiro, o projeto está orçado em US$ 140 mil, isso significa que, com a divisão 50/50, você agora receberia somente US$ 70 mil!

3. As melhores alianças são aquelas em que as partes fornecem mutuamente habilidades e competências complementares, ou seja, presentes numa e ausentes na outra. Se ambas são especialistas em reduzir o ciclo de vendas, por que precisariam elas uma da outra e o cliente necessitaria das duas? Se, porém, uma reduz o ciclo de vendas e a outra recruta talentos em vendas, talvez essa aliança faça mais sentido.

4. Não confunda necessidade de relacionamento com necessidade de aliança. Esse é um erro crônico. Se você se sente solitário por atuar por conta própria, junte-se a grupos profissionais, cívicos, sociais ou religiosos. Não crie, todavia, vínculos profissionais só porque você não gosta de ficar sozinho!

5. Analise o possível parceiro como se estivesse analisando um cliente potencial. Passe algum tempo com ele em diferentes contextos, não se esqueça dos antecedentes pessoais e profissionais, e peça listas de clientes. *Duas bandeiras vermelhas:* uma é referente ao parceiro que não compartilhará informações sobre o negócio, e a segunda é referente ao parceiro em dificuldade. Não admita que a aliança seja mero disfarce para algum tipo de sopa dos pobres para consultores.

6. Não formalize a parceria. Não corra para constituir uma EIRELI ou uma LTDA, nem elabore acordos ou contratos formais. É mais difícil escapar de relações de negócios formais que de casamentos ou uniões estáveis infelizes, com papel passado, e as parcerias profissionais envolvem riscos financeiros e pessoais ainda mais altos e onerosos.

Alianças são parcerias entre iguais, envolvendo duas práticas de consultoria. *Não se confundem com terceirização.* O parceiro deve oferecer metodologia, *expertise* em aquisições, tecnologia, ou outras competências importantes para o cliente. Cada uma das partes precisa entregar produtos e serviços, e a aliança deve gerar sinergia, *mas, se uma das partes só entregar o seu quinhão, sem aumentar o todo mais que a soma das contribuições, essa parte não passará de um terceirizado – mão de obra – não um parceiro de aliança.*

Os peões, ou entregadores, ou executores são muito abundantes. Em geral, não são capazes de comercializar com eficácia as próprias ofertas, nem de conquistar clientes valiosos. Portanto, dependem de outros que saibam fazer o marketing para aliciar clientes e angariar negócios. Alguns recebem nada mais que US$ 300 *por dia*, de empresas nacionais promotoras de workshops e seminários. Como são muito fáceis de achar, não obstante suas alegações autoelogiosas de que a execução é tudo (é importante, mas nem de longe tão difícil quanto a elaboração de estratégias e o planejamento de aquisições), é possível encontrar excelentes peões por menos de US$ 1.000 por dia.[2]

Ao encontrar circunstâncias legítimas para uma aliança, além de parceiros de alto potencial, considere a seguinte fórmula para distribuir a renda:

	Aquisição 50%	Metodologia 30%	Execução 20%
Você			
Outra parte			

Exemplo: digamos que você seja especialista em planejamento de aquisições, mas precise da metodologia de outro consultor para a execução, e que vocês dois estejam dispostos a dividir os honorários pela execução. Estimemos o projeto em US$ 100 mil. Esse acerto resultaria no seguinte:

	Aquisição 50%	Metodologia 30%	Execução 20%
Você	US$ 50.000		US$ 10.000
Outra parte	0	US$ 30.000	US$ 10.000

Isso significa US$ 60 mil para você e US$ 40 mil para a outra parte. Essas porcentagens podem ser ajustadas, para levar em conta

---

[2] Por "peões", refiro-me a pessoas que trabalham com grupos de foco, entrevistas, observações, pesquisas, workshops, e assim por diante. É inevitável que aceitem diárias.

fatores como marca pessoal, equipe de apoio, e qualquer outro. Nunca, porém, atribua às três áreas a mesma importância, e sempre acerte de antemão as disposições e a fórmula. Esses cuidados evitam a necessidade de recursos legais e preserva as relações amistosas.

Como se vê, se a outra parte se enquadrar 100% na terceira coluna – execução –, não contribuindo para as duas primeiras colunas, ele ou ela é terceirizado/a, não há parceria, e simplesmente se acerta o valor da diária.

Negócios oriundos de referências

Eis uma frase a ser lembrada: "Referências são a moeda do meu reino. Considerando o sucesso de nosso atual projeto, quem vocês conhecem que também poderia beneficiar-se com o valor que aqui agregamos?".

E eis a oferta irrecusável: "Se vocês fizerem a apresentação, ficarei muito grato. Se não, posso simplesmente mencionar o seu nome? Mas, se vocês preferirem, não digo nada".

Suponho que você tenha percebido a sequência de alternativas de respostas afirmativas no segundo conjunto de perguntas!

Negócio de referência é o meio termo entre o calor de pessoas que o procuram (Gravidade do Mercado) e o gelo das chamadas a frio. É um dos pontos fracos mais graves dos consultores, pois eles não pedem referências no momento oportuno, consideram inadequado pedir depois, ou não sabem como pedir.

Muitos consultores bem-sucedidos são capazes de rastrear *todos* os nossos negócios a menos de meia dúzia de fontes originais. Nossos diversos negócios compartilham o DNA de grande quantidade de referências das mesmas fontes.

Evangelho

O consultor que não busca ativamente negócios oriundos de referências, enquanto trabalha para um cliente, não está convencido de que agrega valor, nem de que outros clientes mereçam ter acesso ao mesmo provedor.

Três são os tipos de referências: de clientes, de não clientes, e referências indiretas.

Referências de clientes

Devem ser procuradas continuamente. Alguns critérios:

- ► Informe ao cliente, desde o começo, que você pedirá referências mais adiante, desde que ambos estejam satisfeitos com os resultados.
- ► Expresse-se de maneira adequada e ofereça escolhas, como sugerimos.
- ► Use a referência imediatamente. Tipo de linguagem: "Judy, Tom Lane me deu referências para que eu procurasse você, e ele acha que você vai gostar muito do tipo de resultados que ele e eu produzimos juntos. Como Tom nunca me deu maus conselhos, quero atender à sugestão dele e me encontrar com você. Estou disponível em três diferentes datas da semana que vem. O que você acha dos seguintes dias e horas?".
- ► Procure todos os seus clientes passados e presentes pelo menos três vezes por ano para pedir referências.
- ► Cultive a mentalidade de que você não está pedindo favor; você está querendo *prestar um favor*, ajudando conhecidos comuns e colegas profissionais.
- ► Aos clientes atuais, *sempre* peça referências mais ou menos quando se completarem dois terços do projeto. A ausência não ajuda a tornar os corações mais calorosos em negócios; pelo contrário, facilita o esquecimento.

Se você seguir esses passos e usar a linguagem certa, você terá excelentes chances de conhecer novos clientes potenciais. Certifique-se, é claro, de que ele ou ela é comprador, e, se não for, peça uma apresentação ao real comprador.

Referências de não clientes

São as fornecidas por outros consultores, por terceiros, e por serendipidade, ou seja, ao acaso ou fortuitas.

- ► É antiético recomendar alguém, como um consultor remunerado, ao seu comprador e não revelar que você tem interesse financeiro na transação. Portanto, se houver honorários por referência (ver próximo item), o fato deve ser transparente. Do contrário, o cliente acreditará que a referência é um conselho objetivo e desinteressado, quando é, na verdade, um arranjo de negócios.

► Adote uma fórmula de pagamento pelas referências. Eis minha sugestão:

- ► Forneça-me o nome de um comprador que precise do meu tipo de ajuda. Procuro o comprador e fecho o negócio. Pagarei a você 5% a 10% dos honorários do projeto.[3]
- ► Apresente-me a um comprador, pelo qual estou interessado, e fecho o negócio. Pago-lhe de 10% a 15%.
- ► Apresente-me a um comprador com quem você tem forte relacionamento, a ponto de eu ser contratado apenas com base em seu endosso. Pago-lhe de 15% a 20%.

► Literalmente, peça a todo o mundo que você conhece negócios oriundos de referências. Você dá referências de seu médico e advogado, mas eles não dão referências de você a ninguém, porque, em geral, eles não conhecem os resultados que você produz, pois, quase sempre, eles só têm seu cartão. Alicie todas as suas comunidades, profissional, social e cívica.

Referências indiretas

Os negócios oriundos de referências são de enorme importância no trabalho dos consultores, superados apenas pela Gravidade do Mercado no desenvolvimento de novos negócios. Você pode maximizar essa abordagem por meio do que denomino "referências indiretas", com as seguintes técnicas:

► Se você tiver permissão para usar o nome dos clientes (o que é normal, embora nem sempre possa usar o logotipo deles), destaque sua lista de clientes no seu site, no seu kit de imprensa e em outros lugares. "Você trabalhou com a Acme? Eu tenho um contato na Ômega, que estaria interessada em conversar com você."

► Pense numa expansão tridimensional, a partir de seus atuais contatos com clientes. O diagrama da Fig. 5.6 indica esse potencial.

---

[3] Tudo isso é para o primeiro projeto, não para os negócios subsequentes, para expansões do negócio, e outras ocorrências.

▶ Vê-se, dessa maneira, que as possibilidades de aliciamento são muito mais amplas do que de outro modo se poderia imaginar. É possível percorrer essas rotas, com lentidão e de forma precária, ou disparar para os destinos, com eficiência e rapidez, levado pelas asas de uma poderosa referência.

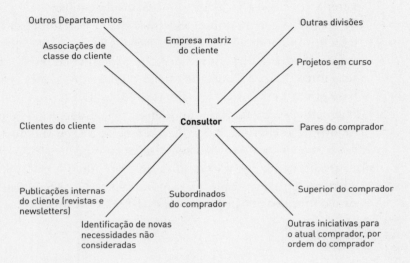

Figura 5.6 – Potencial de expansão

Não se esqueça de que alguns de seus atuais clientes foram indicados por referências; portanto, lembre-os disso, dizendo-lhes mais ou menos o seguinte: "Você e eu nos conhecemos com base nas recomendações de Sandy Phillips...".

Finalmente, trate bem suas referências, com o melhor tipo de recompensa: recomende-os a outros, sejam clientes ou terceiros. A maneira mais segura de preservar as atuais recompensas é retribuir. Mantenha um banco de dados cuidadoso, de quem é capaz de fazer o quê para quem. Se for uma rua de mão dupla, o trânsito será bem mais intenso.

Negócios de honorários fixos e periódicos

Honorários fixos e periódicos oferecem "garantia de acesso", ou seja, a possibilidade de recorrer ao consultor a qualquer momento. Não são como a "advocacia de partido", na qual o advogado como que recebe depósitos antecipados, a serem deduzidos dos honorários por hora (ou a cada incremento de seis minutos), cobrados em casos específicos (Um ábaco, por favor!). Tampouco se destinam os honorários fixos e periódicos, pelo menos em meu mundo, a remunerar projetos específicos, com a participação ativa do consultor, que ajuda no desenvolvimento e na implantação. Em suma, não são para *envolvimento ativo*.

Honorários fixos e periódicos situam-se no lado direito da Curva de Aceleração, e vão para o cofre. Quase sempre são produtos da confiança e de projetos tradicionais anteriores. Raramente são a maneira como o consultor começa a trabalhar com novos clientes. Vantagens:

- ►Você é, basicamente, um recurso remoto, com demandas limitadas de viagens e de encontros pessoais.
- ► Você pode assumir vários contratos de honorários fixos e periódicos simultâneos. (Dez clientes a US$ 10 mil por mês são US$ 1.2 milhão por ano, sem contar qualquer outro trabalho remunerado, enquanto você se mantém à disposição dos clientes fixos.)
- ►Você lida somente com o chefe ou com pessoas-chave.
- ► É provável que você seja chamado poucas vezes, o que significa muito tempo livre.
- ► Os contatos que ocorram tendem a ser breves e concisos.
- ► Contratos fixos podem durar bastante tempo.
- ►Você também pode assumir projetos específicos, para o mesmo cliente, com honorários à parte, com base no valor agregado nessas iniciativas.
- ► Os honorários fixos e periódicos geralmente são pagos antecipadamente, sem restrições à rescisão.

Por exemplo, eu trabalhei nessa condição para a Calgon e seu presidente, durante cinco anos. Durante esse tempo, atuei em meia dúzia de projetos independentes e separados. Só os honorários fixos e periódicos eram de US$ 100 mil por ano.

Para tanto, é preciso desfrutar de excelente nível de confiança e de relacionamento com o comprador, mas também é necessário manter extraordinária disciplina pessoal. Isso porque honorários fixos e periódicos podem ser terra minada, se:

- ►Você se sentir culpado por não ser procurado com regularidade, e, em consequência:

A Bíblia da Consultoria **113**

- Insistir em telefonar para o cliente e oferecer ajuda.
- Propuser créditos no futuro, se não for usado.
- Assumir projetos no presente, para aproveitar a disponibilidade de tempo.
- Você, imprudentemente, aceitar honorários fixos e periódicos para remunerar projetos ilimitados, com o risco de receber US$ 50 mil por projetos independentes, que lhe teriam rendido honorários de US$ 175 mil.

Evangelho

Há duas condições extremas, igualmente insidiosas: expansão lenta do escopo (*scope creep*), quando o cliente acrescenta cada vez mais tarefas ao projeto, e infiltração lenta do escopo (*scope seep*), quando você adiciona cada vez mais tarefas ao escopo!

Nos esquemas de honorários fixos e periódicos, o consultor é como uma apólice de seguro ou um sistema de *sprinklers* de alta qualidade: você não é acessado a não ser em caso de necessidade; o cliente paga pelo conforto, segurança e paz de espírito de saber que você está disponível; e seu valor independe do uso efetivo. (Ninguém quer alagar o primeiro andar só porque pagou caro pelos *sprinklers*).

Eis os três critérios para desenvolver um esquema de honorários fixos e periódicos, sem emendas e estanque, para si mesmo:

1 *Determine a quantidade de pessoas envolvidas*
Por exemplo, você está tratando somente com o vice-presidente de vendas, ou também com os três gerentes gerais? Quantas pessoas, no total, têm acesso a você?

2 *Determine o escopo do seu envolvimento*
Você estará disponível apenas durante o horário comercial normal? Em que fuso horário? Qual é a quantidade aceitável de consultas por telefone (por exemplo, duas horas) e por e-mail (um por dia)? Haverá reuniões pessoais periódicas? O cliente poderá ligar para você nos fins de semana ou fora do horário comercial?[4]

---

4 Não raro eu recebia ligações tarde da noite ou nos fins de semana, do presidente da Calgon, quando ele tinha uma reunião de Conselho importante no dia seguinte

3 *Qual é a duração do seu envolvimento?*

O acordo é trimestral, semestral ou anual? (Aconselho-o a jamais aceitar contratos mensais, rescindíveis com facilidade e muito breves para você demonstrar o seu valor.)

Exija no mínimo 90 dias, com pagamento *sempre* no começo do período. Eu cobrava da Calgon US$ 10 mil por mês, mas dava um desconto de US$ 12 mil para pagamento no dia 2 de janeiro, o que era sempre aceito. Você não precisa de uma proposta típica, com objetivos, critérios e valores, mas é bom pedir uma carta de aceitação estipulando as condições aqui sugeridas.

Em 25 anos de consultoria por conta própria, e provavelmente 30 contratos de honorários fixos e periódicos, *jamais algum cliente explorou o relacionamento.* Exatamente como em meus contratos de mentoria de consultores, de âmbito global, que garantem acesso ilimitado a meus serviços, esses contratos incluem garantia de resposta e são, de fato, acordos de honorários fixos e periódicos, ninguém jamais abusou da dinâmica, com excesso de demanda e telefonemas ou e-mails muito frequentes.

Se você já trabalhou com um executivo que realmente adota uma política de portas abertas, aposto que essa pessoa nunca se queixou de ser tão procurado, a ponto de não ter tempo para trabalhar. A oferta, em si, já é tranquilizante e os usuários são comedidos. O conforto da acessibilidade é muito valioso.

Ironicamente, os clientes aceitam essas condições com mais facilidade do que os consultores, que, em tese, seriam os principais interessados.

Os requisitos para o sucesso dos contratos de honorários fixos e periódicos, inclusive para que se estendam a outros clientes e sejam renovados sucessivamente, são:

▸ Seja *muito* receptivo. Tente superar as expectativas, mesmo que o combinado seja razoável e suficiente.
▸ Demonstre senso agudo de prioridade. Responda com rapidez às chamadas e e-mails, mesmo além do horário comercial, se possível. Talvez o cliente só veja a sua resposta no dia seguinte, mas só a atitude de prontidão já é valiosa.

---

ou alguma outra bomba no trabalho.

► Nunca, jamais, sinta culpa ou desapreço se não for procurado durante algum tempo.

► Torne todas as interações extremamente valiosas, e não hesite em enviar mensagens de acompanhamento, do tipo "Refleti sobre a nossa conversa por telefone e também me ocorreu que...".

Com o advento de recursos como Skype, GoToMeeting, e smartphones (e, quem sabe, ao ler este livro, também representações holográficas), facilitando a comunicação em tempo real, os contratos de honorários fixos e periódicos tendem a tornar-se cada vez mais valiosos e frequentes.

Felizmente, essa tendência também se aplica a um mercado mais amplo e, talvez, mais lucrativo para todos nós: consultoria global.

Trabalho global

O trabalho global ocorre sob três formas básicas, listadas na ordem de facilidade de entrada no mercado:

1 Trabalho com organizações nacionais presentes no país, que fazem negócios no exterior.

2 Trabalho com organizações estrangeiras presentes no país.

3 Trabalho com organizações estrangeiras ausentes do país (ainda que seus produtos e serviços tenham representação local).[5]

Quando se está trabalhando com uma multinacional local – nos Estados Unidos, Hewlett-Packard ou State Street Bank, por exemplo –, é preciso observar o seguinte:

► Se você viajar para o exterior por qualquer motivo, informe a viagem aos seus contatos e pergunte-lhes se gostariam que você se encontrasse com alguém. A propósito, esse é um bom pretexto para você divulgar sua agenda em suas newsletters ou em seu blog.

---

[5] Se você estiver interessado em análise mais profunda além destas várias páginas, ver *The Global Consultant*, de minha autoria, com o coautor Omar Khan (John Wiley & Sons, 2008).

116 A Bíblia da Consultoria

- Ao trabalhar em projetos locais, convide alguém de outras unidades para assistir a apresentações ou a reuniões relevantes.
- Ao encontrar-se com alguém de outro país, convidado para uma reunião em que você também esteja presente, como palestrante ou como mero participante, peça a alguém para apresentá-lo à pessoa.
- Tente preservar a neutralidade cultural, ou seja, deixe claro como seus métodos são eficazes em qualquer país, quaisquer que sejam as condições locais.

Ao trabalhar com um cliente ligado a uma multinacional que tenha operações no país – nos Estados Unidos, a Toyota, a Shell Oil ou a Gucci –, peça referências. Por exemplo, a Toyota tem uma enorme operação de crédito, disponível para qualquer revendedor. Ou talvez você ou um familiar tenha negócios com um revendedor local da Toyota, de propriedade de algum conhecido. Algumas melhores práticas:

- Trate grandes operações locais como *negócios locais*. Quando trabalhei para a Mercedes North America, por exemplo, eu não tinha negócios de espécie alguma com a matriz alemã, e não fiz nenhuma tentativa, por causa das dificuldades com o idioma, na época.[6]
- Procure negócios e setores em que você já esteja bem estabelecido, proporcionando-lhe familiaridade com o conteúdo e *insights* sobre as operações.
- Em geral, você estará em melhores condições competitivas se a administração local for contratada no país, em vez de ser importada da matriz. Haverá mais independência e mais disposição para adquirir recursos locais.

Na tentativa de trabalhar para uma organização com sede em outro país e sem presença substancial no seu país – como a Airbus Industries ou a Eni, na Itália – você deve ter razões muito claras que justifiquem seu investimento e seu interesse. Entre essas razões, podem incluir-se:

---

[6] Hoje, como no caso de muitas empresas globais, o inglês quase sempre é obrigatório, mesmo em escritórios domésticos.

A Bíblia da Consultoria **117**

- Você talvez seja *expert* em sua área de conteúdo, como líder intelectual, cujas ideias não podem ser ignoradas.
- Você tem algum contato que foi contratado por essa organização, de preferência oriundo de um de seus clientes atuais ou passados.
- Você tem raízes ou interesses no país de origem.
- Você viajará para esse país por alguma outra razão (por ex., trabalho para um cliente ou motivos pessoais).

O acaso, ou serendipidade, pode oferecer oportunidades maravilhosas. Eu estava, certa vez, em Milton Keynes, Inglaterra, trabalhando para dois clientes distintos: uma empresa de condimentação de alimentos, com sede em Cincinnati, aonde eu chegara pela referência de alguém que era cliente de outra empresa, e o British Standards Institute, que me procurara por causa de um livro que Michel Robert e eu escrevêramos, *The Innovation Formula* (Harper Business, 1988). O agente de imigração do Reino Unido olhou para o meu jeans e para a barba de dois dias, e perguntou: "Que tipo de negócio você está fazendo em Milton Keynes?".

"Por que você acha que estou em viagem de negócios?", perguntei-lhe.

"Porque", ele respondeu imediatamente, "não há outra razão plausível para ir a Milton Keynes".

Use a internet para inspirar seus métodos de trabalho no exterior, principalmente na minha terceira categoria. Qualquer pessoa pode parecer internacional em praticamente qualquer situação, com qualquer tipo de informação, estímulo e provocação. Meus programas de mentoria têm mais clientes em várias comunidades da Austrália que em qualquer outro lugar do mundo. Tirando a lua, é difícil ir mais longe, em âmbito planetário, mas o negócio lá justificou, até este momento, 15 viagens, inclusive duas férias com a minha mulher.

Da mesma maneira como nos contratos com honorários fixos e periódicos, você deve ajustar os honorários às condições do trabalho global. Como eu preciso de uma base doméstica para demonstração, adotarei a minha situação específica – o nordeste dos Estados Unidos. Eis seis diretrizes:

1. Adiciono um prêmio para o trabalho fora dos Estados Unidos, Canadá, México e Ilhas do Caribe. A razão é que não é mais

demorado chegar à Cidade do México, Antígua ou Vancouver que a Seattle ou Los Angeles. Nunca aumento meus honorários dentro dos Estados Unidos com base na geografia (evidentemente, as despesas mudam com a distância); portanto, também os mantenho inalterados com os vizinhos.

Evangelho

Use o seu site para investigação, mas o seu blog para instigação. Poste no blog para que pessoas em todo o mundo queiram saber mais sobre você – e visitem seu site para aumentar a confiança.

---

2 Para a Europa e a América do Sul, acrescento 50% de prêmio aos honorários de consultoria, coaching, palestras e trabalhos correlatos.

3 Para a Ásia e a Costa do Pacífico, adiciono 100%.

4 Nunca cobro por dias de viagem, uma vez que defino os honorários com base no valor agregado. Faço questão, porém, de chegar ao destino com pelo menos um dia inteiro de antecedência, para aclimatação, sobretudo se for para uma palestra formal. A maioria dos voos que parte do meu local de residência chega a Londres mais ou menos às 7 horas da manhã.

5 Cobro por tarifas de classe executiva (embora eu faça o *upgrade* e pague a diferença para primeira classe). Não aceito classe econômica em viagens internacionais. Quem fica de 8 a 18 horas em assento comum e espera chegar incólume ao destino só pode ser ingênuo. Nunca tive dificuldade com os clientes a esse respeito, *se* o cliente o considera parceiro, não terceirizado.

6 Insisto em pagamento antecipado de qualquer valor inferior a US$ 100 mil. Para valores superiores, peço depósito de 50% antes da partida. Espero que minhas despesas sejam reembolsadas em 30 dias após a apresentação. Todos os valores monetários são expressos em dólar dos Estados Unidos, independentemente da taxa de câmbio. Aceito transferências on-line e pagamentos com cartão de crédito. (Quem quiser cobrar qualquer acréscimo para cobrir os encargos com cartão de crédito precisa compreender que essas despesas fazem parte do custo de fazer negócio, e não se deve ser mesquinho com os clientes, como os advogados que cobram reembolso de despesas com cópias reprográficas!)

A atuação global melhorará a sua reputação no país, conferindo-lhe certa aura de celebridade mundial. Uma de minhas razões para escrever livros como este é o fato de serem traduzidos para o idioma de grandes mercados no exterior (por enquanto, os meus já foram traduzidos para nove línguas).

--- Capítulo 6 ---

Celebridade: como ser *a* autoridade e especialista

Liderança intelectual

Construção relativamente recente, "liderança intelectual" ou "líder de pensamento" denota *expertise* e *status* como transmissor de capital intelectual. O termo, em si, é neutro, mas o conceito é fungível — talvez se expresse de maneira diferente, quando este livro chegar aos leitores.

Seja como for, o conceito é válido: quem quiser conquistar algo do tipo "*superstatus*",[1] não basta ser ótimo na aplicação do testado e comprovado, é preciso que você mesmo tenha testado e comprovado.

Num estudo de que participei vários anos atrás, para a Associação Nacional de Palestrantes, descobrimos que os verdadeiros compradores de serviços de palestras (não os organizadores de eventos) buscavam antes de tudo... *expertise*, fator decisivo que realmente os atraía. Quem procurar os líderes intelectuais em atividade hoje (por exemplo, Marshall Goldsmith, em coaching; Jeff Gitomer, em vendas; Walt Mossberg, em tecnologia de consumo; eu, em consultoria independente), encontrará alguns pontos em comum.

> ▶ Criam capital intelectual, que convertem em propriedade intelectual, a ser adquirida, acessada e aplicada por outros. O processo de converter conceitos e ideias intangíveis em métodos pragmáticos e tangíveis é conhecido como "instanciação". Em um projeto estratégico, o CEO queria saber de antemão: "Vocês trarão o seu próprio capital intelectual? Não queremos apenas um facilitador, precisamos de um líder ativo para o processo".

---

[1] Estamos obcecados: supermodelos, supercampeonato, Super Mario Nintendo — até o meu carro é Super Sport.

- Não receiam divulgar seus próprios métodos. Não temem emulações, imitações, plágios e roubos. Isso porque suas marcas são tão fortes, em decorrência de sua liderança, que a maioria das pessoas conhecerá a origem, tornando irrelevantes os emuladores, imitadores, plagiadores e ladrões, iludindo apenas uns poucos simplórios. Este será o meu quadragésimo livro disponível para o público. Tenho a esperança de que outros virão.

- Nunca acreditam que suas ideias serão suficientes. Ou seja, livros, discursos, palestras, postagens, citações, imputações e grande quantidade de interações, próximas e distantes, só servem para tornar os líderes intelectuais *mais procurados*, não menos. Se você ler um de meus livros, ou ouvir um de meus downloads e melhorar satisfatoriamente, ótimo! É provável, porém, que você esteja pensando em assistir a um workshop ou participar de meu Programa de Mentoria. *Todos os líderes intelectuais têm Curvas de Aceleração conscientes ou inconscientes, com forte ênfase no lado direito.*

- São citados e transcritos, e (às vezes, talvez, inadequadamente) são tidos como a palavra final e a autoridade máxima em um assunto. Quando precisava de motivação, o presidente Clinton chamava Tony Robbins à Casa Branca. Sempre que ocorre um desastre aéreo, John Nance, famoso piloto e especialista em aviação, destaca-se imediatamente na mídia. (Essa tendência, por vezes, chega ao absurdo, como quando, em 2010, em pleno desastre do vazamento de petróleo no Golfo do México, uma comissão do Congresso dos Estados Unidos convocou para depoimento James Cameron, diretor do filme *Titanic*! Marshall McLuhan previu essa situação, denominando-a "efeito mídia mista", quando um especialista em uma área é considerado, sem justificativa, especialista em todas as áreas, razão pela qual tantas celebridades em entretenimento não se destacam tanto na política.)

- Não têm medo de fracassar. Bombeiam novas ideias e métodos em seus respectivos nichos, e não se espantam, nem se chocam quando alguns deles fracassam. Se você não fracassar, você não está tentando. É claro que se você errar muito mais do que acertar, sua aura de liderança intelectual talvez se desvaneça. Por isso é que não há líderes intelectuais em metodologia, audiências de televisão, produtos eletrônicos de consumo, corrida de cavalos ou mercado de ações. Todos que tentam obtêm resultados medíocres.

O que isso significa para você? Significa que os caminhos para a fama não são pavimentados com lajotas de ouro nem com boas intenções. Este é o nosso último capítulo sobre marketing; portanto, a esta altura, é importante compreender que você é o único responsável por sua reputação e por seus resultados neste negócio.

Evangelho

Não siga os passos de seus ídolos, nem tente imitar o sucesso das celebridades. Em vez disso, oriente-se pelo norte que os manteve no rumo. Não há estrada real, mas há destino manifesto.

Você precisa criar propriedade intelectual com o seu capital intelectual. Tanto já se tem escrito a esse respeito, que analisaremos à parte a autoria, na próxima seção deste capítulo. Por enquanto, eis algumas alternativas a serem consideradas na pavimentação de sua própria estrada, na afirmação de sua própria liderança:

- Que padrões você observou em seu trabalho de consultoria, que representam sabedoria a ser aplicada no futuro? Por exemplo, as empresas desperdiçam muito tempo em trabalho corretivo, a ponto de ignorar as estrelas mais brilhantes?
- Que veículos regulares e constantes você usará para a divulgação de sua propriedade intelectual? Despachará *press releases* semanais, desenvolverá séries de teleconferências, escreverá colunas, tuitará todas as manhãs, construirá produtos? Reflita sobre a Roda da Gravidade do Mercado.
- Como você protegerá o seu trabalho, não tanto para evitar roubos, mas, sobretudo, para garantir que ele esteja associado a você e à sua marca? Você recorrerá a marcas registradas, a direitos autorais e a patentes? Você criará metáforas, propostas de valor, e taglines, ou logotipo em palavras?
- Como você equilibrará o longo prazo e o curto prazo? Networking é curto prazo, palestra é médio prazo, livro é longo prazo. *Mas todos esses planos devem começar hoje.* Que planos você está desenvolvendo para manter suas ideias sempre diante de seu público, sem interrupções?
- Lembre-se de que aliciamento é instigação e gravidade é investigação. Torne seus blogs e newsletters provocantes e

A Bíblia da Consultoria **123**

controversos, mas impregne seu site com alta credibilidade. Não confunda esses papéis. Sites não vendem valor; reafirmam o valor exposto em outros lugares.

► Você é membro ativo e atuante, formal ou informal, das principais associações da sua especialidade? Mesmo que elas ofereçam pouco valor intelectual, é preciso manter-se informado do que está acontecendo em todos os níveis. É melhor criticar de dentro da tenda, não como forasteiro.

Na era da eletrônica, a liderança intelectual é mais acessível, com mais rapidez que em qualquer outra época. O nível de ruído, porém, é muito mais difuso e intenso, podendo abafar seu toque de clarim. Portanto, você deve estar preparado para ser ousado, assertivo, perseverante e flexível. Use todas as mídias à sua disposição.

E a mais poderosa de todas as mídias talvez ainda seja a palavra escrita.

Autoria

Os consultores de grife se manifestam por escrito, em meio físico ou digital. Isso significa que você precisa escrever alguma coisa, e logo.

A última instância da autoria é livro publicado em edição comercial. Isso significa que uma editora importante (por exemplo, John Wiley & Sons, McGraw-Hill, Simon & Schuster, AMACON, etc.) publica e distribui o seu livro por vários meios e sob várias formas – livrarias físicas, livrarias virtuais, edição impressa, edição eletrônica, e quem sabe o que mais, quando este livro estiver em suas mãos?

Algumas palavras sobre autopublicação: quando você ler estas páginas, já terei escrito 40 livros, 35 dos quais publicados por editoras e cinco autopublicados. Cada um deles tem seus próprios objetivos. O primeiro grupo é para promover minha credibilidade junto aos compradores. Nunca me preocupei em produzir *best-sellers*, embora eu tenha tido a sorte de escrever alguns. O principal objetivo, porém, é conquistar a confiança que me introduz com rapidez, por via expressa, nos escritórios dos compradores, converte-me em fonte singular, não sujeita a concorrências nem a pedidos de propostas em agências governamentais e em organizações privadas, e assim por diante.

O segundo grupo (autopublicação) é para ofertas mais dispendiosas, que me oferecem margens mais elevadas, acessíveis em meu site, em minhas palestras ou em edições específicas para certos clientes. Em geral, destinam-se a nichos muito pequenos para serem lucrativos em edições comerciais.

Que ninguém lhe diga, no entanto, que a autopublicação tem o mesmo prestígio ou *status* de edições comerciais *para os compradores de empresas*, que contam com a chancela de um agente, de um editor de aquisição, de um comitê editorial, todos acreditando no valor e na relevância de seu trabalho, *tanto que nele estão investindo tempo e dinheiro.*

Leio hoje a maioria dos livros no iPad (embora compre a versão em papel para a minha biblioteca, o que, decerto, é material para terapeuta), mas, em 2010, apenas 3% de todos os livros eram eletrônicos. Essa porcentagem por certo aumentará drasticamente, mas não se limite *exclusivamente* a livros eletrônicos. As edições impressas, além do livro em si, também oferecem vantagens como flexibilidade, apelo a leigos e relacionamentos em livrarias e bibliotecas.

Se uma referência de comprador para comprador é o padrão platina do marketing em nosso negócio – talvez a posição de 12 horas na Roda da Gravidade do Mercado, os livros publicados em edição comercial são o padrão ouro na posição de uma hora. Já afirmei que eu, como a maioria de outros consultores altamente bem-sucedidos, posso atribuir a maioria dos meus negócios a um punhado de fontes originais e seus subprodutos. Uma dessas fontes, para mim, foi o livro *Consultor de ouro: guia profissional para a construção de uma carreira*, publicado pela primeira vez em 1992 e atualmente na quarta edição, há mais de duas décadas nas prateleiras das livrarias, sem interrupção. Esse é um dos principais fatores de salto em minha Curva de Aceleração pessoal.

Evangelho

Todos podem escrever. "Bloqueio de escritor" nada mais é que um eufemismo inteligente para procrastinação. Mas nem todos têm algo a dizer. Essa é uma diferença importante.

Você deve começar (e continuar) a publicar nas formas e meios abaixo, que culminam com a edição comercial de um livro:

- ► Artigos – em publicações comerciais e profissionais, com ou sem remuneração.
- ► Colunas – em publicações em que seus artigos atraiam seguidores.

- Livretos – autopublicados, com foco sucinto em temas específicos.
- Entrevistas – a repórteres e a outros autores.[2]
- *Press releases* – que você promove junto à mídia, com suas ideias.
- Cartas ao editor – expressando sua opinião de especialista sobre assuntos importantes.
- Blogs – seja provocante e instigante em suas postagens frequentes.
- Salas de bate-papo – organize as suas próprias ou assuma papel relevante em alheias.
- Site – crie propriedade intelectual para download.[3]
- Relatórios de posicionamento (*position papers*) – comentários sobre sua proposta de valor e seus métodos.

Você pegou a ideia. Muitos são os canais, os já existentes e os que você pode criar, para manifestar-se.

Tudo isso lhe proporcionará excelente prática e impulso para escrever o seu primeiro livro. Em seguida – sobretudo se o seu primeiro livro vender bem –, o segundo e o terceiro serão muito mais fáceis. O bloqueio de escritor não é fator relevante quando você se aquece praticando exercícios semanais de escrita entre todas as categorias aqui listadas.[4]

Eis como escrever um livro, de maneira rápida, poderosa e eficiente:

A arte e a ciência da autoria

1 Por que escrever um livro:
- É a melhor fonte de credibilidade.
- Estabelece a marca com grande eficácia.
- Gera impulso para a continuidade de publicações.
- Induz o autor a desenvolver a própria metodologia.
- É ótima fonte de possível renda passiva.
- Reforça o ego e o senso de realização.
- Promove o aprendizado contínuo.

---

[2] Ver provedores como PRLeads.com e Expertclick.com.
[3] Lado esquerdo da Curva de Aceleração.
[4] Para mais informações, ver meu livro *Breaking Through Writer's Block: Every Business Letter and Template You'll Ever Need for a Thriving Professional Services Practice*, que se encontra em meu site e que eu autopubliquei.

2 Como escrever um livro:
- Primeiramente, tenha algo a dizer.
- Pense no leitor e no público, não em si mesmo.
- Não se limite a lastimar – ofereça soluções e esperança.
- Foque no pragmático, não no esotérico.
- Recorra a estilo, frases e metáforas memoráveis.
- Não reproduza ideias alheias.
- Cultive a disciplina, a estrutura e o planejamento:
  - Programe suas atividades.
  - Preveja tempo contingente.
  - Não se deixe perturbar nem incomodar; mas, sobretudo mantenha-se confortável.
  - Defina objetivos e metas (x páginas por capítulo, etc.)
  - Use variantes (minientrevistas, estudos de casos, autotestes).
- Não escreva tudo o que sabe; escreva o que o leitor precisa saber.
- Use referências, mas sem exagero.
- Escreva em tom de conversa.

3 Como publicar um livro em edição comercial:
- Desenvolva uma proposta:[5]
  - Tema (título e propósito).
  - Sumário.
  - Um capítulo inteiro (qualquer capítulo, 20 ou mais páginas).
  - Dois parágrafos sobre todos os outros capítulos.
  - Uma página sobre suas credenciais exclusivas.
  - Várias páginas sobre análise do mercado competitivo.
  - Descrição dos públicos primário, secundário e terciário.
  - Descrição completa de seus recursos de marketing exclusivos.
  - Diferenciais do livro (por ex., entrevistas, autoavaliações, etc.).
  - Extensão estimada e prazo de entrega.
- Escolha um agente ou editor de aquisição pelo nome.
- Escreva uma carta para acompanhamento e apresente ou envie a proposta:
  - Remeta-a para várias editoras.
- Não se esqueça do contrato:
  - Se não tiver agente, use um bom advogado (não o primo João).

---

[5] Recurso: *Write the Perfect Book Proposal: 10 That Sold and Why,* 2. ed., de Jeff Herman e Deborah Levine Herman (John Wiley & Sons, 2001). Jeff é meu agente, mas não tenho interesse financeiro nesse excelente recurso.

➤ Conscientize-se de que terá de promovê-lo.

➤ Cuidado com os conselhos alheios.

    ➤ Um livro é acidente, dois são coincidência, três são padrão.

Em suma, esteja você no início, no meio ou já na maturidade da carreira de consultor, nunca é cedo ou tarde demais para escrever um livro (ou *outro* livro). O editor alcança o ponto de equilíbrio entre receita e despesa com mais ou menos 5.000 exemplares impressos, e geralmente fica em êxtase ao atingir 15.000 exemplares. Não estamos falando aqui em *best-sellers* como James Patterson ou Danielle Steel.

No caso de um estreante, o agente é sempre uma boa aposta. Os agentes são remunerados por resultados (15% somente se o trabalho vender), e o que eles apresentam será lido por editores de aquisição. Encontre um que tenha sido recomendado e que seja especializado em livros como o que você está propondo.

Honorários com base no valor agregado

Um capítulo sobre celebridades parece um lugar estranho em que se analisam honorários com base no valor agregado, mas ouça-me: a capacidade de cobrar com base no valor agregado aumenta à medida que sua marca e sua reputação se tornam cada vez mais respeitadas, *a ponto de seu valor percebido seguir seus honorários*!

O que se vê na Fig. 6.1 é um fenômeno com que deparei 20 anos atrás. A posição racional é presumir que quanto mais alto for seu valor percebido, mais altos serão seus honorários, *mas as linhas acabam se cruzando à medida que você se torna celebridade*. O exercício da liderança intelectual, da *expertise* notória, do interesse suscitado nos outros reforça o poder da marca. O poder da marca leva as linhas a se cruzarem, não menos que a gravidade desvia os raios de luz no cosmos. (Chame-me de Einstein – não pude resistir.)

Honorários com base no valor agregado são a prática de cobrar por sua contribuição para o valor que o cliente extrai do projeto. A linguagem-padrão que uso, sempre que clientes acostumados a taxas horárias perguntam qual é a minha base de honorários, é simples:

> Meus honorários se baseiam em minha contribuição para o valor que você extrair desse projeto, ou seja, retorno sobre o investimento (ROI) para você e remuneração justa e proporcional para mim.

Por isso é que o acordo conceitual analisado em nossos capítulos anteriores conclui com a estimativa de valor, baseado nos resultados do negócio para o comprador econômico. Essa avaliação sempre deve ser conservadora ("Vamos considerar apenas a metade da melhoria projetada"), mas, em geral, ainda representa retorno de 10:1, ou de dez para um, ou honorários de 10%. Incluindo os fatores emocionais, a equação já apresentada é a seguinte:

$$\frac{\text{Benefícios tangíveis} \times \text{Benefícios anualizados} \times \text{Benefícios intangíveis} \times \text{Impacto emocional} \times \text{Benefícios periféricos}}{\text{Honorários}} = \text{Valor}$$

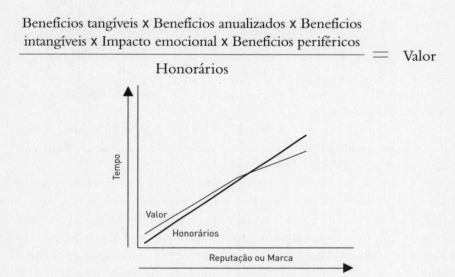

Figura 6.1 – Quando o valor segue os honorários

No entanto, depois que você vira celebridade, a expectativa dos clientes é receber de volta, como valor agregado, algumas vezes o que lhe pagaram.

> **Evangelho**
> A lógica leva as pessoas a pensar; a emoção leva-as a agir. A aquisição de seus serviços sempre deve focar nas necessidades emocionais, assim como nas necessidades pragmáticas.

Quando se trata de Bulgari, Brioni ou Bentley, os compradores não buscam os melhores preços, nem tentam negociar com os vendedores. Eles querem a marca, por suas virtudes pragmáticas e práticas, mas também para a satisfação do ego e das necessidades emocionais. Exemplo espantoso disso foi o livro de Jim Collins, *Empresas feitas para vencer – good to great*, que foi um enorme sucesso. Milhares de compradores, executivos e empresários de repente queriam passar de *good to great*, de bom para ótimo, sem nem mesmo dar-se conta do que isso significava e de onde se situavam na escala! Eles simplesmente se deixavam levar pelas emoções, impulsionando a alturas inimagináveis os honorários de Jim por palestras e por consultoria, cujo único limite era o que ele cobrava.

Se você alcançar esses cumes, não desperdice o sucesso apreciando a paisagem. Aumente agressivamente os seus honorários, porque as pessoas não estão atrás de preço, estão buscando valor. Todos nós sabemos que quem se mostra interessado por uma casa cara mas pergunta quanto custaria a refrigeração central, ou por um carro de luxo mas pergunta qual seria o preço do seguro, não passa de um curioso sem condições de comprar. A refrigeração e o seguro são considerações menos que periféricas.

Portanto, estou falando em honorários com base no valor agregado, neste capítulo, por que, ironicamente, eles não só resultam da fama, como também *podem reforçar a fama*.

Na Fig. 6.2, vê-se a relação entre honorários e empenho do comprador. Esse empenho do comprador é impulsionado substancialmente por sua credibilidade e perfil. Quanto mais se é celebridade (no campo escolhido), mais o comprador se empenha em associar-se a você. É a diferença entre "Nunca ouvi falar em você – convença-me de que pode ajudar-me" e "Estou muito impressionado com seus métodos – como podemos trabalhar juntos?". No segundo caso, credibilidade e honorários não são a questão.

Figure 6.2 – Empenho do Comprador e Honorários

130 A Bíblia da Consultoria

No quadrante inferior direito, temos pouco empenho do comprador e honorários altos. Essa situação, evidentemente, é um beco sem saída.

No quadrante inferior esquerdo, a situação é de pouco empenho do comprador e honorários baixos, o que, na melhor nas hipóteses, é um comprador apático: "Procure o nosso pessoal de RH – talvez eles estejam interessados".

No quadrante superior direito, é enorme a reciprocidade, em termos pragmáticos e emocionais; muito empenho do comprador e honorários elevados para o consultor compõem a venda ideal. No quadrante superior esquerdo, porém, supõe-se a oportunidade perdida. Aqui, sua marca e sua reputação despertaram o interesse do comprador, mas você não correspondeu a essas expectativas, cobrando honorários à altura do empenho do comprador. Esse desencontro pode corroer sua credibilidade, além do fato de você estar deixando seis dígitos sobre a mesa, todos os anos, *quantia que você jamais conseguirá recuperar*.

Duas considerações críticas:

1. Ao não cobrar o suficiente, apesar de sua credibilidade, você está enganando a si próprio e a sua família, e nunca será capaz de reaver esse dinheiro perdido.

2. Você também suscitará dúvidas no comprador. Ao descobrir que o preço do Bentley é muito inferior ao que você estava disposto a pagar, você fica pensando se o carro sofreu um acidente, se tem defeitos, ou se simplesmente foi superavaliado.

Terceirização, franquia, licenciamento.

Quando você alcança a fama e a atenção decorrentes da propaganda boca a boca, dos livros, dos projetos de alta visibilidade, da liderança intelectual e das referências, você enfrenta o melhor dos desafios: a agenda cheia. Ou seja, você terá muitos negócios em andamento, numerosas propostas assinadas, e muitas dicas e pistas de novos negócios, pavimentando o seu caminho.

Embora a maioria dos consultores diga "Eu adoraria ter esse problema!", é surpreendente quantos ficam deprimidos e inseguros ao depararem com a fartura.

Para começar, eis alguns critérios para aceitar negócios. Não se esqueça, já dissemos antes que, para prospectar é preciso ao mesmo tempo alijar, descartando os 15% menos relevantes de seus clientes, em revisões anuais.

► O negócio é desafiador, explora e aguça meus talentos.
► A margem de lucro é alta (não só a receita – o objetivo é mantê-la, não só gerá-la).
► As viagens necessárias são aceitáveis e agradáveis, não onerosas.
► É possível minimizar a intensidade de seu trabalho pessoal.
► É compatível com a marca e a imagem desenvolvidas e cultivadas com tanto cuidado, rumo à fama.

Portanto, é contraproducente alijar um cliente antigo, que deixou de ser lucrativo ou interessante, e substituí-lo por outro pouco rentável e desinteressante.

Estamos avançando para o lado direito da Curva de Aceleração, e quatro são as opções muito importantes, agora à sua disposição: terceirizar, franquear, licenciar, ou fazer você mesmo.

Terceirização

Terceirizados não são parceiros; são pessoas a quem você paga por hora, para entregar o que você vende. Tampouco são empregados ou temporários; são estritamente terceirizados, e seu relacionamento com eles deve pautar-se pelas normas trabalhistas e tributárias, para que não sejam considerados empregados.

Sugiro que você identifique e trabalhe com um pequeno grupo fixo de terceirizados, para evitar a necessidade de treinamento constante – eles já conhecem suas políticas, métodos e procedimentos. Vocês confiam uns nos outros. Contratar terceirizados é como lidar com compradores potenciais, no sentido de que é preciso construir confiança em ambos os lados. Não se pode levar a vida com medo de que os terceirizados roubem clientes, propriedade intelectual, ou o seu relógio.

Muita gente trabalha bem, produz resultados, mas não consegue promover-se no mercado. Empresas de eventos pagam US$ 400 (não é erro de impressão) e não têm dificuldade em recrutar talentos. Se você pagar às pessoas US$ 1.000 por dia e as mantiver ocupadas, elas reagirão bem. Encontre essas pessoas em associações profissionais e comerciais, nas redes sociais e em suas postagens.

Muitos profissionais de quem sou mentor continuaram como solistas virtuosos, com todos os benefícios da escolha, com a ajuda de meia dúzia de terceirizados. Peça a seu advogado para redigir um contrato de trabalho simples, sem vínculo empregatício. (Incluí um exemplo, sem validade legal, no Apêndice Físico.)

Franquia

Já tendo atingido esse nível de sucesso, talvez você esteja pensando em treinar outras pessoas em seus métodos, capazes de fazer o próprio marketing, em relacionamento não competitivo. Essa solução se aplica melhor em outros países, oferecendo franquias de seu negócio na Itália, na Coreia do Sul ou na Argentina.

Sua remuneração é paga de uma única vez ou em parcelas anuais, durante a vigência do contrato, pelo direito de usar a sua marca, o seu endosso, a sua propriedade intelectual, as suas práticas de consultoria, os seus workshops, as suas palestras, e assim por diante, na área estipulada, por prazo determinado. Critérios contratuais (qualidade, volume) determinarão a renovação ou a rescisão da franquia.

Não gosto dos esquemas pelos quais você recebe uma porcentagem dos resultados, uma vez que isso envolve a auditoria dos registros contábeis da franqueada, e sempre me lembro dos negócios de Hollywood, em que filmes com receita de US$ 200 milhões nunca geram lucro. Conceda a franquia por prazo indeterminado, desde que o franqueado observe certos critérios (taxa de franquia mais alta), ou por prazo determinado, com renovação anual ou bianual, por exemplo, se as condições justificarem a renovação.

Entre os fatores variáveis, incluem-se custos de tradução, apoio do franqueador, possibilidade de repassar a franquia, e assim por diante.

Licenciamento

Já analisamos os dois tipos de modelos de negócio: consultor autônomo (pessoa física) ou empresa de consultoria (pessoa jurídica), com infraestrutura, personalidade e patrimônio próprios.

Para o consultor autônomo, o licenciamento é a solução para vender parte do negócio e auferir benefícios. O objeto do licenciamento é a sua propriedade intelectual, razão pela qual é necessário certo grau de notoriedade.

Nesse formato, o consultor licencia seus métodos de consultoria, de coaching ou de treinamento, para uma organização cliente. Você transfere formalmente suas competências, direitos autorais e material de apoio. A transferência é definitiva, por prazo determinado, ou no meio termo. As condições geralmente incluem preparação de treinadores, de consultores e de coaches; atualização da propriedade intelectual; inspeções e auditoria de qualidade; substituição de consultores internos, e assim por diante.

Como seus honorários por prestação de serviços específicos a esse cliente, durante um ano, seriam provavelmente de US$ 200 mil, os honorários pelo licenciamento, para que o negócio fosse satisfatório para ambas as partes, deveriam ser de mais ou menos US$ 150 mil, proporcionando redução de custos de 25% ao cliente e economia de tempo da ordem de 85%, provavelmente, ao consultor, que se converte em riqueza (aumento do tempo livre). É preciso especificar no contrato se o cliente pode usar os seus métodos fora da própria organização (por ex., com fornecedores, ou, se for uma associação comercial, com os respectivos membros).

Predomínio do talento

A quarta opção é fazer você mesmo, mas cobrando honorários extremamente altos. É preciso reconhecer que, como celebridade, *você* é o talento. A maioria dos consultores cobra mais quando traz terceirizados, adotando a quantidade como métrica.

Anos atrás, o State Street Bank queria que eu os ajudasse num esforço global para implantar uma estratégia de comunicação mais eficaz. Disse-lhes que eles tinham três escolhas:

1. Eu treinaria o pessoal deles (licenciamento) para fazer o necessário no mundo inteiro. Eles responderam que essa abordagem não era confiável.

2. Eu recorreria a meus contatos nas principais cidades (terceirização). Eles rejeitaram a ideia como o fenômeno "primo pobre", uma vez que a matriz lidaria comigo diretamente.

3. Eu mesmo faria tudo, mas essa seria de longe a opção mais onerosa.

134 A Bíblia da Consultoria

Eles decidiram que o valor do projeto justificava o método de mais alta qualidade; assim, minha mulher e eu voamos ao redor do mundo, a bordo de um projeto de US$ 350.000. O cliente ficou satisfeito, e eu também.[6]

Reinvenção

O grande perigo em sua jornada de celebridade é o que passei a denominar "armadilha do sucesso". Veja a Fig. 6.3.

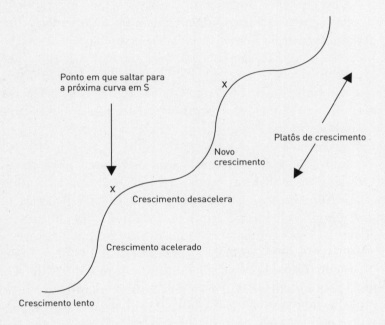

Figura 6.3 – Armadilha do sucesso

Nessa série de curvas em S, novos produtos ou serviços talvez tenham dificuldade em arrancar, mas, se forem bons, desfrutarão de uma curva de crescimento acelerada. (No exemplo, você pode substituir produto ou serviço pela sua carreira!) A certa altura, o crescimento

---

[6] Ao voar de Sydney para Bangkok, minha mulher estava usando uma calculadora. Preocupado, perguntei o que estava acontecendo. "Considerando suas horas de trabalho reais", respondeu, pois ela me via saindo e chegando todos os dias, "você está recebendo US$ 14.750 por hora". "Colocando nesses termos", disse eu, "nunca falarei nisso mais".

se nivela e se converte em platô. Por força da lei da entropia, todos os platôs acabarão perdendo a sustentação e declinarão.

Precisamos, portanto, saltar para a próxima curva em S, o próximo ciclo de crescimento; esse segmento é a reinvenção. O momento desse salto, porém, é contraintuitivo. Você não espera pelo platô, para não perder aceleração e energia. Você salta mais ou menos no topo de seu atual ciclo de crescimento, talvez até antes de chegar ao cume.

Como se vê no gráfico, é muito mais fácil saltar para a próxima curva em S quando você ainda está com muita pressão, com as turbinas roncando, do que ao aproximar-se do platô, quase ancorando ("armadilha do sucesso"). Nesse ponto, quando você já perdeu as forças, as chances de transição bem-sucedida são pequenas.

Evangelho

É preciso explorar a própria força. Quando se é forte e se esbanja crescimento, é quando se deve assumir risco prudente, inovar e lançar novas ofertas.

Mesmo depois de todos esses anos e em meu nível de sucesso, cerca de 75% de todas as minhas receitas derivam de produtos e serviços que *nem existiam há não mais que três anos*. (A 3M, gigante de manufatura, tinha o objetivo estratégico de que 25% de todas as receitas deveriam ser oriundas de produtos criados durante os três anos anteriores. E estamos falando de uma empresa de US$ 25 bilhões!)

Vejo palestrantes fazendo as mesmas palestras de 20 anos atrás, gargalhando e chorando das mesmas deixas, exatamente nos mesmos momentos. Conheço consultores, do mesmo tipo, oferecendo programas de liderança de cinco passos ou auditorias de 30 dias, que eles conceberam há mais de dez anos, não obstante o fato de a tecnologia, a sociedade, a economia, a demografia, e a percepção pública terem mudado drasticamente. Observo coaches que não parecem ter percebido que fatores como lealdade à organização, alternativas de aposentadoria, estresse no local de trabalho e exigências de *expertise* tecnológica mudaram radicalmente desde o início de suas carreiras.

A reinvenção também é fator crítico para o desenvolvimento de uma liderança intelectual sustentável. Um dos critérios dos líderes intelectuais é *liderar*, não só perpetuar-se. Peter Drucker continuava liderando aos 90 anos. Warren Buffett é outro excelente exemplo de aceitação da mudança e de promoção da mudança ao longo de toda a carreira.

Eis alguns dos fatores críticos que identifiquei, para que os consultores de alto coturno mantenham o rumo consistente de reinvenção e de saltos para a próxima curva em S, com o máximo de torque e potência:

- ► Examine seus atuais serviços, para neles promover mudanças dimensionais, se necessário. Pode você melhorar suas ofertas, com variações mais sofisticadas e mais eficazes? Meu Programa de Mentoria, por exemplo, é aplicável em adesão regular, em adesão orientada, ou em imersão total, e em duas dimensões: sob a minha assistência direta ou sob a assistência de mentores que treinei.
- ► Antecipe-se às necessidades. As mudanças a que sempre me refiro no trabalho e na sociedade prosseguirão. Que trajetória você adotaria e como você poderia fornecer valor nessa trajetória? Por exemplo, você tem condições de oferecer ajuda na gestão de empregados que nunca são vistos pessoalmente, ou no desenvolvimento de aplicativos para empresas de serviços profissionais, ou na construção de marcas globais?
- ► Quais são as áreas de ambiguidade existentes ou emergentes em que os clientes atuais e potenciais precisem de luzes que os iluminem na escuridão? Você pode ajudar na formulação de estratégias que envolvam a tecnologia como o principal redutor de custos? Você é capaz de oferecer liderança de comitês, uma vez que a maioria das organizações já não conta com equipes tradicionais?

Diversifique o que já faz, descubra as prováveis necessidades dos clientes e analise áreas emergentes de ambiguidade generalizada. Eis algumas situações específicas para deflagrar a reinvenção e acelerar a navegação na curva em S:

- ► *Sucessos inesperados*. Como explorar iniciativas que avançaram além de suas melhores expectativas?
- ► *Fracassos inesperados*. Alguém teve uma ótima ideia ainda válida, que não correspondeu às expectativas, porque a execução foi ineficaz?

- *Novas tecnologias.* Como você pode combinar e recombinar tecnologias para novas aplicações e economias?
- *Alto crescimento.* Quais são as áreas de maior crescimento (e mais resistentes a recessões) a serem miradas?
- *Mudança demográfica.* Quem terá mais renda discricionária nos próximos anos? (Em geral, não é quem você imagina.)
- *Novo conhecimento.* Que avanços revolucionários no pensamento e na aplicação parecem mais promissores?
- *Mudança de percepção.* Essa você pode influenciar. Que crenças e valores estão mudando nas empresas e na sociedade?

Em todos os estágios de sua carreira, construção de competências e capacidade de aliciamento são fundamentais. À medida que você faz cada vez mais sucesso e sua "gravidade" atrai pessoas para a sua área de influência, a reinvenção se torna alta prioridade.

Criação de comunidades

Uma de minhas marcas registradas é "Arquiteto de Comunidades Profissionais™", refletindo o que hoje percebo ter feito inconscientemente durante anos (às vezes, é melhor ser afortunado do que competente).

As comunidades, hoje, são mais virtuais que reais, embora as melhores explorem as duas possibilidades. Você pode criar comunidades de pares, de clientes, de fornecedores, e outras. *O maior benefício das comunidades é oferecer aos membros o valor atribuído a você, mesmo quando você está ausente, em virtude de ter sido você o criador do fórum.*

Anos atrás, à medida que a internet se tornava cada vez mais presente em nossa vida, clientes desprivilegiados e discriminados formavam sites com URL do tipo www.empresasestelionatarias.com. Esses clientes exasperados, não raro com razão, consolavam-se uns aos outros, planejavam represálias e ações judiciais e, em geral, dissuadiam clientes potenciais e novos clientes de fazer negócios com essas empresas. Pense nas consequências, quando milhares de clientes indignados decidem escrever avaliações negativas de um produto.

As melhores dessas empresas, contudo, realmente preocupadas com os clientes e com seu próprio futuro, logo construíram os próprios sites e estimularam os clientes a se manifestarem e a desabafarem através deles. Dessa maneira, as empresas passaram a

138 A Bíblia da Consultoria

atender a reclamações legítimas, contendo rumores e promovendo a percepção nítida de que eram sensíveis e receptivas. Elas estavam, na verdade, cooptando os descontentes e convertendo a indignação em energia positiva.

Se você acha que isso não funciona, tente o seguinte: se a carta ao CEO de uma empresa não surtir resultados, poste a questão no Twitter ou no Facebook. Você verá que a empresa geralmente reagirá, incumbindo alguém de rastrear a menção ao nome da organização, geralmente por meio de alguma coisa como o Google Alerts. Esse é o poder das comunidades das mídias sociais, de maneira muito convergente.

As suas comunidades, no nível de celebridade, devem incluir os seguintes acessos e possíveis interações:

- ▶ Teleconferências ou podcasts periódicos e gratuitos. Você pode criá-los antecipadamente e divulgá-los em períodos predeterminados. Também é importante lançá-los no iTunes e em sites semelhantes.
- ▶ Salas de bate-papo (a minha é chamada AlansForums.com), onde se cobra de estranhos, mas das quais os membros da comunidade podem participar como benefício gratuito. Este é um exemplo importante de como não é preciso estar presente para derivar valor de uma experiência atribuível a você.
- ▶ Vídeos postados periodicamente, acessíveis ao público, que você produz com um operador de vídeo (ver meu "The Writing on the Wall" em meu site e blog), ou, mais informalmente, como amador, com uma câmera pessoal. Esses vídeos podem ser postados no YouTube.
- ▶ Workshops sob sua direção, permitindo aos membros de sua comunidade se encontrar uns com os outros, oferecendo valor e conteúdo para a cobrança de honorários (com desconto para os membros da comunidade) ou gratuitos, com pouca programação estruturada e muito networking.
- ▶ Um blog que os membros da comunidade acessam via feeds RSS, que você alimenta com várias postagens em multimídia, todas as semanas. Você deve estimular comentários e responder aos mais interessantes, para aumentar a participação.
- ▶ Site interativo, onde as pessoas podem fazer autotestes, baixar propriedade intelectual e participar de aprendizado multimídia.

A Bíblia da Consultoria **139**

- Volume substancial de publicações, para expor seu capital intelectual a um público mais amplo.
- Contribuições regulares para plataformas de mídias sociais, não para falar sobre seu café da manhã ou transcrever vulgaridades surradas. Em vez disso, poste todos os dias algo de valor para a comunidade. (Ao escrever esta página, tenho mais de 2.000 seguidores no Twitter e não sigo ninguém. Isso é muito eficaz para a minha marca, apesar dos fanáticos em etiqueta do Twitter, que insistem em reciprocidade!)

As comunidades seguem um princípio análogo ao dos aplicativos em seu smartphone. Elas atraem a adesão de pessoas, que criam mais valor, e assim por diante. Imagine essas comunidades como galáxias tridimensionais, movimentando-se no espaço, atraindo outros sistemas à medida que avançam no éter e geram em seu interior subcomunidades de sistemas planetários.

> **Evangelho**
>
> As comunidades têm um ciclo de crescimento próprio, desde que você as abasteça continuamente com capital intelectual.

Nas comunidades mais afastadas, é possível que algumas pessoas tenham lido seus trabalhos ou ouvido suas palestras. À medida que você se movimenta para comunidades mais próximas, é cada vez mais provável que muitos membros tenham participado de seus workshops, contratado seus serviços, recorrido a você como coach, e assim por diante. Voltando à Curva de Aceleração, as comunidades e os laços se tornam cada vez mais íntimos e estreitos à medida que você avança da esquerda para a direita.

Você pode ser membro de uma comunidade de pares, mas você deve ser o *líder* de uma comunidade de clientes reais e potenciais, abonadores, editores, pessoal da mídia, e assim por diante. Essas comunidades devem imbricar-se, razão pela qual uso o exemplo das galáxias, para que tenham alguns interesses comuns e outros interesses específicos. O poder da internet de promover interações 24/7, em âmbito global, é um enorme impulso à construção de comunidades e à preservação da sustentabilidade. Em que outro lugar os participantes podem acessar pares na Alemanha, ou clientes potenciais na Austrália, ou possíveis parceiros na África do Sul?

Antes de concluirmos esta seção do livro e passar para o lado da execução da consultoria, quero contextualizar a odisseia em que nos aventuramos até agora (ver Fig. 6.4).

Seguimos o impulso de ser consultor, ingressamos na profissão, observamos as normas do ofício, aplicamos ideias inovadoras que se mostraram eficazes, e finalmente concluímos que a liderança intelectual e o *status* de celebridade são frutos do exercício contínuo de posições de vanguarda, sem medo do fracasso, porque, quando nunca se fracassa, simplesmente não se está ousando o suficiente.

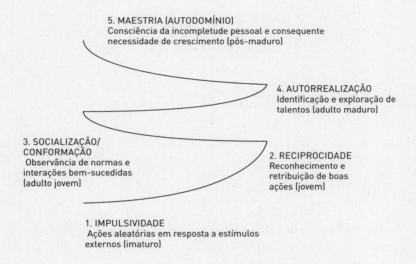

Figura 6.4 –Configurações dos estágios de crescimento

SEÇÃO III

DEUTERONÔMIO:
METODOLOGIA DE CONSULTORIA

Normas para fechar negócio com um cliente como parceiro, executando com eficiência e eficácia, encantando o cliente e recebendo altos honorários.

Capítulo 7

A proposta perfeita: como redigir uma proposta que é sempre aceita

Garantindo o sucesso

Certa vez, fui contratado por uma empresa de consultoria farmacêutica em Nova York. Disseram-me que enfatizavam a qualidade das propostas, mas que o lucro da empresa estava aquém das expectativas. Descobri que estavam gerando quase 300 propostas por ano – quase uma por dia – e que tinham quase toda uma equipe de apoio dedicada à elaboração de propostas, remunerada com base na quantidade de propostas enviadas aos clientes potenciais.

Eles focavam nos inputs (produção), não nos outputs (resultados para o negócio). E eram consultores!

A primeira parte da execução de um projeto – e a ponte a partir de seus esforços de marketing da Seção II – é criar propostas que sempre sejam aceitas. Minha taxa de aceitação ao longo dos anos tem sido de 80%. Envio muito menos propostas que a maioria dos consultores, mas minhas propostas se destinam a projetos maiores, e são aceitas com mais frequência.

O processo de elaboração, apresentação e aceitação de propostas começa com sua atitude de fazer todo o possível para alcançar o sucesso. Isso antes de escrever a primeira palavra, de definir a metodologia e, em muitos casos, antes mesmo de você ter alguma ideia do roteiro a seguir. Um dia, palestrando para um grupo de consultores num evento nacional, perguntei qual era o objetivo deles no primeiro encontro com o cliente potencial.

"Sair com o contrato assinado", gritou um deles, lembrando-me do vendedor de carros usados que procura o gerente para oferecer um negócio melhor e depois comemora quando o cliente assina o contrato.

"Então, você está melhor do que eu", disse-lhe.

Eis as condições contextuais e psicológicas relevantes para garantir que a proposta tenha todas as chances de sucesso, quando finalmente chegar o momento.

Descubra o comprador econômico

Aqui se situa o principal erro tático cometido com mais frequência pelos consultores. Eles não são diligentes o suficiente na procura do verdadeiro comprador. Se entrarem em nível organizacional baixo, talvez se sintam seguros para continuar lá, onde o ambiente é relativamente inofensivo e confortável, mas é impossível completar a venda, por falta de aprovação e verba. Quando as pessoas não podem dizer "sim", mas podem dizer "não", elas, em geral, acabam dizendo "não". Apresentar a proposta a alguém de recursos humanos, de treinamento ou de outra área de apoio de baixo nível é como sentar-se à beira do lago, à espera do monstro do Lago Ness. Sua paciência é impressionante, mas sua família passará fome.

Você precisa fazer as perguntas que o levarão ao comprador econômico, já citado, e lidar com pessoas de baixo nível na organização apenas na medida em que elas puderem apresentá-lo ao verdadeiro comprador econômico, ou ao menos identificá-lo. Você não está nesse negócio para fazer amigos.

Evangelho

Você precisa aceitar a rejeição e rejeitar a aceitação. Este é um negócio de relacionamentos, e você nem sempre será bem-sucedido. Não se alinhe, porém, com quem não pode dizer "sim" mas pode dizer "não".

Desenvolva relações de confiança com o comprador econômico

Confiança é a crença sincera em que a outra pessoa tem em mente seus melhores interesses. Se isso for verdade, você aceitará questionamentos e até *feedback* negativo, por saber que são para o seu próprio bem. Se não for verdade, você rejeitará até cumprimentos, por suspeitar que talvez haja um propósito oculto por trás das homenagens.

Eis como construir a confiança com o verdadeiro comprador:

▶ Fornecer valor. Não tenha medo de oferecer ideias e melhores práticas. Observe que não estou falando de *soluções*, nem sugerindo *como*, mas sim *o quê*. É o que diferencia marketing e consultoria gratuita! "Aqui estão quatro métodos que meus

146 A Bíblia da Consultoria

melhores clientes usam para gerenciar pessoas distantes." "Como eles são aplicados?" "Bem, isso depende de sua cultura, e vou cuidar disso quando você me contratar!"

- Nunca assuma que o cliente foi prejudicado. Um número surpreendente de consultores chega à conclusão estranha de que alguém bastante inteligente para querer conversar com eles é ao mesmo tempo estúpido o suficiente para ter provocado ou agravado o problema. E nunca imagine que você será capaz de resolver em 12 minutos uma situação com que o cliente potencial lutou durante 12 meses.

- Ilustre sua conversa com casos concretos – sem revelar informações confidenciais – de como você ajudou grandes empresas (ou organizações semelhantes à do cliente potencial). Inclua o comprador na imagem que você criou em seu trabalho de consultoria para obter resultados significativos.

- Não se apresse. Ironicamente, quanto mais você demorar em construir um relacionamento de confiança com o comprador econômico, mais rápido você será capaz de apresentar uma proposta e garantir o negócio.

Demonstre que você é parceiro do comprador, não subordinado.

Mesmo que você tenha sido apresentado ou indicado por subordinados, faça imediatamente suas reivindicações como par do verdadeiro comprador. Técnicas:

- Ande sempre bem-vestido. Não é o mesmo que "vestido para o sucesso", mas expressão de bom gosto e referencial de elegância.

- Use acessórios finos. Não saque uma esferográfica de propaganda para fazer anotações. Puxe uma caneta Cartier ou Mont Blanc.

- Não ande como burro de carga. Deixe a bagagem na recepção ou no carro. Não venha com maleta para laptop, nem com pochetes para celular. São indícios claros de que você ainda não está familiarizado com a tecnologia.

- Apresente um cartão de visita sutil e discreto. Qual foi a última vez em que você viu o CEO de uma grande empresa oferecer cartão de visita com fotografia ou outras demonstrações de mau gosto?

- Cuidado com a língua! Não fique mudo, mas saiba o que falar sobre o setor de atividade do cliente em potencial. Se você estiver em um banco, por exemplo, é bom saber o que é desfalque.

Sempre fixe prazos e datas definitivos

Nunca deixe que o relacionamento ou a conversa descambe para hesitações do tipo "Vamos conversar depois que eu analisar o nível de complexidade", ou "Retorne daqui a mais ou menos um mês". Os próximos passos *devem* ser programados com segurança em ambas as agendas. O tempo do comprador não é mais importante que o seu, e vice-versa, e o momento e o lugar para definir o dia e a hora do próximo item da programação é aqui e agora.

Ao atentar para esses fatores, você criará condições mais favoráveis à aceitação da proposta. Não se precipite nessa programação, como se fosse a preparação cuidadosa de uma parede antes da pintura. Jamais se intimide diante de um comprador poderoso.

Mas sempre seja paciente.

Acordo conceitual

Vejamos onde estamos em nosso modelo de negócio básico (ver Fig. 7.1).

Só depois de desenvolver um relacionamento de confiança e de garantir condições ótimas para o sucesso podemos elaborar o acordo conceitual. Se eu não confiar em você, não compartilharei meus objetivos com você e sempre me sentirei um tanto inseguro em relação às suas perguntas profissionais e, principalmente, pessoais. Por isso é que insisto em que quanto mais você se empenhar na construção de um relacionamento saudável e confiável, mais rápido você conquistará negócios de qualidade.

Figura 7.1 – Modelo de consultoria

Acordo conceitual é uma frase que resume os três elementos vitais da formulação de propostas que apresentam melhores condições de aceitação. Quero repeti-los mais uma vez, porque são essenciais para a conquista de negócios: objetivos, medidas do sucesso e valor.

Objetivos

São os resultados de negócios. Não são tarefas, nem produtos, nem atividades. Quase sempre se identifica o não comprador porque ele pergunta pelos "produtos", em "quantos dias", e "como são os materiais".

Eis alguns exemplos de entregas (itens a serem executados), que na verdade são "insumos" (inputs), para a produção de "resultados" (outputs).

Entregas	Resultados
▶ Dirigir um grupo de foco ▶ Observar o comportamento no local de trabalho ▶ Padronizar o processo de vendas ▶ Melhorar a propaganda ▶ Depurar a tecnologia	▶ Comprometer os empregados com a mudança ▶ Validar intervenções da administração ▶ Reduzir os custos de aquisição de empresas ▶ Acelerar o crescimento da receita ▶ Melhorar a competitividade

Você pegou a ideia. Até rubricas como "melhorar as comunicações", "aumentar o moral", e "reduzir o estresse" só valem alguma coisa quando se consideram os resultados daí decorrentes de "reduzir o *time to market*" (intervalo entre a concepção e a venda do produto), redução do *turnover* involuntário, e diminuição do absenteísmo.

Medidas do sucesso, ou métricas

São indicadores do progresso para a realização de um objetivo. Mesmo que o objetivo seja de longo prazo e só deva ser alcançado depois do fim de seu envolvimento, você precisa de métricas para indicar que, enquanto você esteve lá, sua presença foi importante e contribuiu para a realização dos objetivos de mais curto prazo.

Um indicador é apenas isso – é preciso saber se algumas coisas são visíveis para os outros. Os pretensos indicadores são irrelevantes quando consistem em afirmações como as quatro seguintes:

A Bíblia da Consultoria **149**

1 A força de trabalho estará mais bem informada.

2 Os clientes terão maior lealdade.

3 A administração terá mais confiança.

4 O local de trabalho será melhorado.

Como saber (e demonstrar a terceiros) que esses supostos indicadores comprovam algum tipo de mudança? Tipicamente, as métricas ou critérios são de dois tipos:

1 Factual e objetivo. Considerando os mesmos quatro pontos:

a Os representantes de serviços encaminharão menos de 10% das chamadas para especialistas técnicos. (Isso é facilmente documentado.)

b Os negócios repetidos aumentarão nos próximos seis meses.

c Os gestores reduzirão a carga horária semanal de 60 horas para 45 horas, delegando mais aos subordinados.

d Haverá menos relatos por mês de violações de privacidade e menos acidentes de trabalho.

2 Subjetivo, oriundo de fonte confiável. Exemplos:

a O comprador relatará que passa cerca de metade do tempo atuando como árbitro de conflitos entre equipes.

b O vice-presidente de vendas dirá que os clientes não mais se queixam das condições desconfortáveis e inóspitas dos escritórios.

c O diretor de P&D e o vice-presidente de marketing relatarão que estão se reunindo pelo menos uma vez por semana, em clima de harmonia e responsabilidade compartilhada.

As métricas são vitais não só para mostrar progresso e/ou completude, *mas também para demonstrar a sua contribuição para esses resultados.*

Evangelho

Valor é o fundamento do retorno sobre o investimento (ROI). Se não for possível determinar o valor dos resultados para o comprador, não prossiga com a proposta.

Valor

Este é o mais incompreendido dos três elementos. Valor é o impacto da realização dos objetivos.

Pode-se dizer que um objetivo como "aumentar o lucro" já demonstra em si um valor significativo. Pergunte-se, porém, o seguinte: qual é o impacto total do aumento do lucro? Aí se incluiria:

▶ Dividendos mais altos para os acionistas.
▶ Patrimônio líquido maior na venda do negócio ou numa estratégia de saída.
▶ Renda mais alta para os proprietários.
▶ Investimentos mais elevados para expansão.
▶ Condições mais favoráveis de investidores e credores.
▶ Recursos mais generosos para a filantropia e para a comunidade.

Você está compreendendo o ponto principal. O valor do projeto é muito maior que o simples cumprimento de objetivos, e quando se acumulam os resultados de cinco ou seis objetivos, cria-se enorme valor e *geram-se ROI e honorários proporcionalmente mais altos*. Não se esqueça de que grande parte do valor também é exponencial, ou seja, capitalizado, para o cliente.[1]

Objetivos, métricas e valor — os elementos do acordo conceitual — também representam os três pontos centrais de sua proposta de valor.

Os nove componentes

Todas as minhas propostas têm cerca de duas páginas e meia e nove componentes. É tudo. Não há resumos, histórias da empresa, ou declarações de amor obsequiosas ao comprador.

> **Evangelho**
>
> A proposta é um resumo (do acordo conceitual), não uma explanação (de um relacionamento).

Trataremos no próximo segmento dos aspectos periféricos e do que *não* foi incluído na proposta; por enquanto, porém, foquemos no coração e na alma da proposta a ser aceita pelo comprador econômico.[2] Você encontra exemplos de propostas no Apêndice Físico e no Apêndice Virtual.

---

[1] Veja a equação completa no Capítulo 3 e no Capítulo 6.
[2] Mais uma vez, para o máximo em profundidade e paradigmas, ver meu livro *How to Write a Proposal That's Accepted Every Time* (Peterborough, NH: Kennedy Publications, 2002, 2008) e *Million Dollar Consulting Proposals: How to Write a Proposal That's Accepted Every Time* (Wiley, 2011).

1. Avaliação da situação

Trata-se de uma descrição sucinta (um ou dois parágrafos) do tema, que o prepara para a análise do projeto e para os acordos e conclusões subsequentes. A intenção é provocar no comprador, durante a leitura, expressões faciais e corporais que denotem concordância: "Sim, é o que discutimos", desde o começo.

> *Má* avaliação da situação: "A Acme é uma empresa que vende dispositivos explosivos a predadores, para facilitar a captura da presa selvagem". Isso é inútil. A Acme já sabe disso.
> *Boa* avaliação da situação: "A posição da Acme, como fornecedora de dispositivos explosivos para presas selvagens, tornou-se perigosa, por depender 90% do negócio de um único cliente, um coiote sem endereço permanente".
> Ou: "A Acme quer ampliar sua participação no mercado, do oeste dos Estados Unidos às savanas da África, expandindo-se de coiotes a leões".

2. Objetivos

Esse é começo (itens 2 a 4) da repetição do acordo conceitual já alcançado. Prefiro marcadores.

Nossos objetivos neste projeto incluem os seguintes, já analisados:

- Expansão a ocorrer em 18 meses.
- Uso somente de recursos internos – sem terceirizados no exterior.
- [E assim por diante].

3. Medidas do sucesso

Mesmo formato.

Nossas medidas do sucesso, sobre as quais já concordamos, incluem:

- Relatórios de vendas mensais, indicando porcentagem crescente de vendas no exterior.
- Sem aumento líquido no efetivo de pessoal.
- [E assim por diante].

4. Valor

Mesmo formato:

O valor já analisado, que acumula os resultados da realização dos objetivos, abrange:

- ► Diversificação da base de clientes para compensar as flutuações no mercado interno.
- ► Atração de mais investidores e aumento do preço da ação, com a presença global.
- ► [E assim por diante].

5. Metodologia e opções

Aqui listamos as escolhas de "respostas afirmativas" para o comprador, que ainda não as viu em detalhes (é possível que vocês já as tenham discutido em termos amplos). *Não* se fala em honorários aqui.

Opção 1: Faremos um estudo dos mercados mais promissores, mais lucrativos e mais abertos a serem explorados, e desenvolveremos estratégias e táticas para as cinco primeiras escolhas.

Opção 2: Além da opção 1, elaboraremos apresentações para figuras de destaque das áreas política, governamental, comercial e bancária, para acelerar a velocidade de entrada [e assim por diante].

Opção 3: Além da opção 2, acompanharemos a implantação do projeto no curto prazo e faremos a sintonia fina da execução no longo prazo, sob honorários fixos e periódicos, no período de até um ano.

Observe que essas opções são cumulativas, ou seja, as subsequentes abrangem as precedentes. Não são acréscimos ou fases do projeto.

6. *Timing*

O cliente precisa saber a extensão da ruptura, das mudanças e das intervenções, e quando você se desengajará. (Estamos falando de consultoria, não de codependência.)

Portanto: "Na opção 1, o prazo é de 30 a 45 dias; na opção 2, de 45 a 90 dias; na opção 3, de 90 dias a um ano, dependendo da duração do contrato de honorários fixos e periódicos".

7. Responsabilidades conjuntas

Por se tratar de parceria, não de um serviço específico que você presta ao cliente, ambas as partes têm responsabilidades ou atribuições comuns. Eis alguns exemplos genéricos:

Nossas atribuições incluem:
- Assinaturas de acordo de não divulgação ou confidencialidade.
- Prestações de contas mensais ou mais frequentes, a pedido.
- Respostas às perguntas em 24 horas.

Suas atribuições incluem:
- Acesso a e-mail pessoal e a telefone celular e resposta em 24 horas.
- Documentação para empregados e clientes, conforme as necessidades.
- Liberação pela segurança, identidades da empresa, sala na sede.

Atribuições solidárias:
- Informar imediatamente a outra parte caso ocorram situações capazes de afetar de maneira significativa os resultados e o sucesso do projeto.

Incluí essa última categoria porque já me vi afundado até o pescoço em um projeto, quando, sem qualquer aviso prévio, o cliente anunciou que ocorreria um desinvestimento ou aquisição, de que eu não fora avisado antes, pois o negócio ainda era incerto. Isso é inaceitável, e o deixa na posição de possivelmente mentir para os empregados da empresa.

8. Termos e condições

É a minha parte favorita da proposta: essa é a primeira vez em que o comprador vê os honorários. É muito simples:

Honorários para a opção 1: US$ 65.000.
Honorários para a opção 2: US$ 98.000.
Honorários para a opção 3: US$ 35.000 por trimestre.

Metade dos honorários das opções 1 e 2 deve ser paga na aceitação, e o saldo, em 45 dias. Como alternativa, oferecemos desconto de 10% quando a totalidade dos honorários é paga na aceitação. Os honorários da opção 3 são pagos no primeiro dia de cada trimestre do período de honorários fixos e periódicos.

As despesas devem ser reembolsadas mensalmente, no valor do saldo acumulado desde o pagamento anterior, contra apresentação. Cobramos despesas de locomoção, hospedagem, refeições e gorjetas. Não cobramos por cópias, entregas, trabalhos administrativos, telefonemas e outros meios de comunicação.

É importante deixar claro para o comprador que você não é sovina como um advogado (a conta de um advogado no valor de US$ 4.517,44 abrange US$ 17 de cópias e US$ 0,44 de selos). Também é importante ser razoável; ou seja, você pode ficar no Four Seasons, mas deve cobrar do cliente os preços do Marriott. Sempre viajo de primeira classe. Cobro dos clientes classe econômica sem restrições, em voos domésticos, e classe executiva, em voos internacionais. A diferença do *upgrade* para a primeira classe corre por minha conta.

Os honorários devem ser pagos com rapidez, sem atrasos, e nunca na conclusão do projeto. E mais a seguinte garantia:

> A qualidade do nosso trabalho é garantida. Se não cumprirmos os objetivos no prazo combinado e a culpa for nossa, devolveremos a totalidade dos honorários. No entanto, o contrato não pode ser rescindido, por qualquer outro motivo, embora possa ser adiado e reprogramado. As datas de pagamento originais devem ser cumpridas.

A reciprocidade é a garantia de qualidade (mas nunca de resultados, que dependem de muitas variáveis incontroláveis), mas o contrato é irrescindível, *sob nenhum pretexto*.

9. Aceitação

Minhas propostas também servem como contrato, pois não quero que um contrato formal seja submetido ao departamento jurídico do cliente, cuja função é confundir e atrasar. Eis as palavras:

> A escolha de uma opção abaixo e qualquer pagamento constitui aceitação dos termos e condições aqui estabelecidos. Em lugar da assinatura, a aceitação decorre do pagamento.

A razão aqui é que muitos compradores podem assinar cheques de seis dígitos, mas não podem assinar contratos sem a análise prévia do departamento jurídico.[3] Portanto, a concordância verbal e o cheque bastam para que eu trabalhe como consultor.

Como apresentar

A essa altura, você já deu um grande passo, e foi bem-aceito fora da cidade. Como garantir que tudo também dará certo na cidade grande, onde não faltam críticos severos e públicos muito mais sofisticados?

Você se empenhou ao máximo para que a obra de arte fosse a melhor possível, ensaiou as alternativas e planejou ações preventivas e contingentes. Com toda franqueza, por melhor que seja a proposta e por mais exato e minucioso que seja o acordo conceitual, se você simplesmente tocar em "enviar" no teclado ou postá-la no correio, você terá problemas, e a taxa de aceitação será muito mais baixa.

Eis algumas considerações importantes, que você pode controlar ou influenciar de maneira decisiva.

Nunca sugira fases

Cada opção, como já vimos, é mais um "sim", pois abrange as anteriores, de menos valor e honorários mais baixos. Ao escolher um carro novo, você pode optar por diferentes modelos, com diferentes graus de sofisticação, mas, na essência, você está sempre comprando o mesmo carro.

Ao desdobrar o projeto em fases, você está sugerindo que o projeto seja esquartejado, às vezes sem a necessária integração. Assim ocorre porque os consultores insistem equivocadamente em "análises das necessidades" ou "coleta de informações" ou "diagnóstico preliminar". Você também pode insistir em reduzir a sua renda.

No começo, você *nunca* tem informações suficientes, e jamais participei de um projeto em que não encontrasse fatores emergentes inesperados, à medida que navegava, e não tivesse de ajustar-me às novas condições. O problema da abordagem fásica, que exige sucessivas decisões de compra, é que, depois da recuperação de informações:

---

[3] No New York Federal Reserve, o departamento jurídico atrasou o começo do projeto em 60 dias, estendeu minhas duas páginas e meia em 45 páginas de uma ladainha indecifrável, mas nada mudou em nosso relacionamento. Tudo o que conseguiram foi retardar os benefícios em dois meses.

- O cliente pode dizer que não parece tão ruim quanto supunha.
- O cliente pode decidir atuar com recursos próprios.
- O cliente pode fazer concorrência entre consultores.
- Você pode cometer algum erro que o deixa em má situação.
- O cliente pode contratá-lo.

No cômputo geral, as probabilidades são 20% bom e 80% ruim. Está começando a perceber meu argumento? ("Não passamos a bola com mais frequência", diz o lendário treinador de futebol do estado de Ohio, Woody Hayes, "porque três coisas podem acontecer quando se passa a bola, e duas delas são ruins. Por que iríamos querer fazer isso?".)

Sugira o maior projeto possível para melhorar as condições dos clientes, usando a escolha de "respostas positivas", não uma série de decisões de compra. (A mais acirrada competição que você enfrentará é interna, não de outros consultores.)

> **Evangelho**
>
> Pense primeiro na quarta venda. Tente criar relacionamentos que se prolonguem no futuro. Para isso não contribuem decisões de compra e revisões constantes.

Remeta a proposta por entrega rápida

Se o cliente insistir em versão eletrônica, forneça-a, *mas também envie a versão impressa por FedEx*. (Eu poderia dizer "entrega rápida", mas a FedEx simplesmente é a melhor alternativa. Não seja sábio com tostões e tolo com milhões.) A cópia impressa sobressai acima do ruído, tem o benefício de seu papel de carta elegante e caro, e será mais fácil de assinar e devolver. Envie duas cópias, já com a sua assinatura. Não perca tempo, insistindo para que o comprador assine as duas, devolva-as, para que você as veja e mande uma de volta. Estamos falando de relações de confiança, lembra?

Crie cronogramas sujeitos a revisão

Diga ao cliente: "Você receberá a versão eletrônica e a cópia impressa NA terça de manhã, antes das 10h30. Podemos conversar na manhã seguinte, às 9 horas, para discutir a melhor opção e definir quando podemos começar?". É a chamada presunção de fechamento, e a essa altura do processo, não é presumir muito.

Nunca aceite "Voltarei a falar com você quando voltar da viagem" ou "Preciso de uma semana". Isso é passar a bola, e muitas coisas ruins podem acontecer no meio-tempo.

Não inclua penduricalhos

A proposta é um sumário, e não uma explanação. *Não é documento de vendas nem documento de negociação.* Não exige biografias, nem sua nem de sua equipe, literatura promocional, depoimentos, muito menos painéis luminosos. Tudo isso deve ter sido parte do processo de marketing que entrou na sala do comprador, se em algum momento foram necessários.

Não ponha cabeçalho em todas as páginas, somente na primeira. Não inclua fotos, gráficos, diagramas, nem hyperlinks. É um resumo objetivo e direto do acordo conceitual, e a única coisa nova, ainda não discutida, são os honorários, pois essa é a primeira vez em que se apresentam formalmente as opções depois de você ter refletido sobre o projeto e o processo.

Antes de apresentar a proposta, faça uma pergunta-chave

Enquanto ainda conversa com o comprador e antes de elaborar a proposta, pergunte: "Há alguma coisa que ainda não tenhamos discutido que possa ser um obstáculo ao prosseguimento do projeto, tal como concordamos até este ponto?".

O comprador talvez se refira a honorários, mas você pode retrucar: "É claro, mas estou certo de que o ROI superará qualquer preocupação com os honorários, correto?". (Se o interlocutor estiver muito preocupado com os custos, não importa quais, você provavelmente não está falando com o comprador econômico, portanto, salte no primeiro ponto.)

O comprador, porém, talvez diga: "Estamos entrando numa época do ano muito sobrecarregada", ou "Estamos substituindo o vice-presidente de vendas", ou qualquer outra coisa do gênero. Tente compreender melhor a situação, antes de preparar a proposta, e trabalhe com o comprador para superar o obstáculo: "Não seria melhor trabalhar no projeto na época mais movimentada do ano, quando você terá o mais alto retorno imediato e a certeza de que a proposta funcionará nas condições mais adversas?".

Prepare-se para o sucesso

Se o comprador disser: "Sim, vamos começar com a opção 2", esteja preparado para começar. Trataremos, em seguida, dessa transição para o lançamento, mas faça uma tentativa: *inclua uma fatura para cada uma das opções, no pacote da proposta a ser entregue pelo FedEx e como anexo da proposta a ser remetida por via eletrônica.* O cliente pode simplesmente pegar a fatura relevante e começar o processamento. (Não se esqueça de que pelo menos 50% dos honorários são devidos na aceitação, não no lançamento.)

Não considere essa atitude demasiado agressiva. Veja-a como uma conveniência para o comprador e um acelerador para o projeto. Minha política é sempre aceitar a aprovação oral, pedir ao comprador para remeter o pagamento e, então, começar a jogar concreto nas fundações.

Como fechar e começar

Estamos quase lá. O comprador, com a sua proposta em mãos, está prestes a decidir. Você preparou a cultura e lançou as expectativas, e apresentou as opções ao comprador, com base no acordo conceitual.

No entanto...

Quando eu praticava corrida de velocidade, os treinadores nos advertiam para "cruzar a linha de chegada correndo". Isso significava que os corredores têm a tendência inconsciente de desacelerar no final, ao perceber que estão na iminência de ganhar a corrida. Nesse momento é que o retardatário arranca com o que lhe resta de energia, e ganha a prova por alguns centímetros.

Diziam-nos, portanto, para imaginar a fita como se ela ainda estivesse bem mais adiante. Dessa maneira, continuaríamos correndo a toda velocidade, num esforço derradeiro. Ganhei algumas corridas usando essa técnica. Eu acelerava no final, enquanto os outros pareciam relaxar um pouco.

Nesse fim de corrida, temos de cruzar a linha de chegada com a proposta, porque tudo agora depende das reações do comprador, e devemos fechar pelo menos 80% desses projetos (muitos participantes do meu Programa de Mentoria relatam taxas contínuas próximas a 90%, usando o formato que descrevi neste capítulo).

Portanto, eis a arrancada final para cruzar a linha de chegada a toda velocidade.

O comprador quer uma reunião

Não sou a favor de estar com o comprador no momento em que ele vê a proposta pela primeira vez. Ele simplesmente pode dizer: "Essa proposta parece muito esclarecedora; quero lê-la com cuidado, para depois nos reunirmos, talvez na próxima semana". Você quer que o comprador já a tenha lido com cuidado ao voltar a se encontrar com ele. Como vocês já fecharam o acordo conceitual, não há de fato necessidade de se reunirem pessoalmente no ato de entrega da proposta.

Se o comprador insistir e se não for muito inconveniente (afinal, o cliente não está a nove horas de distância), insista para que o comprador leia a proposta e lhe passe um resumo das dúvidas e preocupações, para que vocês se preparem e aproveitem ao máximo a reunião.

O comprador diz que outras pessoas analisarão a proposta

Duas são as considerações, aqui:

1. Este é o verdadeiro comprador, que prefere decisões consensuais e evita desagradar os outros. Diga ao comprador que projetos como esse geralmente deixam os principais subordinados em situação de desconforto, o que os leva a apresentar objeções, sobretudo por não terem participado da fase do acordo conceitual. Também o lembre de que essas decisões são estratégicas, não táticas, competindo somente a ele, de pleno direito, decidir.

2. Este não é o verdadeiro comprador, e você pisou na bola. Se o "comprador" disser: "Preciso da aprovação do Conselho/dos sócios/da Diretoria/do presidente", das duas uma: ou você se deixou levar ou perdeu todas as pistas. Nesse caso, você pode argumentar o seguinte: "É muito provável que lhe façam perguntas sobre questões que só nós dois analisamos e que somente eu, como consultor, terei condições de responder, o que o deixará em situação incômoda. Seria possível você organizar a reunião para que também eu esteja presente?". Então, é torcer pelo melhor, mas as chances não são boas.

Evangelho

Não ganharemos todas as propostas nem superaremos todas as objeções. Mas não estar preparado para temas que você sabe que serão levantados é simplesmente negligência.

---

160 A Bíblia da Consultoria

O comprador ama a opção 3, mas diz que só tem verba para a opção 2

Não ceda agora, ou o comprador ficará pensando em quanto mais conseguirá arrancar de você, por melhor que seja o relacionamento. Explique que a razão para apresentar as três opções é oferecer três tipos de escolhas em termos de ROI; oriente, em seguida, a discussão para o ROI muito mais alto da opção 3, deixando em segundo plano os honorários.

Se você discutir honorários, não valor, você perde o controle da discussão.

Diga ao comprador que você pode começar com a opção 2, e pode a qualquer hora fazer um *upgrade*, com o andamento do projeto.

O comprador tenta negociar o preço

Cuidado com três truques do ofício:

1. Muitas empresas seguem políticas internas, segundo as quais todos os descontos oferecidos devem ser aceitos. Portanto, quando você oferece um desconto de 10% pelo pagamento adiantado (como já falamos aqui), a oferta deve ser aceita, o que não só oferece melhor negócio para o cliente, como também diminui a pressão para negociar.

2. Negocie as condições, mas nunca os honorários. Você pode aceitar 25% em vez de 50%, antecipados, ou o saldo em 90 dias em vez de em 45 dias. (Nunca aceite pagamento na conclusão para não correr o risco de nunca receber todo o dinheiro.) Assim, você demonstra flexibilidade, mas preserva os honorários.

Nunca permita que o comprador lhe diga que está sujeito a políticas internas sobre condições de compras e contas a pagar. Você também tem as suas normas e critérios. A importância de lidar com o verdadeiro comprador é o fato de as unidades de apoio serem informadas sobre a rebelião. As normas estão sujeitas a exceções. Se você já enfrentou problemas de atraso de pagamento, *nunca* discuta com contas a pagar — *sempre* vá ao comprador e diga: "Temos um problema", com ênfase no "nós". Todas as empresas do mundo podem emitir cheques manuais, e os computadores demoram apenas algumas horas para emiti-los. Quando alguém diz "leva 30 dias", isso significa que a fatura fica 29 dias sobre a mesa de alguém de baixo nível hierárquico.

Estudo de caso

Sempre encontre as causas dos sucessos, não só dos fracassos. Quando um comprador da Merck, George, aceitou a minha oferta de um desconto de 10%, todo mês de janeiro, sobre US$ 250.000 de honorários, perguntei-lhe se aquela porcentagem era adequada, ou se deveria ser um pouco mais alta ou um pouco mais baixa.

"O desconto para mim não é muito importante", respondeu.

Espantado, gaguejei: "Então por que você pagou adiantado?".

"Porque", explicou ele, sorrindo, "assim meus projetos não são cancelados".

Em qualquer grande organização, sempre há alguém (o CEO) ou alguma coisa (recessão) que pode cancelar projetos, se o dinheiro já não tiver sido gasto. Você pode reivindicar judicialmente o cumprimento das cláusulas contratuais, mas o processo pode ser exaustivo, principalmente em se tratando de empresas poderosas.

Lição aprendida: sempre pergunte quais são os interesses do comprador, não apenas os seus, se você quiser verdadeiro comprometimento!

Finalmente, quando o comprador disser "sim" e escolher uma opção, o que ocorrerá na maioria das vezes, esteja preparado para prosseguir. Quanto mais cedo você iniciar alguma coisa, no local ou a distância, quanto mais acelerado for o projeto, mais cedo você receberá o dinheiro.

Se alguém contestar, principalmente os subordinados, o comprador simplesmente dirá: "Já começamos". É a ditadura do fato consumado.

—————— Capítulo 8 ——————

Implantação:
Fórmula mágica – resultados rápidos
com baixa intensidade de trabalho

O papel do comprador e campeão

Falaremos na Seção IV sobre metodologias e intervenções técnicas. Quero focar aqui na natureza da intervenção, depois da aceitação da proposta.

Assim como devemos preparar o contexto e a cultura para a aceitação da proposta, é preciso agir da mesma maneira para a aceitação da intervenção. Provavelmente, o fator crítico mais importante para o sucesso da implantação seja o papel do comprador.

Com raras exceções, o comprador deve ser o campeão do projeto. O comprador pode delegar atribuições para os subordinados, e você assumirá muitas dessas atribuições no papel de consultor, *mas o comprador deve ser o ponta de lança que lidera o ataque.* Na Guerra Civil americana, quando brigadas maciças marchavam no estilo do século XVIII através dos campos, sob o fogo de armas do século XIX, não faltavam motivos para acreditar que os soldados buscariam abrigo ou se deitariam no solo, para reduzir a exposição. Mas não era assim.

O general brigadeiro à frente das tropas montava no cavalo, puxava a espada e bradava: "Sigam-me!". E as tropas avançavam.

Ele não dizia: "Junto-me a vocês mais à frente", nem "Avisem-me quando chegarem lá". Ele era o comandante, o centroavante, o alvo principal para os atiradores do inimigo.[1]

Hoje, quando os bombeiros chegam a uma conflagração, o oficial de mais alta patente, até os comandantes, lidera os soldados no combate às

---

[1] E, de fato, os generais brigadeiros da Guerra Civil apresentavam a mais alta porcentagem de morte de todos os níveis hierárquicos, fenômeno que nunca mais se repetiu, como não é difícil imaginar.

chamas (ao contrário da polícia, cujos oficiais graduados se aboletam no posto de comando e dirigem as operações a distância. Os bombeiros sabem que nunca assumirão riscos a que os chefes também não se exponham.

O comprador não se sujeita às forças inimigas, nem às chamas do incêndio (assim se espera). Ele ou ela, porém, deve ser a ponta de lança, à frente da cavalaria. O que isso significa?

O comprador deve ser exemplo do comportamento desejado

O fator isolado mais eficaz para mudar o comportamento organizacional é o do avatar. As pessoas querem ver o líder, visível, a "cavalo", liderando a brigada. Se a mudança almejada for o uso da tecnologia, o líder deve ser o primeiro a demonstrar como a empresa a integrou no seu dia a dia. Se a mudança voltar-se mais para um ambiente de trabalho mais interativo, sem feudos, o líder deve renunciar ao conforto da sala privativa.

Se a nova cultura demandar "resposta imediata aos clientes", e se ouve o líder instruir um assistente a dizer ao cliente, cuja ligação está em espera, que o chefe telefonará de volta depois porque agora está ocupado, quando, na verdade, só está batendo papo com o pessoal, o mau exemplo não contribui para o ambiente almejado.

Estudo de caso

Quando perguntei ao vice-presidente executivo de um banco como ele estava liderando o novo projeto de integrar a tecnologia em todas as transações, ele me mostrou, cheio de orgulho, um computador sobre sua mesa lateral.

"Mas como você de fato usa o computador?", perguntei. Ele apertou um botão estranho. Nada aconteceu com o computador, mas a secretária logo entrou na sala, solícita: "Sim, senhor?".

"Margaret", disse ele, "por favor, mostre ao Sr. Weiss como usamos esse computador!".

Não há como disfarçar essas coisas.

O comprador deve cobrar responsabilidade dos subordinados

Os projetos não andam com as pessoas só olhando; os projetos avançam com as pessoas *trabalhando*. E as pessoas *trabalham* melhor quando são monitoradas e avaliadas.

Cada um dos subordinados diretos do comprador deve contribuir para a implantação, o que inclui responsabilidade pelo sucesso. Pode ser algo tão pequeno quanto desenvolver alguma atividade de treinamento ou algo tão grande quanto reformular um serviço ao cliente ou um intercâmbio de P&D.

Muitos subordinados tenderão a dar um passo atrás ou a sentir a direção do vento, hesitante, em qualquer novo empreendimento que envolva não mais que risco moderado ou prudente. O comprador não pode compactuar com essa atitude. Esses são os coronéis que motivam a soldadesca a seguir o general brigadeiro. Enquanto se peleja nos campos de batalha e depois que se vence a batalha e se conquistam os objetivos, o comprador precisa olhar ao redor e ver quem está ao seu lado e quem ficou na retaguarda.

Deve haver pelo menos uma avaliação formal, por mês, do desempenho de cada subordinado e até que ponto está correspondendo às necessidades do projeto.

O comprador deve usar seu poder quando necessário

Como consultor, conscientize-se de que você tem deveres, presta contas (*accountability*), mas não tem autoridade, não é responsável (*responsibility*). Em outras palavras, você é um operador independente, que orienta, mas não comanda, nem dirige. (Por isso, nunca é próprio, nem mesmo ético, que um consultor atue como diretor de vendas ou diretor financeiro, ainda que provisoriamente. Você não é empregado, nem tem interesses no futuro da empresa, tampouco tem autoridade para decidir pela empresa, no curto prazo ou no longo prazo.)

Portanto, quando outro departamento, ou um cliente, ou um gestor recalcitrante impede ou retarda o progresso do projeto, o comprador deve interferir e usar, seja a influência pessoal, seja a autoridade hierárquica, ou ligações entre pares, para resolver o conflito e remover a barreira. Você nunca deve assumir posições políticas, nem ameaçar o cargo de ninguém. Compete-lhe, porém, fomentar a formação de expectativas e a prestação de contas que o comprador talvez tenha de exercer, no cumprimento de suas responsabilidades, à medida que o projeto avança.

> **Evangelho**
>
> Implantação é parceria. Se o cliente e, principalmente, o comprador não fizerem a parte deles, você afundará com eles.

O comprador é seu parceiro e deve agir como tal

Os parceiros são acessíveis. Quando os consultores me dizem que seus compradores não são acessíveis ou não estão disponíveis, sei que eles abalaram o relacionamento.

Você não sonharia (assim espero) em não responder imediatamente a um telefonema ou a uma mensagem de e-mail do comprador, e deve esperar em troca a mesma presteza. Supõe-se que você tenha o endereço do e-mail pessoal e o número do telefone celular do comprador. Nenhuma de suas comunicações deve ser monitorada ou filtrada por uma secretária. Se o comprador estiver viajando, eis uma boa notícia: telefones e computadores têm alcance mundial.

Nunca abuse do privilégio, mas você terá de prestar depoimentos e aceitar interrogatórios, relatar missões e receber apoio nos infortúnios. (Coisas que acontecessem.) E nada disso é factível se você não tiver alguém com quem conversar.

Às vezes, o seu comprador pode não ser o seu campeão. O CEO de uma empresa da Fortune 500 pode transferir atribuições a um delegado muito visível e poderoso. Isso, porém, é raro. Prepare o seu comprador para o papel de campeão.

E, então, ajude o comprador a montar no cavalo.

Os principais *stakeholders* (partes interessadas) e pontos de influência

Eu sei que *scope creep*, ou avanço lento do escopo, soa estranho, mas é um termo de uso generalizado, para referir-se a um projeto que, como *Blob – a bolha assassina*, ótimo filme clássico de ficção científica, nada mais faz que babar sobre tudo e todos ao seu redor.

Isso acontece com todos os tipos de empresas de serviços profissionais, não apenas com consultores autônomos. Quando trabalhei com a empresa de consultoria da Hewlett-Packard (HP), anos atrás, eles se referiam a uma condição que denominavam "promessas não documentadas". Como o meu trabalho era ajudá-los a evoluir, do faturamento por hora de serviço para honorários por valor agregado, concluí que era melhor compreender o que eu supunha fosse um termo técnico de *software*.

Descobri que promessas não documentadas são os acordos informais entre o pessoal de execução da HP e o pessoal de baixo nível dos clientes, que diziam coisas como "Já que vocês estão aqui, será que poderiam dar uma olhada em...?" e "Vocês terão de cuidar dessa questão, antes de entrarem no projeto, porque é assim que deve ser". Nada parecia pior para o pessoal de execução do que dizer "não" e ficar com receio de que o pessoal do cliente dissesse a seus superiores que os consultores da HP não tinham atendido aos pedidos deles, e que esses superiores, por seu turno, relatassem aos superiores da HP – bem, vocês já entenderam as implicações políticas.

O problema era que, computadas todas essas promessas não documentadas, e o trabalho e a labuta a elas associados, *as margens do projeto se reduziam a insignificâncias.* A empresa demorou a compreender que a polidez (ou o medo de aborrecer superiores) era ninharia em comparação com a perda de lucro. Se fosse muito grande o volume desses pedidos aparentemente irrelevantes, o lucro evaporava. Cupins são capazes de derrubar uma casa; no entanto, o cupim típico tem menos de meio centímetro.

Você já pensou no cupim que o está corroendo?

Para os consultores autônomos, essa expansão lenta do escopo é fatídica. Muitos desses pedidos corrosivos podem partir do próprio comprador, por sua convivência contínua com ele, a ponto de parecerem parte de suas atribuições.

Não são. Por isso é que a proposta prevê objetivos, métricas e valor, além das metodologias opcionais, entre as quais o cliente escolheu a alternativa preferida. A proposta é um documento orgânico, que movimenta e regulamenta o engajamento. Por conseguinte, não relute em esclarecer que o pedido adicional não é compatível com o que você concordou em fazer e produzir.

Como dizer "não" ao comprador? (Você diz "não" aos não compradores simplesmente explicando que o pedido não é compatível com o que você e o comprador concordaram; portanto, a questão deve ser levada ao comprador para ver se faz sentido alterar o projeto e incluir esse novo item.) Você dá ao comprador opções de respostas afirmativas.

Exemplo de diálogo:

Comprador: Alan, enquanto você está aqui, hoje, será que você arrumaria algum tempo para comparecer a uma reunião da equipe? Sei que é uma hora a menos em nosso projeto de remuneração, mas eu gostaria de ouvir uma opinião independente e objetiva sobre por que a participação do meu pessoal nessas reuniões não é mais ativa.

Eu: Joan, fico muito feliz com essa oportunidade; vamos discutir as alternativas. Primeiro, eu poderia simplesmente fazer isso como uma solicitação avulsa, cobrar-lhe por minhas observações e relatório, e enviar-lhe minha fatura com o próximo relatório de despesas no fim do mês. Ou, se eu achar que é preciso fazer algum trabalho, e você concordar – talvez coaching ou reformulação das reuniões – posso enviar-lhe nova proposta, considerando o benefício de eu já estar aqui com frequência. Ou adiamos essa nova frente até a conclusão do atual projeto, e, então, a atacamos, como um novo projeto. Até que ponto isso é urgente?

Comprador: Não previ uma verba para isso, razão pela qual achei que você poderia simplesmente "espremê-la" em sua programação. E, para mim, é muito importante parar de perder tempo com essas reuniões improdutivas.

Eu: Ah, mas essa questão é, sem dúvida, de alto valor para você; e, quanto a mim, exige muita observação atenta e análise cuidadosa, além de prováveis conversas com você e, no mínimo, com alguns dos participantes. Sei que você não quer palpites infundados e também sei que a iniciativa que eu lhe recomendar deve ser da mais alta qualidade.

Comprador: Muito justo; compreendo o seu argumento. Assistir à reunião e enviar-me uma fatura, mas vamos considerá-la como depósito inicial, se você e eu concluirmos que precisamos de mais intervenções de sua parte. [Aperto de mãos]

Obviamente, essa história é verdadeira. E é assim que se evita a expansão lenta do escopo, mesmo por parte do comprador. É bom rever algumas regras básicas, pois os consultores têm o péssimo hábito de cobrar de menos e executar de mais. Essa tendência é como usar maçarico para derreter gelo fino e apontá-lo para os próprios pés.

Então, para evitar a expansão lenta do escopo:

- Recomende aos não compradores que levem seus pedidos e sugestões ao comprador, uma vez que você não tem autorização para expandir o projeto unilateralmente.
- Diferencie entre "favor" ("Será que você daria uma olhada nesse logotipo e descreveria a sua reação imediata?") e "projeto" ("Gostaria que observasse minha diretora de vendas durante uma reunião da equipe e me dissesse como ela pode melhorar").
- Não se sinta inferior. Você é parceiro do comprador, e, nessa condição, não lhe diz: "Você se importaria se não cumpríssemos aquele quarto objetivo? E eu gostaria de acrescentar US$ 15 mil aos meus honorários". Parceiros não falam assim um com o outro. Não receie perder o negócio se disser "não" ou se sugerir alternativas. Você tem em mãos uma proposta, cujos parâmetros são muito claros, razão pela qual você a elaborou com todo o cuidado.
- Só porque alguém fez algum trabalho não muito bom, ou porque você poderia fazer algo mais rápido e melhor do que outra pessoa, que já está cuidando do assunto, isso não significa que você deva gabar-se diante de terceiros ou interferir na situação. Se você quiser impressionar o cliente, execute um trabalho excelente em seu próprio projeto, em vez de desentulhar a garagem metafórica do cliente.
- Demonstre que os pedidos de serviços esparsos podem ser atendidos com facilidade pelo pessoal do cliente, e faça algumas observações rápidas sobre por que fazem sentido e como executá-los (desenvolvimento de competências internas, familiaridade com a cultura e a política, e outras).
- Finalmente, se alguma coisa o atrapalhar e ninguém a remover, diga ao cliente: "Olha, você certamente não previu essa situação, e, portanto, nunca me preparei para ela, mas precisamos fazer alguma coisa, ou não seremos bem-sucedidos. Estou disposto a assumir esse encargo, se você concordar em me pagar honorários adicionais razoáveis" (ver "Correções de curso" mais adiante, neste capítulo).

A expansão lenta do escopo é *a* principal causa de erosão do lucro *e* de perda de riqueza para os consultores autônomos, pois aumenta de maneira dramática e exponencial a intensidade do trabalho. A boa notícia é que os consultores, sem dúvida, são capazes de impedi-la.

A má notícia é que muitos consultores não têm coragem ou têm a percepção errônea de que fazer qualquer coisa, exceto jogar fora o lixo, contribui para o seu prestígio.

Tudo isso aumenta a duração da jornada e os mantém mais tempo fora de casa.

Infelizmente, existe ainda fonte mais insidiosa de desperdício de tempo e de destruição de riqueza.

Evite a infiltração lenta do escopo

Bem-vindo ao aspecto mais desagradável e, talvez, mais prejudicial da dinâmica da intervenção pelo consultor: *scope seep*, ou infiltração lenta do escopo.

Cunhei essa frase uns dez anos atrás, ao perceber que o foco (muito apropriado) na expansão lenta do escopo não estava minorando satisfatoriamente a intensidade do trabalho, nem a pressão sobre as margens que se impunham aos consultores. Quando passei a me dedicar mais ao trabalho de coaching e a observar com mais profundidade todo o projeto, concluí que parte da suposta *expansão* lenta do escopo (*scope creep*) era, de fato, *infiltração* lenta do escopo (*scope seep*), ou seja, as ações corretivas não se dirigiam à causa correta do problema.

A infiltração lenta do escopo ocorre quando o consultor, sem iniciativa ou pedido do cliente, amplia o projeto unilateralmente, sem mudar a proposta, o acordo ou os honorários.

Por favor, releia esse trecho, reflita sobre isso, e então prosseguiremos.

Evangelho

Todo cliente racional que já conheci aceitará trabalho gratuito. Se o bombeiro hidráulico disser que rejuntará os banheiros da casa, já que está no local, eu sem dúvida aceitarei, pagando o mesmo preço. Mas ele nunca fez essa proposta, porque é bom profissional.

Eis algumas situações que promovem a infiltração lenta do escopo por parte de consultores, que, em outras condições, são inteligentes e racionais. Cuidado — pode ser como cocaína (ou, pelo menos, chocolate). Portanto, seja forte. Indícios:

A armadilha da perfeição acima do sucesso

► Você encontra alguém fazendo algo que você sabe que pode ser feito melhor ou mais rápido, e quer intervir. Lembre-se, você busca o sucesso, não a perfeição.

A mania de arrumação

►Você não resiste à tentação de consertar a agenda de uma reunião, nem de conciliar um conflito entre colegas, porque você não consegue ignorar alguma imperfeição. É preciso superar esse transtorno obsessivo-compulsivo.

A armadilha de o meu é maior que o seu

► Você adora uma metodologia que não é necessária no atual projeto e, assim, você, na verdade, perde tempo, na tentativa de encontrar alguma situação em que possa usá-la, com ou sem remuneração (tanto faz que alguém se importe com a questão). Não leve com você todos os brinquedos.

O mergulho de barriga

►Você acha que você e o cliente cometeram um erro nas premissas sobre o projeto, e um erro grave, mas, em vez de tratar o comprador como parceiro, você decide corrigir o erro sozinho. Você deve lidar com o parceiro como colega, no mesmo nível, não como pai ou filho, e descobrir a melhor maneira de enfrentar o desafio.

A armadilha do ego

► Você não resiste à divisão da riqueza e, quando alguém o elogia, você precisa dizer a todas as pessoas que não participaram da conversa o que você sabe. Os bajuladores não pagam as suas contas.

A infiltração lenta do escopo é culpa e problema só do consultor. Ao submeter-se a essa situação, você escorrega sutilmente para a falência, porque o cliente *logo achará que você considera essas práticas normais e aceitáveis* e, em breve, agravará os seus problemas, com a expansão lenta do escopo. Afinal, se você insinua que aceita outras metas para o projeto, por que, então, não poderá também o cliente entrar com as dele?

Eis um modelo útil para avaliar sua própria capacidade de resistir ao excesso de zelo, sempre entregando demais e superando as expectativas, o que também é útil para ajudar os clientes a evitar a própria fragilização do ambiente de trabalho:

Sem Poder *versus* Com Poder

Sem Poder	Com Poder
➤ Cria burocracia	➤ Faz a coisa certa
➤ É inseguro	➤ É autoconfiante
➤ Vê "eles" e "nós"	➤ Vê "nós"
➤ Foca nas tarefas	➤ Foco nos resultados
➤ Segue as regras	➤ Pensa
➤ TCR – Protege-se	➤ Corre riscos
➤ Vê ganha-perde	➤ Vê ganha-ganha

Você deve concentrar-se em fazer a coisa certa *para você*, não em seguir com docilidade suas regras inflexíveis (por exemplo, você tem um método de estratégia de seis passos e o cliente deve aplicar todos os seis, pagando ou não por eles). Até uma empresa individual, de um consultor independente, pode ser burocrática, quando enfatiza as tarefas, não os resultados. *Trabalhei com muitas empresas da Fortune 500, empreendedoras e ágeis, e fui coach de muitos profissionais autônomos, esclerosados e calcificados.*

Se você for autoconfiante (falamos em autoestima em todas as páginas deste livro), você será seguro de si o suficiente para resistir ao canto da sereia da infiltração lenta do escopo. Ao encarar o relacionamento como verdadeira parceria ("nós"), você aceitará com satisfação o papel do cliente, e não insistirá em envolver-se em tudo (interferir).

O antídoto mais poderoso – o verdadeiro soro antiveneno – contra a infiltração lenta do escopo é focar enfaticamente nos resultados e em como realizá-los da melhor maneira e com o máximo de rapidez e de eficiência possível, não parando no caminho para pavimentar o estacionamento ou substituir os bebedouros. Você é consultor de empresas e, como tal, é pago para pensar – lembre-se, você não é mão de obra, você é cérebro – e você é refugiado (com toda a probabilidade) de uma grande organização. Pare, portanto, de criar e seguir regras. Em vez disso, parta para a ação e produza resultados.

Corra riscos prudentes, não se preocupe em proteger-se (TCR – tirar o "corpo" da reta), e envolva o comprador numa colaboração ganha-ganha.

Meu argumento em todo este livro é que o comprador e o cliente são mais bem servidos com resultados rápidos; quanto mais rápidos, melhor, motivo pelo qual o faturamento por hora de trabalho é antiético, além de ser totalmente imbecil. Para trabalhar com tanta rapidez e eficácia, porém, você não pode permitir que o cliente (expansão lenta do escopo), nem você (infiltração lenta do escopo) crie barreiras, obstáculos e desvios ao longo do caminho. Você já enfrentará muitas dificuldades, sem nenhum esforço especial, do cliente ou seu.

Não se transforme em seu pior inimigo. A Navalha de Occam[2] afirma que a solução mais simples é, em geral, a melhor. A solução mais simples em consultoria não é aceitar ou buscar tarefas além de seus compromissos com o cliente, especificados na proposta.

Sucesso, não perfeição.

Correções de curso

Uma das razões pelas quais desencorajo a divisão em fases e a análise de necessidades é que raramente temos todas as informações (muito menos todos os conhecimentos) de que necessitamos, *mesmo depois desses enormes desperdícios de tempo*. Felizmente, temos medidas de adaptação eficazes.

Todo programa, projeto, compromisso e atribuição enfrentará quebra-molas e desvios. Aprenda a identificá-los e a ajustar-se. Eis algumas *causas* típicas da necessidade de correções de curso.

- ▶ O comprador partiu de premissas inadequadas, que agora você constata serem incorretas.
- ▶ O comprador inadvertidamente comprometeu-se demais em termos de apoio, e não está investindo o tempo necessário para ser campeão.
- ▶ Pessoas importantes estão em férias, doentes, em situações de emergência, ou atendendo a demandas dos clientes.
- ▶ Os concorrentes tomaram iniciativas drásticas e inesperadas.
- ▶ Uma nova tecnologia emerge repentinamente, ou uma já existente fracassa.
- ▶ Clientes importantes do seu cliente desertam.
- ▶ Seu cliente está aproveitando uma torrente inesperada de novos negócios.
- ▶ As pessoas, nos níveis mais baixos da organização, estão resistindo ao projeto, por causa de rumores de interesses próprios concorrentes.

---

[2] Que tomou o nome do frade franciscano inglês de Okhham William, no século XIV.

- Você partiu de premissas impróprias (por exemplo, que um modelo usado em outro lugar funcionaria aqui).
- De repente, dois de seus maiores clientes exigem sua atenção imediata.
- Você ficou doente ou enfrenta emergência na família.
- A economia afunda com rapidez.

Você pegou a ideia! *Tudo isso* já aconteceu comigo ao longo de minha carreira, embora, graças a Deus, não ao mesmo tempo. Eis algumas dicas para ajudá-lo em suas ações adaptativas.

Primeiramente, cuidado com o que eu chamo de Camada Térmica (ver Fig. 8.1).

Não obstante os melhores esforços do cliente e as suas próprias intenções, uma camada importante da administração de nível médio controla o trabalho diário e supervisiona os valores operacionais da organização (que podem ou não ser compatíveis com os valores centrais — aquelas declarações maravilhosas que você vê no relatório anual e em placas nas paredes da cantina).[3]

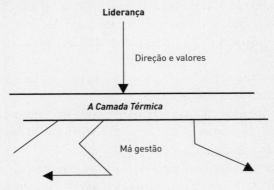

Figura 8.1 – A Camada Térmica

Um de meus clientes oferecia vans em dias de nevasca para que os funcionários não precisassem usar o próprio carro e não entupissem as ruas locais. As vans, porém, deixavam o local de trabalho às 17h30, e quando umas poucas pessoas se levantavam para sair, um supervisor dizia: "Tudo bem, vai embora e deixa a gente com todo

---

[3] "Respeitamos o nosso pessoal." Ah, bem, isso é maravilhoso. Nunca tínhamos pensado nisso.

esse trabalho". Resolvemos esse problema escalonando a saída das vans, entre 16h30 e 19 horas.

A Camada Térmica refrata e distorce as intenções da alta administração, a não ser que se compatibilizem as metas e os interesses próprios.

> ### Evangelho
>
> Até o GPS em seu carro admite desvios e rotas alternativas. Você precisa de CGPS: consultores GPS.

Segundo, prepare o comprador para o terreno inevitável. Diga ao comprador que um dos tópicos de seus relatórios regulares abrangerá novas informações, premissas confirmadas e/ou inválidas, casos em que a influência do comprador será necessária, e assim por diante.

Terceiro, e como corolário da segunda dica, forneça ao cliente *boas notícias em profusão*. Você terá a oportunidade, como estou enfatizando, de fornecer más notícias. Para pôr estas últimas em perspectiva, não se limite a relatar ou a comunicar ao seu comprador algo inesperado ou podre. Se as boas notícias o tiverem imunizado contra as más notícias, estas talvez sejam aceitas nas devidas proporções.

Quarto, nunca leve para o lado pessoal. Ao enfrentar resistências, barreiras ou simples intransigências, encare-as como fatos do projeto, completamente previsíveis, não como opiniões sobre seu caráter ou talento. Ninguém se oporá a você, pessoalmente, a não ser que você dê razões para isso. (Veja o ponto seguinte.) Portanto, lide com essas questões objetivamente (atos e fatos detectados no ambiente), não difame ("Eles não são jogadores de equipe"), e não peça socorro ao comprador.

Vire-se.

Quinto, nunca, jamais, assuma posições em conflitos políticos. Nem acredite que, no contexto de um projeto neutro, seja possível resolver velhos conflitos internos e familiares. Seu objetivo é o sucesso, não a perfeição. Ao tomar partido, você perde o outro lado e compromete sua credibilidade e eficácia.

Sexto, e por último, lembre-se de que os fatores de confiança que funcionam para você como consultor sempre funcionarão também para o cliente.

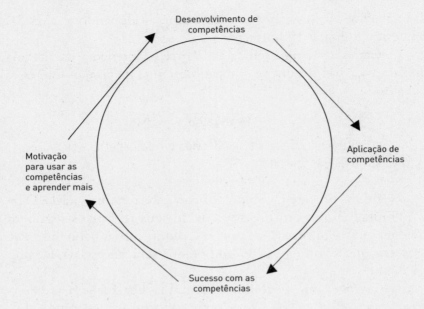

Figura 8.2 – Desenvolvimento de competências

Ajude o pessoal do cliente a construir competências e a aplicá-las na busca do sucesso. E eles passaram a confiar neles mesmos e em você, o que os encorajará a almejar e a promover as mudanças previstas no contrato (ver Fig. 8.2). Inclua-os na imagem; não tente apagá-los.

Se seguir essas orientações para a implantação, você será recompensado. Vejamos, agora, como deixar o cliente nas melhores condições possíveis.

------------ Capítulo 9 ------------

Desengajamento: foi ótimo, mas realmente preciso ir

Demonstrando o sucesso

Há uma diferença profunda entre consultoria (ou coaching) e codependência. Em algum ponto você deve partir.

Partir, no entanto, pode ter diferentes significados, como iniciar novo projeto com outro cliente ou continuar no mesmo cliente com novo projeto, mas o compromisso anterior chegou ao fim. (Razão por que me empenhei aqui em diferenciar arranjos de honorários fixos e periódicos com acesso contínuo à sua consultoria. Até os contratos de honorários fixos e periódicos, porém, chegam ao fim, raramente durando mais do que um ano ou dois.) Às vezes, deixar o cliente significa embalar a tralha, empacotar as lembranças e ir embora. Isso é ainda mais comum no caso de clientes menores, de projetos altamente especializados, e assim por diante.

O desengajamento formal também reduz os riscos de prosseguir com a expansão e a infiltração lentas do escopo, pelo cliente e pelo consultor; atenua a intensidade do trabalho; e crava um marco ostensivo de que você agora pode enfatizar outras prioridades, como marketing, pesquisa, autodesenvolvimento, ou qualquer outra.

Em todo caso, o principal aspecto do desengajamento é a comprovação do sucesso.

Evangelho

A razão de ser da nossa profissão é melhorar as condições do cliente. Certifique-se de que o cliente reconhece e endossa essa melhoria.

O acordo conceitual do projeto inclui métricas – medidas de progresso e sucesso – e um elemento central. Quando você está pronto para desengajar-se, desenvolve-se uma de duas dinâmicas:

1 *O projeto foi concluído e os objetivos foram cumpridos*

Esse pode ser o caso de um novo sistema de recrutamento e seleção, ou de redução de conflitos no quadro de pessoal, ou de reestruturação de um *call center*. As métricas indicarão que o projeto foi concluído e que os objetivos foram realizados.

2 *O projeto foi concluído, mas os objetivos não foram cumpridos*

Esse seria o caso em projetos de aumento das transações por operador de telemarketing, ou de elevação das taxas de retenção duradoura, ou de crescimento das vendas decorrentes de propaganda boca a boca. Sua contribuição para a formação do contexto e para o reforço dos elementos constitutivos chegou a bom termo, mas talvez ainda transcorra um ano ou mais até que os resultados finais se tornem evidentes. (Por exemplo, o objetivo pode ser o aumento das taxas de retenção para mais de dois anos, e você identificou e melhorou os elementos constitutivos, que agora propiciarão os resultados almejados em mais ou menos três meses.)

Nessas hipóteses, é preciso ter a certeza de que o comprador — com quem você deve ter tido reuniões frequentes para a apresentação de relatórios e para a prestação de contas — reconhece que você está de partida; o projeto foi concluído, e os objetivos foram alcançados, de acordo com as métricas (e o valor, o terceiro aspecto do acordo conceitual, começará a agregar-se); o consultor, por fim, pode desembarcar.

Eis o que você deve fazer para garantir o desengajamento positivo e para maximizar as chances de alavancagem interna e externa do negócio, o que analisaremos no resto deste capítulo:

- ► Programe uma reunião pessoal. Isso nunca deve ser feito por e-mail, por telefone, ou por interações não pessoais ainda a ser inventadas (fusão de mentes).
- ► Rejeite grandes apresentações formais. Reúna-se individualmente com o comprador. (Se o comprador insistir em uma apresentação mais formal para a equipe depois, tudo bem, mas, antes, só vocês dois conversam pessoalmente.)
- ► Não envie nada antecipadamente. Você não quer a circulação de cópias clandestinas, nem questionamentos inadvertidos na sua ausência.

- Elabore um resumo executivo impresso, que você deixará pessoalmente com o comprador, ao qual se seguirá cópia digital a ser enviada posteriormente. Aponha "confidencial" e "privado" em todos os exemplares e, quando apropriado, estampe o símbolo de direitos autorais.
- Seja claro sobre marcas registradas, direitos autorais, e cláusulas sobre propriedade. Converse com seus advogados, se necessário, mas, em geral, você sai com o que você entra; o que é exclusivamente do cliente antes de você entrar continua sendo exclusivamente do cliente; e o que você e o cliente criam juntos pertence a ambos.
- Inclua recomendações sobre o que o cliente deve fazer para explorar e reforçar o valor agregado pelo projeto. Você sai, mas os resultados ficam, e devem ser fomentados.
- Diga ao cliente qual é a sua agenda, que, além do relatório final, comporá os demais segmentos deste capítulo.

A fórmula do retorno sobre o investimento (ROI), semelhante à que usamos para o cálculo do valor, deve ser incluída aqui, para o seu bem e para o reconhecimento do cliente. Mede-se o " bom negócio" para o cliente pela seguinte fórmula:

$$\frac{\text{Resultados tangíveis} \times \text{Duração esperada dos resultados} \times \text{Resultados intangíveis} \times \text{Impacto emocional dos intangíveis} \times \text{Benefícios periféricos} \times \text{Variáveis afetadas positivamente}}{\text{Investimento fixo necessário}} = \begin{array}{l} \text{Bom} \\ \text{negócio} \\ \text{para o} \\ \text{cliente} \end{array}$$

Para tanto, é necessário que você detalhe para o cliente, de maneira clara e cuidadosa, os benefícios tangíveis, intangíveis e periféricos a esta altura, *e inclua quaisquer outros que tenham aflorado durante o prazo de execução do projeto.* Em muitos casos, os benefícios adicionais aos estipulados no começo se acumulam. Por exemplo, o cliente pode ter identificado as verdadeiras estrelas emergentes que assumiram e conduziram o projeto, ou ter descoberto um tipo de cliente totalmente novo, que responde bem às medidas implantadas.

Não é inadequado, de modo algum, estimar os benefícios financeiros, e pedir ao cliente que os verifique e confirme. Não se esqueça de que, ao formular originalmente o acordo conceitual, você foi *conservador* nas estimativas ("Vamos reduzir isso à metade"), mas, agora, você tem os resultados reais produzidos pelo projeto.

Lembre-se de que os resultados, em grande parte, são capitalizados e crescem exponencialmente ao longo do tempo, como nos juros compostos. Inclua também esse cálculo.

Finalmente, compartilhe os méritos com o pessoal do cliente e com qualquer outro participante que mereça essa consideração. Deixe claro, contudo, qual foi a sua função específica. Ironicamente, quanto melhor você for como consultor, mais o cliente tenderá a achar que o seu trabalho foi fácil (muito à semelhança da maneira como se vê um bom jogador fazer jogadas admiráveis) e, talvez, não muito diferente do que qualquer outra pessoa poderia ter feito, mesmo da equipe interna. É preciso dissuadir o cliente dessas ideias.

Como sabemos muito bem, as proezas que parecem tão fáceis e espontâneas quando executadas pelos grandes craques são demonstrações do mais puro virtuosismo e excelência.

Obtendo referências

Negócios oriundos de referências são a moeda do reino da consultoria. Muitos, porém, são os consultores que parecem desprezar esse grande prêmio.

Antes do desengajamento, você precisa encher a pasta de referências. Antecipe-se a essa etapa, logo no começo do projeto, dizendo ao comprador mais ou menos o seguinte:

> À medida que o projeto avançar e começar a gerar o valor que nós dois esperamos, eu gostaria de pedir a você algumas referências para novos negócios, procedimento que eu adoto com todos os meus clientes. Você está de acordo?[1]

Se o comprador disser logo de início que as referências são impossíveis ou improváveis, você, então, pode reivindicar outros benefícios (por exemplo, servir como referência, dar depoimento, e assim por diante). O mais provável, no entanto, é que o comprador diga: "Sem dúvida, vamos conversar sobre isso depois".

Assim, enquanto você ainda estiver lá, e nas primeiras fases do desengajamento (porque a probabilidade de sucesso é muito maior quando feito pessoalmente), volte a levantar a questão:

---

[1] Se o cliente chegou a você por meio de referências, não deixe de mencionar esse fato.

Dois meses atrás, perguntei-lhe se seria possível pedir-lhe referências, quando o projeto começasse a gerar o valor que ambos esperávamos, e essa hora chegou! Estou procurando nomes de clientes potenciais, como você, que também lucrariam com o valor que estou fornecendo.

Simples assim. Mude as palavras para refletir o seu próprio estilo, mas não mude o *timing* e a assertividade.

> ### Evangelho
> Referências são uma dinâmica ganha-ganha-ganha, permitindo que seus clientes e você ajudem outras pessoas. Esse deve ser o seu foco, e é o segredo da combinação do cofre.

Você deve oferecer critérios para as referências, porque você precisa de qualidade, não de quantidade, e é por isso que enfatizo "como você" em meu pedido. Por exemplo, você pode sugerir:

> As melhores referências são para pessoas com grande responsabilidade por "lucros e perdas", que gerenciam pelo menos 100 pessoas, e que tomam decisões e executam iniciativas para o desenvolvimento da liderança, por conta própria.

Ou:

> Consigo melhores resultados ao ajudar donos de pequenas empresas que dirigem negócios com receita anual de US$ 25 milhões a US$ 100 milhões, têm instalações em várias localidades e comandam pelo menos 200 empregados.

Você pode dar ao comprador opções de respostas afirmativas:

> Eu adoraria uma apresentação pessoal, mas, se você preferir que eu apenas use o seu nome, ótimo. É claro que, se você quiser, eu não usarei o seu nome, respeitarei a sua vontade.

Eis as respostas mais comuns que você ouvirá, e como reagir a elas:

Comprador: Você pode me dar algum tempo para eu separar alguns nomes?

Você: Claro. Qual é a hora mais conveniente na sua agenda, amanhã, e eu te ligo (ou passo por aqui)?

Comprador: Conheço algumas pessoas que poderiam precisar da sua ajuda, mas eu não as conheço pessoalmente.

Você: Ótimo, porque elas conhecem você. Posso citar o trabalho que estamos fazendo, em termos gerais?

Comprador: Aqui estão algumas pessoas que a minha equipe me passou.

Você: Obrigado, mas eu, na verdade, preciso de pessoas do seu nível. Como você sabe, projetos desse tipo só são aprovados em nível hierárquico mais alto. E, quando sou apresentado por pessoas em nível hierárquico mais baixo, é difícil chegar a quem tem autoridade para aprovar o projeto.

Para alguns leitores, essa abordagem talvez pareça assertiva demais, chegando às raias da agressividade. É possível que estejam certos. Mas, e daí? Você tem um comprador feliz, com quem você desenvolveu um relacionamento de confiança, e você está tentando obter ajuda do comprador para dar assistência a outras pessoas. Não há nada de errado em ser assertivo nessas condições.

Além disso, a alternativa de tentar conquistar novos negócios por conta própria exige muito mais assertividade, com probabilidade de sucesso muito mais baixa. Portanto, considerando a alternativa, a escolha não é tão difícil.

Comprador: Não sei se conheço alguém adequado.

Você: Para te ajudar, posso sugerir algumas fontes:
> ► Pares internos
> ► Pares em outras empresas
> ► Subsidiárias
> ► Matriz
> ► Fornecedores/provedores
> ► Membros de associações comerciais
> ► Clientes
> ► Colegas de atividades cívicas
> ► Conhecidos de atividades sociais
> ► Ex-colegas
> ► Ex-empregados
> ► Pares em clubes sociais e profissionais

Ao conseguir referências, vá atrás delas imediatamente. O ideal seria o comprador fazer a apresentação em pessoa, por telefone, ou por e-mail. Você também pode telefonar e dizer: "Joan Davis sugeriu que eu o procurasse".

O que você quer, o mais cedo possível, com a referência, é uma reunião, certificando-se de que a pessoa a quem você foi indicado é o verdadeiro comprador. E, nesse caso, é hora de construir o próximo relacionamento de confiança.

Mantenha o comprador anterior informado de seu progresso. "Liguei para o Tim, mas ele ainda não retornou", ou "Falei com a Lorraine, e me encontro com ela na próxima quinta, às 10 horas". Nunca dê presentes a empregados de empresas como reconhecimento pelas referências (veja minhas orientações em outro lugar deste livro sobre pagamento pelas referências fornecidas), mas uma nota de agradecimento é sempre bem-vinda, quaisquer que sejam os resultados da indicação. (Cuidado: a maioria das grandes organizações tem políticas sobre recebimento de presentes pelo pessoal, oferecidos por partes relacionadas. Portanto, não deixe o comprador em situação difícil.)

Finalmente, retribua. Dê referências do cliente a clientes potenciais, e deixe claro ao comprador que você as forneceu. Também indique talentos ao cliente, se ele estiver recrutando pessoal. Ofereça-lhe outros prestadores de serviços que não sejam seus concorrentes. E se você prestar esses favores antes do seu pedido de referências, você já terá estabelecido a obrigação informal de reciprocidade.

Obviamente, é possível obter referências de outras fontes — familiares, amigos, colegas de profissão, e outras. Aqui, porém, estamos tratando especificamente de situações relacionadas com o desengajamento do consultor depois da conclusão bem-sucedida do projeto. Se você está se afastando de um cliente feliz sem levar referências, você está deixando dinheiro na mesa, que você nunca recuperará.

Repetindo negócios com o mesmo cliente

Desengajar não significa desaparecer. Uma regra prática muito genérica sugere que, nas consultorias maduras, 80% dos negócios devem concentrar-se nos mesmos clientes e os 20% restantes devem envolver novos clientes. Esse último quinto é importante para renovar as abordagens e os desafios, para substituir clientes antigos, não importa de quem tenha sido a iniciativa, e para aprender.

No entanto, como a conquista de novos clientes é a parte mais difícil de qualquer negócio, e a mais dispendiosa, as referências de negócios para novos clientes e a repetição de negócios com os mesmos clientes são fundamentais para a continuidade do crescimento da empresa. Já tratamos das referências; agora resta falar sobre a repetição de negócios com os mesmos clientes.

A repetição de negócios com os mesmos clientes inclui:

- Mais trabalho do mesmo tipo para o mesmo comprador.
- Mais trabalho de tipo diferente para o mesmo comprador.
- Mais trabalho do mesmo tipo para outros compradores do mesmo cliente.
- Mais trabalho de tipo diferente para outros compradores do mesmo cliente.

É importante isolar essas várias possibilidades, para maximizar o potencial de repetição de negócios com o mesmo cliente. Quero insistir em que a repetição de negócios é com o mesmo cliente, mas nem sempre com o mesmo comprador. Portanto, o desengajamento pode ser com o comprador, mas não com o cliente, ou até desengajamento do velho projeto, no momento em que se inicia novo projeto com o mesmo comprador. É necessário, porém, terminar o velho projeto antes de iniciar o novo projeto – é preciso largar um para pegar outro.

O gráfico da Fig. 9.1 facilita a avaliação de suas opções.

	Mesmo trabalho	Trabalho diferente
Mesmo comprador	Expansão	Adição
Comprador diferente	Transferência	Exploração

Figura 9.1 – Opções na conclusão

Expansão

Chamo de expansão quando você continua prestando serviços adicionais, praticamente idênticos, ao mesmo comprador. Você está levando a mesma tecnologia, já implantada numa unidade, para outra unidade, sob o mesmo comprador. Ou está treinando outras 20 pessoas, além das 200 iniciais, ou fazendo coaching com outros cinco subordinados diretos.

A expansão exige que você tenha feito excelente trabalho com o atual comprador, avançando com muita rapidez, e que tenha gerenciado o projeto com extrema eficácia, gerando resultados tangíveis e *feedback* positivo (de acordo com as métricas do projeto) muito acima das expectativas. A expansão geralmente ocorre quando o comprador não ficou com a segunda, nem com a terceira opção de sua proposta, começando de maneira mais modesta.

Com base em minha experiência, cerca de 40% de todas as repetições de negócios são de expansão.

Evangelho

Você deve planejar a repetição de negócios em tantas categorias quantas forem possíveis. Esperar que o cliente tome a iniciativa é como ficar em casa esperando um telefonema. Você fica pensando se eles perderam o seu número.

Adição

Ao trabalhar com um comprador, você tem oportunidades de descobrir outras áreas de alto impacto, onde desempenhar papel decisivo.[2] Lembre-se disso e faça as suas investigações enquanto está no local ou trabalhando com o cliente a distância. Quase sempre é precipitado oferecer ajuda em novos projetos logo no começo do projeto em andamento, mas já se torna oportuno buscar novos projetos, depois de passar dos dois terços do prazo estimado do projeto em curso. (Ou antes, se a situação for urgente ou se a oportunidade for excelente.)

A adição envolve duas condições.

Primeiro, o cliente deve ter plena consciência da extensão de suas capacidades, para que você seja visto como prodígio e logo seja

---

[2] Observe que nunca falo exclusivamente de "problemas a serem resolvidos", porque os melhores clientes são mais bem servidos explorando oportunidades e elevando os padrões.

requisitado para novo trabalho, em novo projeto, de tipo diferente. Assim, você pode passar de um projeto de cargos e salários para outro de planejamento da sucessão, ou de um projeto de formulação da estratégia para outro de coaching em liderança.

Segundo, você deve levantar a questão ou estar pronto para responder se o cliente tomar a iniciativa. Quanto mais intensa for a relação de confiança, mais espontâneo será o processo. Minha experiência é que 30% de todas as repetições de negócios são de adição.

Transferência

A transferência ocorre quando se leva o atual projeto a novo comprador. Isso significa que o projeto de coaching ou de grupos de foco também será adotado por pares do atual comprador (ou por não pares que também são compradores).

Ao fazer uma apresentação sobre um projeto, para um grupo da alta administração de uma instituição financeira de Boston, conheci o vice-presidente executivo de uma instituição financeira europeia, com sede em Paris, que lá estava como visitante. Convidei-o a assistir à nossa reunião. Ele aceitou o convite, viu que seus colegas americanos tinham gostado muito dos resultados do projeto e que nossas soluções atendiam muito bem às necessidades deles, europeus, e contratou-me para repetir o trabalho em Paris.

Combinando algumas técnicas de referências, pergunte ao seu comprador com quem você deve conversar na organização. Apresente-se ao pessoal sênior de outras áreas. Estude o organograma e a hierarquia. Seu projeto de reestruturação ou suas técnicas de telemarketing tenderão a difundir-se muito bem na organização.

As transferências respondem por cerca de 20% de todas as repetições de negócios.

Exploração

Exploração é a difusão de diferentes ofertas do seu atual projeto para novos compradores, dentro da organização. Responde por apenas 10% da repetição de negócios, mas pode ser extremamente eficaz, se você estiver atento.

Fique de olhos e ouvidos abertos, e descubra uma maneira de ser apresentado a novos compradores, com novas necessidades, recorrendo a uma combinação de técnicas de adição e transferência. O ideal é envolver seu atual comprador, para aprender mais sobre as realidades políticas e culturais dessas áreas, e, tomara que sim, ser apresentado aos pares.

Os negócios de repetição são mais matizados e sutis do que você imagina, mas essa abordagem de quatro partes o ajudará a definir a estratégia ideal durante o processo de desengajamento.

Criando depoimentos e referências

Um vice-presidente da Revlon um dia concordou, feliz, em dar-me um depoimento. O depoimento nunca aconteceu. Insisti. O ciclo prosseguiu: promessa, omissão, cobrança, promessa, até cansar.

Numa visita de cobrança, pedi a um assistente uma folha de papel de carta timbrado e imprimi um depoimento que faria corar a minha mãe, falsifiquei a assinatura e o enviei para ele. "Se você não me der o depoimento prometido", garanti-lhe, "vou usar este".

Poucos dias depois, recebi o meu depoimento (legítimo).

Alguns dos leitores (tudo bem, *a maioria dos leitores*) não são assim tão agressivos, mas você pegou a ideia. Não se convence um cliente potencial, nem se paga a prestação da casa própria com uma promessa. Parte do desengajamento é garantir a maximização dos benefícios residuais do projeto bem-sucedido – chame-os de benefícios periféricos, além dos honorários, do aprendizado, e assim por diante.

Eis algumas técnicas para garantir o sucesso nessas questões.

Prepare o comprador

Como já observei, deixe claro, o mais cedo possível, o que você pedirá. Quando for muito grande a antecedência, o comprador não se ligará em algo tão distante e concordará, meio absorto e desatento. Afinal, ainda há muito tempo para refletir sobre a questão. Por precaução, registre-o por escrito ao longo do caminho:

> A propósito, muito obrigado por concordar em dar-me depoimentos e referências, à medida que o projeto avança. Voltarei ao assunto em cerca de 45 dias.

Sempre ofereça opções

A escolha de "respostas afirmativas" é muito importante aqui. Pergunte ao comprador se ele ou ela estaria disposto/a a:

▶ Servir de referência.

- Dar um depoimento escrito.
- Fornecer endossos para um livro ou outras publicações.
- Registrar o depoimento em vídeo.
- Ser coautor de um artigo.
- Oferecer referências.

Essa abordagem aumentará em pelo menos 50% suas chances de conseguir alguma coisa e, em geral, ela o leva a obter vários itens da lista. Preferências pessoais ou políticas empresariais às vezes impõem restrições; portanto, mantenha abertas as opções.

Procure outras pessoas além do comprador

Depoimentos e referências de não compradores podem ser altamente eficazes se eles estiverem muito familiarizados com o seu trabalho e os seus resultados. Uma pessoa de vendas que se relacione com clientes importantes e lhes explique como ficou muito mais fácil fechar negócios depois da implantação do seu sistema de vendas e um operador de *call center* que descreva o seu método de converter reclamações em pedidos são fontes extremamente valiosas.

Use multimídia

Poucos depoimentos são tão eficazes quanto os apresentados em vídeos breves (30 a 60 segundos), espontâneos e sem palco, em que um cliente descreve o poder de seus resultados e o profissionalismo de suas abordagens. É possível fazer algo do gênero com uma câmera modesta, sem necessidade de muita sofisticação, nada impedindo que você peça aos clientes para eles próprios fazê-lo e simplesmente enviar-lhe o arquivo.

Para clientes tímidos, um entrevistador invisível funciona muito bem.

Dê exemplos do que você precisa

Envie ao cliente depoimentos anteriores para criar precedentes. Explique por que eles são úteis (por exemplo, em papel timbrado da empresa), e como podem ser genéricos, sem revelar informações confidenciais (por exemplo, "ajudou muito em nossos esforços").

Garantia contra abusos

Diga ao cliente que você só usará o nome dele ou dela como referência com um comprador (um par) e apenas na fase da proposta. O cliente jamais será procurado por pessoal de baixo nível, nem por avaliadores. Tenha referências suficientes para alternar entre elas, e assegure ao cliente que ele não será procurado mais que uma vez por trimestre, no máximo.

No caso de depoimentos por escrito, explique onde e como ele será usado. Se sua intenção for incluí-lo num site, o cliente não deve recear que ele também conste de uma peça promocional, a não ser que você o diga. Ofereça garantias razoáveis e tranquilize o cliente, para não ser incomodado pelo departamento jurídico.

> **Evangelho**
>
> Se você fez um ótimo trabalho para o seu comprador e manteve o relacionamento de confiança, é provável que você continue oferecendo apoio contínuo, desde que apresente formas opcionais de fornecer esse apoio.

Se solicitado, escreva você mesmo, com opções

Alguns clientes dirão: "Reúna alguma coisa e a prepare para mim". Quando isso acontecer, nunca imponha um ultimato "pega ou larga". Ofereça três ou quatro versões diferentes do depoimento e deixe que o cliente escolha ou as combine. Prefiro não agir assim, a não ser que me peçam (prefiro dar depoimentos sobre outras pessoas, como já disse), mas, quando solicitado, quero aumentar minhas chances de sucesso.[3]

Com as referências, estipule o que se espera

Ajude o cliente a compreender que se espera que ele ou ela simplesmente confirme que:

- ► Você trabalhou com o cliente em um projeto ou projetos.
- ► Seu trabalho foi muito bem recebido.

---

[3] Faço isso o tempo todo quando endosso livros, e meu depoimento é quase sempre escolhido para a capa, porque ofereço ao autor e/ou editor opções entre as quais escolher ou a serem combinadas. Ninguém mais faz isso.

- O relacionamento de trabalho foi de confiança e respeito mútuo.
- Os termos, as condições e as metas da proposta foram cumpridos.

Não se espera que o cliente revele assuntos confidenciais, nem informações privativas. No caso de projetos diferentes, o cliente pode limitar-se a atestar o seu caráter e a sua ética de trabalho.

No atletismo, os melhores atletas executam e arrematam. Finalizam o movimento com esmero, não o interrompem abruptamente; alinham o corpo, completam os saltos, antecipam a próxima ação. Aqui também se exige o mesmo potencial de excelência.

Não se restrinja a terminar um projeto e a se autocongratular. Pense no desengajamento como o contexto que leva a novo engajamento, dentro ou fora da organização. Empenhe-se para cultivar a disciplina e a confiança para arrematar a execução com os cuidados adequados, e certifique-se de ter as competências necessárias para não se precipitar, esmerando no acabamento.

Você não está pedindo um favor. Você está em busca de meios para ajudar outros clientes com a sua diligência e valor, a fim de alavancar o seu sucesso no sucesso dos clientes.

Alavancagem no longo prazo

O aspecto final do desengajamento do projeto, cujo foco até agora foi mais no curto prazo, é pensar no longo prazo. Como gerar alavancagem, adotando como ponto de apoio o sucesso nesse projeto e explorando seu impulso duradouro (além do impacto prolongado dos fatores que já analisamos)?

A primeira vantagem, ostensiva e imediata, é a inclusão do nome do cliente em sua lista de clientes. Em geral, você pode usar o nome do cliente, citando-o como cliente, desde que ele não o proíba de agir assim. Muitas organizações não permitem o uso de seu nome; essa exigência, porém, geralmente é incluída em documento próprio ou como adendo à proposta. (Meu hábito é não tomar a iniciativa. Presumo a autorização para uso, na falta de disposição explícita em contrário.)

Você *não* pode, contudo, usar automaticamente o logotipo do cliente, que é propriedade exclusiva. Para tanto, é preciso permissão expressa. Portanto, embora seja ótimo incluir o logotipo da Exxon, da Boeing ou do McDonald's no seu site ou em seus impressos, os departamentos jurídicos dessas organizações podem não gostar do uso de sua propriedade. Sempre peça permissão. Às vezes, o comprador toma a iniciativa de preveni-lo dessa proibição.

Vou incluir aqui uma breve digressão de minha definição de *cliente*, pois concluí que o óbvio nem sempre é tão óbvio. Cliente é quem o remunera. Não considero cliente o beneficiário de um trabalho voluntário, a não ser que a entidade já o tenha pagado por algum outro trabalho, em algum momento.[4] A transação com o cliente envolve uma troca: valor para o cliente e remuneração justa para o consultor.

Faço, porém, as minhas reservas. Não considero que as transações de escambo envolvam clientes. Se você presta serviços à American Airlines e recebe em troca passagens aéreas gratuitas, essa relação, para mim, não seria entre cliente e provedor. Talvez você até considere justa a compensação, mas, para mim, o cliente que, de fato, reconhece o valor de sua contribuição sempre encontrará dinheiro para remunerá-la. Do contrário, o governo também seria seu cliente, uma vez que você trabalha boa parte do ano para sustentá-lo, em reconhecimento de serviços prestados, como a defesa nacional e a ordem pública. Você pegou a ideia.

Não confunda os fatos. Cliente paga. Em espécie.

Evangelho

Estejam, hoje, os clientes ativos ou inativos, eles ainda são clientes. Este é um negócio em que os clientes do passado, mesmo que hoje estejam inativos, ainda podem indicar clientes extremamente promissores.

O segundo item na lista de alavancagem no longo prazo é acompanhar os principais contatos e seus movimentos. Você descobrirá importantes dinâmicas em evolução:

- Ex-não compradores se tornaram compradores.
- Ex-compradores se tornaram compradores mais poderosos.
- Ex-compradores foram para novas organizações.
- Compradores de outros clientes vieram para esta organização.
- As necessidades evoluem como as de que você já cuidou.

---

[4] E nunca ofereça trabalho voluntário a organizações com fins lucrativos.

É possível acompanhar essas mudanças e evoluções:

- Enviando de vez em quando bilhetes e cartões de festas a todos os contatos.
- Usando o Google Alerts.
- Lendo a imprensa comercial.
- Participando de convenções setoriais e profissionais.
- Assinando publicações internas de empresas.

Esses acompanhamentos geram amplas oportunidades para você reengajar-se com velhos compradores e oferecer bons pretextos para reunir-se com novos compradores potenciais. Essas técnicas são muito melhores do que as chamadas a frio e oferecem muito mais chances de propiciar bons negócios. Lembre-se de que, apesar do seu bom trabalho, os melhores compradores vão embora e, em muitos casos, a lembrança de seus serviços se desvanece com eles. Daí o último marcador na primeira categoria: lembre aos novos compradores que eles não precisam reinventar a roda — você já a inventou para eles, dois anos atrás.

Terceiro, desenvolva estudos de casos, baseados em suas experiências com os clientes. Eles podem ser usados como material de apoio em palestras, em entrevistas, em relatórios de posicionamento e em artigos. Três são os tipos de estudos de casos:

1. Estudos de caso cegos, porque você não tem permissão para usar o nome do cliente ou detalhes particulares, devido à confidencialidade. Sem problema, e você, frequentemente, pode fazer um amálgama de vários. "Em uma grande instituição financeira internacional..."

2. Obtenha permissão do cliente para usar um estudo de caso que abrilhante ainda mais o cliente. Quase sempre isso exige a aprovação do departamento jurídico do cliente, mas vale a pena esperar. Não raro se vê esse tipo de estudo de caso em periódicos profissionais.

3. Seja coautor de um longo estudo de caso com o seu comprador ou com outros executivos do cliente. Em geral, esse é um forte apelo ao ego do cliente, renderá para você um público garantido em publicações de respeito (como *Harvard Business Review*) e é, em si, poderosa demonstração de capacidade.

O recomendável é produzir uma dúzia de estudos de caso cegos por ano, assim como outros identificados. Lembre-se, você não recebe se não pedir.

Quarto, desenvolva seu modelo e sua metodologia.

Todo cliente é um laboratório pessoal que lhe permite praticar o ofício, modificá-lo conforme as necessidades e experimentar novas abordagens. Como você não está lidando com materiais perigosos, nem com novas formas de vida, seus experimentos são inofensivos, mas vitais para o seu crescimento.

➤ Haveria como abreviar o tempo de execução?
➤ Você precisa de mais ferramentas estratégicas ou táticas?
➤ Você pode entrar em novos mercados ou setores?
➤ Seria possível transferir mais trabalho burocrático para o cliente?
➤ Seria melhor para você o trabalho remoto?

Você faz o melhor para cada cliente, mas o seu melhor precisa melhorar sempre! (Do contrário, você cai na armadilha do sucesso.) Avalie todos os contratos depois de concluí-los, ao deixar o cliente, para definir o que você aprendeu e como incorporá-lo ao seu modelo no futuro, e para identificar o que não ocorreu conforme o planejado e como prever melhor esses incidentes nos próximos contratos.

À medida que você progride na carreira e passa a dizer aos clientes potenciais "trabalhei para organizações como Mercedes-Benz, JPMorgan Chase, Federal Reserve, General Electric, Hewlett-Packard...", a ponto de fazer uma pausa para tomar fôlego, é provável que o cliente em perspectiva simplesmente responda: "Ótimo. Vamos falar sobre a nossa operação". Em outras palavras, você não precisa de outras credenciais, depoimentos ou referências. Só esses nomes já fazem diferença.

Até chegar a esse ponto, use as técnicas sugeridas neste capítulo. Depois de chegar a esse ponto, continue a usá-las com frugalidade, como mostrei no parágrafo anterior.

Todos os envolvimentos com clientes chegam ao fim. Se não, em vez de relacionamento de consultoria, seriam relacionamentos de codependência, e você pagaria a outra pessoa para sair dessa!

—————— SEÇÃO IV ——————

ATOS DOS APÓSTOLOS: IMPLANTANDO METODOLOGIAS DE CONSULTORIA

Como melhorar as condições do cliente.
Primeiro, você talvez tenha de fazer algum mal.

—————— Capítulo 10 ——————

Metodologias interpessoais:
primeiro, as pessoas

Coaching

Nesta seção, enfrento a tarefa árdua de mostrar-lhe a marina sem permitir visitas de inspeção aos barcos.

Dediquei três capítulos às metodologias de consultoria, porque a missão do livro é cobrir todos os aspectos da consultoria: entrada, marketing, proposta, execução, ética, equilíbrio da vida, e assim por diante. Portanto, o que segue é um oximoro: "visão geral detalhada". Aperte os cintos.[1]

Coaching é algo que todos os consultores sempre fizeram. Ao executar um projeto, você quase sempre está ajudando o seu comprador e outros a praticar as ações e a adotar os comportamentos necessários para o sucesso. Qualquer consultor que trabalhe em condições de honorários fixos e periódicos sempre atua, necessariamente, como *coach*. O movimento dos últimos dez anos de segregar o coaching como algum tipo de especialidade é bizarro. Os melhores coaches são os que estão familiarizados com outras áreas, como dinâmica organizacional, gestão de mudanças, formação de equipes, e temas afins. A maioria dos coaches, com graduação e certificação pelas chamadas universidades de coaching, tem visão muito limitada do universo organizacional, como aquela proporcionada pelo olho mágico das portas de segurança.

Além disso, quem certifica os certificadores?

---

[1] Para aprendizado extenso e em profundidade, tente meus livros: *Process Consulting* and *Organizational Consulting,* ambos pela John Wiley & Sons. Pela IDG/ Macmillan: *The Unofficial Guide to Power Management.* Você também os encontra em meu site. Finalmente, veja meu livro *Coach de ouro: como alcançar o sucesso em uma atividade atraente e rentável* (Bookman, 2012).

Coaching não é mentoria. Esta última é um tipo de relacionamento reativo, como placa de ressonância. O coaching é assertivo e proativo.

Aplica-se o coaching a indivíduos e a equipes, mas a distinção não faz muita diferença, pois as equipes são compostas de indivíduos.

O principal aspecto a distinguir de imediato é se o comprador é também seu cliente. O comprador é a pessoa que autoriza o cheque para remunerá-lo pelo valor agregado. O cliente é a pessoa física ou jurídica cuja condição você está tentando melhorar. Portanto, o comprador pode contratá-lo para que você o ajude ou para que você ajude um subordinado dele.

Nessa última hipótese, defina imediatamente qual destas duas opções escolher:

1. O coaching é absolutamente confidencial entre o cliente e o coach, e o comprador só está pagando os honorários para se beneficiar com o sucesso do cliente.
2. O coaching envolve o comprador, em termos de progresso e *feedback*, e não é confidencial exclusivamente entre o coach e o cliente.

Depois de se enquadrar numa das hipóteses acima, assegure-se de que as três partes compreendem com absoluta clareza as regras de engajamento. Na primeira situação, você deve recusar-se a atender a qualquer pedido do comprador sobre detalhes ou aspectos específicos. Na segunda, você deve advertir o cliente de que o que for discutido será compartilhado com o comprador.

Digressão

Meu hábito, em todas as organizações, quando alguém diz: "Gostaria de lhe dizer algo confidencial", é responder: "Antes de você fazer isso, saiba que verificarei se a questão afeta significativamente o bem-estar do meu cliente, e me reservarei o direito de informar ao cliente se eu considerar necessário. Você ainda quer me dizer alguma coisa? Também o lembrarei de que não há segredos de verdade em nenhuma organização quando duas pessoas sabem alguma coisa.

A maneira adequada de iniciar um trabalho de coaching, depois de identificar o comprador e o cliente, é:

- Definir objetivos comportamentais; por exemplo, liderar, respeitando horários e programando agendas, permitindo que os participantes falem com liberdade e resumindo os passos subsequentes, antes de encerrar a sessão.
- Estabelecer medidas de sucesso; por exemplo, a agenda das reuniões focará em resultados, não em tarefas, e serão distribuídas com pelo menos 48 horas de antecedência.
- Determinar o valor de cumprir os objetivos; por exemplo, a duração e a frequência das reuniões diminuirá em pelo menos 20%, e as queixas dos participantes serão reduzidas a zero.

Percebeu o que fizemos? Acordo conceitual!
Escolha, então, suas metodologias, que podem incluir:

- Observação e acompanhamento, como se você atuasse como sombra (*shadowing*), participando passo a passo de sua agenda diária.
- Iniciação de avaliações de 360 graus, em que você entrevista pares, subordinados, superiores, clientes, e outros, buscando fatos e padrões.
- Ensaios e representações (*role playing*) de avaliações, palestras e similares.
- Observação e *feedback* de eventos específicos, como telefonemas de vendas, reuniões de Conselho, ou até situações gravadas, das quais você não pode participar.

Evangelho

Seu objetivo é melhorar as condições do cliente, em prazo razoável, para que o cliente sustente a melhoria. O desengajamento é ainda mais importante em trabalhos de coaching, para não criar codependência.

Nota: Não sou crente convicto de testes aleatórios e de *feedback*. Até os testes mais validados decorrem da observação de comportamentos aberrantes, não da diferenciação de comportamentos saudáveis.

Muitos são os testes que rotulam as pessoas. Infelizmente, o que mais se encontra por aí são testes baratos e inexatos, que só servem para melhorar o fluxo de receita dos coaches. Cuidado, comprador!

Eis oito requisitos para o sucesso do coaching:

1. Apoio claro do comprador.
2. Química positiva com o cliente.
3. Expectativa razoável de melhoria, em prazo razoável.
4. Acesso a condições e a situações fundamentais para a melhoria.
5. Relatórios e *feedbacks* francos e frequentes.
6. Recomendações específicas (em vez de "Atue mais como jogador de equipe").
7. Reatividade rápida em ambos os lados.
8. Desengajamento inequívoco e respeitado.

Na condição de coach, você *nunca* é terapeuta (mesmo que tenha formação e credenciais). Não se envolva em questões pessoais (os coaches de competências para a vida raramente têm credenciais, exceto a denominada certificação universitária).[2] Foque nos seguintes fatores críticos:

▶ Observe os comportamentos; não especule sobre os motivos.
▶ Busque exemplos no contexto, em vez de boatos.
▶ Mude o comportamento mediante apelos aos interesses próprios esclarecidos, não por meio de coerções.

Facilitação

O aspecto fundamental e primordial da facilitação é chegar a um acordo com o cliente a respeito de você estar ou não fornecendo capital intelectual.

Quando eu conversei com o CEO de uma empresa de US$ 1,5 bilhão, com relação a minha ajuda na direção de um seminário sobre estratégia, uma de suas primeiras perguntas foi: "Você vai fornecer capital intelectual?". Gostei da pergunta.

---

[2] Um anúncio real na internet oferecia "Certificação de coach para a vida em um dia", por US$ 495,00.

Vamos definir facilitação para nossos propósitos aqui:

> Facilitação é o ato de organizar e conduzir uma reunião, de maneira a alcançar os objetivos da reunião, incluindo próximos passos, datas, prazos e responsabilidades.

A reunião pode ser formal ou informal, sobre questões táticas (necessidade de melhorar a comunicação entre representantes de campo e pessoal de marketing) ou questões estratégicas (que mercados têm o potencial mais alto de expansão). Como consultor, você é a pessoa mais adequada para o exercício dessa função, porque você é (ou deve ser) imparcial, familiarizado com as melhores práticas, especialista no processo de facilitação e confiável.

Duas são as condições que devem prevalecer em termos de capital intelectual:

1 Você apenas dirige a reunião; garante que todos sejam ouvidos (ver passo 5, regras de engajamento, na lista seguinte); organiza as contribuições e sugestões; e resume os acordos, assim como os desacordos remanescentes. Você pode fazer tudo isso conhecendo o processo de facilitação, além de ter alguma familiaridade sobre o *conteúdo* dos assuntos ou sobre o cliente. Essa é a forma menos valiosa de facilitação.

2 Você executa as atribuições do item 1, mas também expõe suas próprias ideias sobre a validade das sugestões, sobre o que você acha que funcionou ou não funcionou em outros contextos, sobre os riscos que não foram analisados, e assim por diante. Você é membro ativo e opinante da conversa. Você deve estar informado e familiarizado, mas não precisa ser especialista. Essa é a forma mais valiosa de facilitação.

Você pode facilitar um evento como parte de um processo mais amplo, ou simplesmente para alcançar um propósito específico. Em ambos os casos, certifique-se de que o cliente (e, talvez, os participantes) reconhece e aceita o seu papel. Se a situação for a da primeira hipótese acima e você quiser expor suas sugestões, talvez ocorram desentendimentos. Se a situação for a da segunda hipótese e você simplesmente agilizar a discussão, a sensação será de que você não é muito valioso. Você deve cobrar muito mais pela segunda hipótese; portanto, esteja certo de que você e o comprador estão falando a mesma língua, e, então, defina com exatidão o seu papel, conforme as regras de engajamento da sessão.

Evangelho

A facilitação deve envolver debates, desacordos e até desentendimentos. Um de meus clientes chamou esse processo de "pôr o rato morto sobre a mesa". A frase é pouco elegante, mas muito adequada.

Eis nove passos para a facilitação excelente:

1. Acordo com o comprador quanto aos objetivos da sessão (quais são os resultados desejados) e o seu papel, como já vimos.

2. Agenda da reunião, distribuída com antecedência, com os objetivos almejados, que podem ser um ou mais itens.

3. Instalações adequadas, com espaço suficiente, recursos de áudio e vídeo, além dos indefectíveis comes e bebes.

4. Entendimento quanto a prazos, para evitar desavenças e interrupções, consenso sobre a não utilização de celulares e a não verificação de e-mails, horários e duração de intervalos (proibido voltar para o escritório).

5. Regras de engajamento:
   - Seu próprio papel.
   - Todos serão ouvidos, sem interrupções, mas sem discursos.
   - Foco em fatos, não em personalidades. Necessita-se de evidências e de observações.
   - Como será o resultado final: próximos passos, prestação de contas.
   - Caso se esteja gravando, como serão usadas as gravações? (Sempre desaconselho gravações, pois elas inibem a participação e comprometem a espontaneidade. Escreva em grandes folhas presas em cavaletes [*flip charts*], com boa visibilidade.)
   - Quanto tempo se destinará a cada tema ou fase (para evitar conversa fiada e discussões infindáveis).

   - Qual será a forma da decisão final:
     - O líder decidirá, com base nos debates.
     - O grupo decidirá por consenso. (Consenso é algo com que se vive, mas pelo qual não se morre.)

6 Trate de quaisquer questões ainda pendentes e, então, comece.

7 Cumpra os horários e prazos com firmeza.

8 Numere ou organize de outra maneira as notas coletadas, para posterior compilação.

9 Resuma os acordos e os passos seguintes.

Muitos clientes fornecem pessoal administrativo para compilar as notas esparsas e as folhas de cavalete, ou transcrever as gravações. Você sempre deve pedir esse apoio, pois ele reduz em muito a intensidade do seu trabalho.

Eis algumas dicas sobre os desafios mais comuns no trabalho de facilitação:

> O líder assume. Você deve chegar a um acordo prévio com o líder hierárquico e os líderes de equipe no sentido de que todos são pares naquele recinto, no que tange às interações. Talvez seja necessário interromper e dizer: "Tom, no meu entendimento, esse é o seu argumento. Agora, vamos ouvir como os outros reagem a isso".

> Se os participantes se prolongarem demais em um assunto, pergunte ao grupo: "Parece que Lisa e Laura são as duas únicas que acreditam que devemos ir para a esquerda. Eu estaria certo se afirmasse que as outras dez pessoas aqui presentes querem ir para a direita?". *Você está atrás do consenso, não da unanimidade.*

> Se ninguém quiser assumir a responsabilidade por certas tarefas, vire-se para o grupo e pergunte: "Quem seria mais eficaz na execução dessa tarefa?". Como alternativa, você pode perguntar ao líder hierárquico: "Talvez você deva escolher alguém. Quem é a melhor escolha?".

> Se o tempo começar a escassear, separe os assuntos em fases ou subdecisões, e diga ao grupo que você destinou 15 minutos para cada item. Discussões prolongadas raramente melhoram a qualidade das decisões e, em geral, não passam de procrastinação. Faça cumprir os horários: "Mais 15 minutos não mudará a situação".

A facilitação exige absoluta objetividade de sua parte, tendo em mente os melhores interesses do cliente, não os interesses de uma facção ou bloco. É possível que, às vezes, alguém de quem você, pessoalmente, não goste ou que seja extremamente inábil no relacionamento interpessoal esteja absolutamente certo sobre determinada questão! Você é o juiz, não o júri.

Mantenha a ordem no tribunal, não admita atos de indisciplina, mas ajude-os a chegar a um veredito ponderado e justo.

Solução de conflitos

Pela minha experiência, no âmbito das organizações, 98% dos conflitos são sobre duas questões: *objetivos* ou *alternativas*. Poucas são as ocasiões em que há problemas interpessoais, transtornos comportamentais e química inadequada.

Mas as causas da maioria dos conflitos no ambiente de trabalho que você será chamado a intermediar (uma vez que o seu papel não é de psicólogo, nem de terapeuta) são as seguintes:

Objetivos

As pessoas estão em divergência legítima sobre o destino, o produto, as metas, ou os resultados. As equipes e as lideranças de vendas e de recursos humanos estão às turras sobre até que ponto os vendedores devem ser recompensados pelo desempenho, por pior que o restante do pessoal assalariado seja remunerado em um ano negativo. Os executivos discordam sobre investir no negócio ou pagar grandes bônus.

Alternativas

As pessoas estão em divergência legítima sobre o percurso para o destino. Concordam quanto aos objetivos e produtos, mas discordam quanto aos métodos. A alta administração está de acordo quanto às metas de expansão, mas entra em desacordo quanto a investir na Europa ou na Ásia. A gerência do *call center* está dividida quanto à tecnologia necessária para incluir as informações sobre clientes na tela dos representantes de serviços.

Observe que "legítimo" aqui exclui as inevitáveis batalhas políticas e sectárias. Isso porque, ao seguir as técnicas aqui recomendadas, você força o pessoal do cliente a lidar com comportamentos e evidências observáveis no contexto.

> **Evangelho**
>
> Conflitos sobre os melhores interesses da organização são comuns, saudáveis e desejáveis. Nunca tente eliminá-los. Resolva-os para que os resultados positivos venham à tona.

Conflito sobre objetivos

Esse tipo de conflito diz respeito a quais serão e quão importantes serão os resultados – sobre o que fazer.

Áreas de conflito típicas em pequenas empresas são:

► Tamanho da empresa
► Propriedade e sucessão
► Acréscimo de produtos e serviços
► Expansão

Áreas de conflito típicas em organizações sem fins lucrativos são:

► Uso e quantidade de voluntários
► Rendimentos do trabalho e rendimentos financeiros, como proporção da renda total
► Fusão ou incorporação com outros grupos
► Papel na comunidade

Áreas de conflito típicas em grandes organizações são:

► Aquisição de tecnologia adequada
► Nível dos serviços aos clientes
► Intenção dos planos de incentivos e dos bônus por desempenho
► Marca e posicionamento

Eis seis passos para lidar com conflitos sobre objetivos:

1 Estabeleça quem é o responsável pela decisão e quem tomará a decisão final. Trata-se quase sempre de pessoa, não de comitê. Não pode ser decisão consensual ou grupal.

2 Reúna os principais *stakeholders* e os colaboradores do processo decisório, como grupo.

A Bíblia da Consultoria **205**

③ Tente chegar a um acordo quanto às necessidades a serem atendidas. O que é absolutamente necessário para caracterizar o sucesso?

④ Procure a conciliação, quando possível.

⑤ Trabalhe com as pessoas, individualmente, depois da reunião, se for necessário fazer concessões e aceitar conciliações ou acomodações, evitando choques de egos, como ocorre nas reuniões.

⑥ Permita que o responsável pela decisão tome a decisão final.

Conflito sobre alternativas

Esse tipo de conflito diz respeito a como fazer as coisas. Áreas de conflito típicas em pequenas empresas são:

- ▸ Alternativas de publicidade
- ▸ Práticas de remuneração e opções
- ▸ Que produtos e serviços manter, descartar e/ou adicionar
- ▸ Busca de recursos de financiamento

Áreas de conflito típicas em organizações sem fins lucrativos são:

- ▸ Candidatos para os Conselhos de Administração e Consultivo.
- ▸ Maneiras de solicitar doações, subscrições e inscrições
- ▸ Número de eventos a apoiar, realizar e criar
- ▸ Uso de voluntários

Áreas de conflito típicas em grandes organizações são:

- ▸ Promoções e atribuições
- ▸ Técnicas de vendas diretas e indiretas
- ▸ Métodos para melhor promover o desenvolvimento de produtos e P&D
- ▸ Opções de expansão e crescimento

Eis seis passos paras lidar com conflitos sobre alternativas:

① Estabeleça quem é o responsável pela decisão e quem tomará a decisão final. Trata-se quase sempre de pessoa, não de comitê. Não pode ser decisão consensual ou grupal.

② Reúna os principais *stakeholders* e reconfirme o acordo sobre os objetivos e metas (que, neste caso, não são objetos de conflito).

③ Liste as alternativas com as recompensas e os riscos (*todas* as opções envolverão riscos correlatos), e avalie se em algum caso um lado supera o outro nitidamente, quando analisados objetivamente.

④ Procure combinar e conciliar as alternativas, para captar e evitar os melhores e os piores traços, respectivamente.

⑤ Sempre que necessário, crie novas alternativas com que todos possam conviver.

⑥ Permita que o responsável pela decisão tome a decisão final.

No caso de conflito sobre alternativas, o responsável pela decisão às vezes pode permitir que o grupo chegue a uma conclusão consensual e a execute, uma vez que os objetivos e a organização não estão em perigo – todos concordam quanto à intenção e os resultados. Quando, porém, os conflitos estão acima dos objetivos – quando os objetivos individuais não são compatíveis com os objetivos da organização – a decisão nunca pode ser tomada pelo grupo.

Esse critério simples forçará as pessoas a estudar com objetividade e racionalidade os benefícios, os riscos, os fatos e as evidências. Qualquer tentativa de forçar ou direcionar uma decisão ficará clara e transparente.

Obviamente, você atua como facilitador em situações que envolvem grupos, o que lhe possibilita determinar se seu capital intelectual é adequado. O erro mais grave que os consultores cometem nessa área é atribuir todos os conflitos a problemas de personalidade. Não faça isso.

Negociação

O ideal é que a negociação produza duas pessoas felizes (ou lados, ou facções, ou blocos). Raras vezes, porém, esse é o resultado, pois as pessoas não compreendem o processo.

Absolutamente fundamental na negociação é identificar os "precisares" e diferenciá-los dos "quereres", nunca confundindo os dois estados. Aqueles devem ser atendidos, mas estes podem ser conciliados.

"Precisares"

Um "precisar" tem três características:

1 *Fator crítico de sucesso da missão ou decisão.* Se não forem atendidos ou protegidos, você fracassará. Obviamente, muitos poucos itens serão de fato "precisares", quando se considera essa definição. Seguir certo percurso para chegar ao teatro pode ser ótimo, mas não é de modo algum essencial para aproveitar o espetáculo, a não ser que por outros percursos você não chegue lá antes do início da sessão.

2 *Mensurável por todas as partes.* É importante reconhecer não só sua existência, mas também o cumprimento de suas condições. "Preciso me sentir feliz" ou "As pessoas parecerão mais confiantes" não são objetivos mensuráveis, a não ser que você especifique os meios (por ex., menos itens que exijam a aprovação da alta administração).

3 *Realista.* Talvez seja importante que você cante em um evento, se você for o protagonista de um musical. Sem dúvida, podemos avaliar o seu desempenho; se, porém, você não tiver voz, a expectativa é irrealista.

"Quereres"

Um "querer" é algo não indispensável, mas desejado. Os "quereres" variam em importância.

- "Quereres" extremamente importantes pertencem, em geral, ao universo dos "precisares". Por exemplo, se o "precisar" for "não gastar mais que US$ 10.000", o "querer" será "gastar tão pouco quanto possível". Se o "precisar" for "disponível em duas semanas", então, o "querer" será "disponível tão cedo quanto possível", *a não ser que* "mais cedo" seja desvantagem, não vantagem (por ex., o espaço não está pronto — você já teve, alguma vez, de aterrissar num aeroporto congestionado, sem espaço para desembarque, e ficar sentado na classe econômica do avião, em terra, durante duas horas, com os banheiros naquele estado típico de fim de viagem?

- *"Quereres" moderados são fatores positivos e relevantes.* Você também pode optar por melhorar sua reputação, aprimorar a estética,

208 A Bíblia da Consultoria

ou atrair mais talentos para a empresa. Observe que os desejos não precisam ser mensuráveis.

► *"Quereres" pouco importantes são estritamente periféricos*, e podem significar que você também conheceu algumas pessoas interessantes ou aprendeu uma nova competência.[3]

Acho que agora você compreende o método do meu método. Você quer ajudar ambas as partes a atender aos seus "precisares", ainda que sacrificando ou até abandonando alguns "quereres". O abandono é melhor nos casos pouco importantes; a conciliação ou o compromisso é preferível nas situações mais ou menos importantes; e a preservação é indicada nas hipóteses muito importantes.

No entanto, até os "quereres" altamente importantes podem ser sacrificados para preservar os "precisares".

Evangelho

Seu papel como consultor é em geral ajudar os outros a negociar com sucesso, e às vezes a negociar para si próprio com sucesso!

Em algumas ocasiões, você negocia para acelerar a execução de um projeto, porque nem mesmo o poder e a influência do comprador ajudam muito, e as pessoas que estão resistindo têm interesses legítimos para fazerem oposição. Em outras ocasiões, você pode ser chamado para atenuar o que parece oposição intratável.

(Observe que facilitação, solução de conflito e negociação se sobrepõem significativamente em muitas circunstâncias. Por isso é que você precisa focar em resultados, não em alguma metodologia específica. Nunca se limite a uma só pirueta.)

A metodologia de negociação bem-sucedida geralmente envolve alguma combinação dos oito passos desta abordagem:

1 Identifique quem são os responsáveis pelas decisões e os envolva ativamente no processo. É frustrante e demorado usar pessoas que são meros intermediários e que não podem comprometer-se por si sós num curso de ação.

---

[3] Para excelente análise desse processo, ver *The New Rational Manager*, de Chuck Kepner e Benjamin Tregoe (Princeton Research Press, 1997).

A Bíblia da Consultoria **209**

2 Converse com ambas as partes, uma de cada vez, e compreenda com clareza seus "precisares" e "quereres". Elas provavelmente não estão acostumadas a raciocinar e a se expressar dessa maneira; portanto, ajude-as com as definições e categorizações. Sempre deve haver relativamente poucos "precisares".

3 Ajude a categorizar os "precisares" de alta, média e baixa importância.

4 Reúna ambas as partes e atue como facilitador da discussão. Estipule as regras básicas e ajude a manter a ordem. Contribua com seu próprio capital intelectual, mas *nunca* tome partido. (Se você for uma das partes na tentativa de executar seu próprio projeto, foque nos "precisares" e nos "quereres" de alta importância da outra parte.)

5 Promova várias reuniões, se necessário. Garanta a brevidade de cada uma delas, não permitindo que se estendam em demasia.

6 Procure combinar "precisares" e "quereres" de alta importância sempre que for possível.

7 Se os dois lados forem incapazes de fazer concessões e de assumir compromissos, apresente suas próprias sugestões para a conciliação, sem tomar partido. Se isso fracassar, saliente as consequências adversas do impasse para as duas partes, se não chegarem a um acordo e sejam obrigadas a aceitar uma solução coercitiva. (Por exemplo, a alta administração, cansada dos atrasos, simplesmente impõe uma alternativa detestável para ambos os lados, que ignora e prejudica todos os "precisares".)

8 Quando se chegar a um compromisso de conciliação, defina-o por escrito, com clareza, e nele inclua as responsabilidades de todos os principais *stakeholders*, para manter as concessões indispensáveis ao sucesso.

As negociações são um aspecto informal direto de todas as organizações ("Se você trouxer o café, eu faço as cópias") e são um processo saudável quando se destinam a resolver impasses. Elas tendem a gerar muito maior comprometimento com o novo curso de ação, por mais imperfeito que seja, do que a mera coerção (poder hierárquico), que, na melhor das hipóteses, impõe conformidade, a qual, em geral, é temporária, não espontânea, e eficaz apenas contra transgressões).

As partes em negociação devem ser pares, ou, pelo menos, ver-se a si próprias como pares, para os propósitos da negociação. Nunca presuma que um lado é prejudicado só porque discorda. As pessoas seguem seus interesses próprios, que nem sempre são contrários aos de outras partes ou aos da organização, mas podem tornar-se opostos.

Nesse caso, não entre em conflito. Negocie.

Desenvolvimento de habilidades e competências

Em muitos casos, você será chamado para melhorar as habilidades e competências do pessoal do cliente, em grupos (não por meio de coaching, como já analisamos). Tipicamente, esse processo é denominado treinamento.[4] A escritora Maya Angelou disse certa vez: "Você treina animais, você educa pessoas". Constata-se uma tendência entre os professores das escolas do ensino fundamental e do ensino médio de torcerem o nariz quando são chamados de "professores", e de se autodenominarem "educadores". Protocolo comum e ridículo em treinamento, que remonta a décadas, sustenta que existem quatro níveis[5] de avaliação do treinamento quando, de fato, o único critério realmente importante são os resultados.

Deixando de lado a terminologia, o resultado deve consistir em melhoria do desempenho. E, apesar dos questionamentos, treinamento é atividade e profissão nobre. Isso porque seu propósito autêntico deve ser igual ao dos consultores: melhorar as condições do cliente.

Nesse caso, a metodologia para essa melhoria consiste no desenvolvimento de habilidades e competências. Observe que é possível treinar as pessoas em novas habilidades e competências, mas não em comportamentos. Mudam-se comportamentos, com eficácia um tanto limitada, por meio de coaching (por exemplo, alguém tímido, retraído e hesitante não se transformará em pessoa de vendas agressiva, durante 40 horas por semana – a mudança é muito estressante); mas

---

[4] Neologismo muito em voga hoje é referir-se a "um treinamento". Você pode ter uma sessão de treinamento, um workshop, ou um seminário, mas "Vou ter um treinamento".

[5] Donald Kirkpatrick, acadêmico, referiu-se pela primeira vez a essas ideias em 1959.

melhoram-se habilidades e competências, com muito mais eficácia, por meio de treinamento.

A Segunda Guerra Mundial foi um período muito importante para o avanço do treinamento, cujos profissionais ajudaram milhões de trabalhadores a produzir equipamentos e munições em larga escala; formaram multidões de mulheres que, pela primeira vez, entravam na força de trabalho; e transformaram em soldados batalhões de novos recrutas de origem rural. (A maioria, até 1941, nunca tinha se afastado mais de 100 quilômetros de casa.)

As empresas do pós-guerra adaptaram muitos dos princípios que funcionaram tão bem para melhorar o desempenho humano nas organizações. As atividades de treinamento se desenvolveram e se expandiram, como profissão e como negócio, na forma de empresas especializadas. Como consultores, temos a opção de oferecer treinamento nós mesmos ou, ao identificarmos a necessidade, contratar recursos externos mediante terceirização.

Para contextualizar o treinamento, o diagrama da Fig. 10.1 pode ser útil.

Figura 10.1 – Componentes do trabalho

A maioria dos trabalhos envolve três componentes:

1 *As habilidades físicas necessárias*, que, em geral, podem ser substituídas pela mecanização e pela automação. O caixa de um banco movimenta dinheiro através do guichê, o repórter digita no teclado, o piloto de avião maneja o manete e o manche.

2 *As competências adequadas*, como fazer cálculos e separar troco para o caixa, técnicas de entrevista, fluência verbal e produção de textos para o repórter, e navegação para o piloto.

3 *Comportamentos apropriados*. O caixa precisa ter alto grau de paciência para tarefas repetitivas; o repórter deve ser muito assertivo para conseguir respostas de políticos; e o piloto deve manter-se calmo sob pressão em situações de mau tempo ou de disfunção mecânica.

Todos os três componentes variam conforme o trabalho e são indispensáveis para o sucesso. Por isso é que a promoção impulsiva e repentina do melhor vendedor para gerente de vendas ou do melhor fotógrafo para editor de fotos é precipitada e arriscada, embora seja instintiva, intuitiva e repetitiva. As habilidades, competências e comportamentos mudam à medida que se avança na hierarquia.

Evangelho

O desempenho no passado não é indicador confiável de desempenho no futuro. As pessoas devem ser selecionadas com base nas habilidades, competências e comportamentos indispensáveis.

Observe que não é possível treinar as pessoas em atributos como calma, paciência e assertividade. Treinamento é diferente de coaching. Bob Mager, uma das maiores autoridades em treinamento e desenvolvimento, sempre recorre a um exemplo clássico: "O empregado poderia fazer o trabalho se a vida dele dependesse de seus resultados?". Se a resposta for não, o empregado não está preparado para a execução do trabalho, e você está com um problema de treinamento de habilidades e competências. Se a resposta for sim, o empregado, na situação presente, poderia fazer o trabalho. Resta, então, um problema de comportamento/atitudes.

Eis quatro passos que o ajudarão a oferecer treinamento adequado e eficaz, quando necessário:

1. Certifique-se de que a questão pode ser remediada ou melhorada pela aquisição de novas habilidades e competências, pelo aprimoramento das atuais habilidades e competências, ou pelo desenvolvimento de novos conhecimentos e experiências.

2. Defina quais devem ser os resultados e o que você e o cliente medirão para avaliar a eficácia do treinamento.

3. Desenvolva o programa mais breve possível (ou o adquira usando outros recursos) que combine os seguintes elementos:
   - O que o pessoal deve aprender (conteúdo), por meio de discussão, demonstração e/ou experiências.
   - Por que é importante desenvolver essas habilidades e competências (interesse próprio e comprometimento) e como elas contribuirão para os resultados da organização.
   - Como será feito, em termos de técnicas, metodologias e apoio específicos, e assim por diante (inclusive recursos tecnológicos, quando adequados).
   - Exemplos de resultados apropriados.
   - Prática de aplicação das habilidades e competências em estudos de casos, representação de papéis, testes, oportunidades de baixo risco, e assim por diante.
   - *Feedback* sobre o desempenho, com aconselhamento e subsequente aprimoramento.
   - Aplicação no trabalho em si, com *feedback* contínuo, de superiores, pares, treinadores, e assim por diante, até domínio e domínio da função.

4. Avalie os resultados, pedindo aos superiores, aos clientes e a outras partes interessadas evidências da melhoria do desempenho, depois do treinamento, em cotejo com a situação anterior.

Você pode preferir não incluir o treinamento como opção de serviços de consultoria (Você estaria em condições de oferecer as habilidades, as competências e os comportamentos necessários?), uma vez que o treinamento frequentemente envolve alta intensidade de trabalho. Em termos de consultoria, porém, lembre-se da relação estratégica, ilustrada na Fig. 10.2, envolva-se ou não você, pessoalmente, na execução.

214 A Bíblia da Consultoria

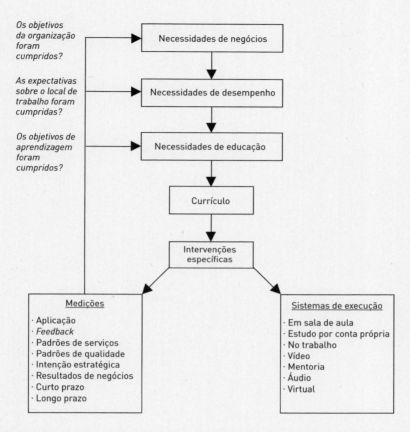

Figura 10.2 – Educação organizacional vinculada aos objetivos estratégicos da empresa

O segredo do treinamento eficaz é trabalhar *de trás para a frente*, a partir das necessidades de negócios da organização. Jamais aceite o treinamento por amor ao treinamento, ou porque parece benéfico por si mesmo. Em geral, as empresas gastam mais de US$ 60 bilhões por ano com treinamento, e grande parte disso não é medido sem quantificação do retorno sobre o investimento.

Não desperdice o dinheiro do cliente, nem o seu tempo.

Capítulo 11

Equipes e grupos: ninguém é uma ilha

Liderança

Desenvolvemos habilidades e competências individuais, como vimos no capítulo anterior, para capacitar as pessoas a trabalhar melhor juntas, que é o tema deste capítulo. Um mais um deve ser igual a 164 na vida organizacional. Ou seja, o todo deve ser muito maior e melhor do que a soma das partes.

Se isso não for verdade, não haverá necessidade, em absoluto, de cargos de supervisão e de gestão, pois não estarão agregando valor. Infelizmente, em muitas organizações, o todo não é muito maior e melhor do que a soma das partes, e o nosso trabalho é evitar ou consertar essa situação desastrosa.

Quando me perguntam, como sempre acontece, "Qual é o fator isolado que mais influencia o desempenho organizacional?", minha resposta é sempre a mesma: liderança.

Evangelho

Os líderes sempre enviam duas mensagens simultâneas quando agem. A primeira é o conteúdo de sua decisão ou plano. A segunda é o processo pelo qual chegaram a esse ponto e o estão comunicando. Esta última geralmente é mais importante que a primeira, em termos de implicações duradouras.

Qual, você diria, é a característica mais importante do líder, caso se fizesse um levantamento entre os subordinados? Seria assertividade, ou coragem, ou honestidade, ou receptividade, ou determinação, ou inclusão?

O que as pessoas me respondem de forma mais consistente é "consistência".

Vou incluir aqui dois comentários, para esclarecimento:

1. *Os líderes são feitos, não nascem prontos.* Embora algumas pessoas adotem comportamentos e tenham experiências que lhes conferem vantagem (ver Fig. 10.1, no capítulo anterior, sobre os três componentes do trabalho), a maioria das pessoas pode adquirir as habilidades e as competências necessárias para ser bom líder, ou até ótimo líder. Os grandes exemplos heroicos (Lee Iacocca, durante seus anos na Chrysler; Lou Gerstner, no ressurgimento da IBM; P. Roy Vagelos, na liderança da Merck, durante os cinco anos em que ela foi "A empresa mais admirada da América", em pesquisa da revista *Fortune*; Jack Welch, na direção do que eram, na verdade, 12 empresas separadas, da General Eletric) fazem a escolha certa de "a hora certa", "o lugar certo", "o temperamento certo". Todos os dias, porém, milhões de líderes em todo o mundo também fazem ótimo trabalho, à medida que continuam a aprender a melhor maneira de produzir bons resultados.[1]

2. *Não existe estilo de liderança perfeito.* Os melhores líderes se ajustam à situação, às pessoas, às emergências, e assim por diante. Não se trancam num conjunto de comportamentos doutrinários. Demonstram consistência na maneira como tratam os outros, como reagem e como planejam, mas essa coerência se enquadra num conjunto finito de comportamentos, que não são produtos de mentalidade rígida e estreita.[2]

Como consultor (que, provavelmente, não raro atua como coach), nunca comece com a suposição de que o líder é incompetente ou

---

[1] Melhores fontes: John Gardner, *On Leadership* (Free Press, 1993), e Warren Bennis, *The Unconscious Conspiracy: Why Leaders Can't Lead* (Jossey-Bass, 1998).

[2] Melhor fonte: Victor Vroom, *Leadership and Decision Making* (University of Pittsburgh Press, 1973). Muitas de minhas sugestões nesta parte do livro se baseiam no trabalho dele. Conheço Vic há quase 40 anos.

culpado, qualquer que seja o nível de liderança em questão, desde o supervisor de primeira linha até o CEO. Não aceite imediatamente as queixas e acusações dos outros, que, simplesmente, talvez estejam procurando um alvo óbvio para as suas frustrações e maus resultados. É fácil apontar para bodes expiatórios.

Eis três fatores críticos para trabalhar com questões de liderança:

1. *Os líderes devem levar em conta os seguintes fatores, ao tomar decisões e ao envolver outras pessoas*:

- ► A decisão é importante? Vários desfechos produzem resultados muito diferentes, ou qualquer resultado será igualmente aceitável? Se a decisão for importante, o líder deve envolver-se. Se não, é possível delegá-la imediatamente.
- ► As informações são suficientes para agir unilateralmente? Se forem, a ação independente é adequada. Se não forem, a ação independente é loucura, e precisa-se de outros inputs.
- ► O comprometimento é, porventura, necessário, ou basta a conformidade? As pessoas precisam concordar com a decisão, para apoiá-la, o que exige envolvimento — ou elas agirão como se pretende, com uma simples instrução, sem necessidade de envolvimento?
- ► As pessoas tenderão a concordar com a alternativa, e concordarão, como se supõe, também com o objetivo? (ver "Solução de conflitos", no Capítulo 10). Até que ponto isso exige reconciliação formal ou mero apoio informal?

Portanto, os líderes podem, às vezes, agir de maneira independente e autoritária e, outras vezes, também de maneira colaborativa e colegiada. Como também são capazes, vez por outra, de monopolizar a decisão e, de quando em vez, também de delegá-la a uma pessoa ou a um grupo. Os fatores determinantes devem ser de importância, suficiência de informações, necessidade de comprometimento e alinhamento em relação aos objetivos e às alternativas.

2. *O tempo é fator crítico, em geral óbvio, mas nem sempre reconhecido*

Quanto mais você envolve outras pessoas, mais você precisa de tempo, apesar dos efeitos saudáveis da participação. Reuniões e entrevistas individuais tomam mais tempo que decisões independentes, e entrevistas que exigem transparência total são ainda mais demoradas. Do mesmo modo, reuniões grupais e construção do consenso demandam grandes investimentos de tempo.

O tempo investido faz sentido quando a informação é escassa e o comprometimento é importante ou há discordância quanto às metas. Reuniões, equipes e comitês, porém, fazem pouco sentido na ausência dessas necessidades, em nada contribuindo, senão para o prolongamento do processo.

3. *O desenvolvimento de subordinados geralmente é negligenciado, imprudentemente, na escolha dos estilos de liderança*

Analisaremos, em seguida, o planejamento de sucessão. Por enquanto, quanto mais os líderes tomam decisões independentes e autoritárias, menos os subordinados aprendem sobre as questões em si e sobre os processos para resolvê-las. Quanto mais você envolve as pessoas, mais você contribui para o desenvolvimento de outros líderes.

Por isso é que, mesmo quando é possível decidir sozinho, às vezes é melhor envolver outras pessoas, para desenvolver competências e propiciar experiências, desde que a decisão não seja urgente. Lembre-se que os líderes se fazem, não nascem prontos. É assim que você ajuda a fazê-los.

Os líderes são os avatares da vida organizacional. As pessoas tendem a imitar os comportamentos deles, porque, em geral, eles representam comportamentos de sucesso. Na condição de coach e conselheiro de líderes, você está manobrando o principal agente de mudança da organização, simplesmente por meio da ação pública do líder. Líderes antagônicos criam feudos adversários. Líderes cooperativos constroem organizações cooperativas.

Se você quiser acelerar o progresso de qualquer projeto, atraia os líderes formais e informais, apresente-lhes as opções de comportamento e dê em público o exemplo de como todos devem comportar-se. Esse talvez seja seu principal ponto de alavancagem em qualquer projeto de consultoria.

Planejamento da sucessão

Anos atrás, quando eu estava trabalhando para o Chase Manhattan Bank, havia em sua sede uma sala fechada, à qual, segundo a história, só tinha acesso um grupo de altos executivos. Na sala, arrumavam-se estrategicamente as fotos dos principais talentos da organização, para indicar quem sucederia a quem, e quais eram os preparativos e os cuidados necessários.

O nome do lugar era "Sala Rockfeller", o nome do CEO naquela época.

O planejamento da sucessão é um dos fatores mais importantes para o crescimento e a prosperidade de qualquer organização, e um dos mais incompreendidos e mal executados. Já dissemos aqui que o sucesso no passado não é indicador válido do sucesso no futuro. Portanto, a antiga relíquia de "subir a escada hierárquica" já não faz sentido. Quando você promove um excelente vendedor para o cargo de gerente de vendas, você provavelmente arruína duas carreiras ou dois cargos de uma só tacada.

Resta ainda alguma pergunta sobre por que esse tema é tão sensível e importante?

Evangelho

Promoção não é recompensa por bom desempenho no passado. É decisão estratégica para o futuro da empresa, no esforço para compatibilizar, de um lado, os requisitos comportamentais do cargo, e, de outro, as competências individuais já demonstradas ou em desenvolvimento em candidatos potenciais.

Em algumas organizações, vê-se o processo em excelente andamento. Na General Electric, por volta dos 40, quem não fosse incumbido de uma missão no exterior (considerada indispensável na preparação para cargos de alto nível na hierarquia) dificilmente ascenderia a posição muito mais elevada na organização. Quando era CEO, Jack Welch insistia em remover as pessoas que tinham desempenho relativo mais baixo a cada ano, mesmo que viessem a ser consideradas excelentes em outras empresas. Ele queria abrir espaço para melhores talentos. E, quando indivíduos notáveis, como Larry Bossidy, eram preteridos como candidatos a cargos mais elevados, a GE tinha reservas suficientes para resistir à partida deles. (Bossidy exerceu liderança notável na Allied Signal e na Honeywell, e publicou um livro de negócios altamente conceituado.)[3]

---

[3] O indício mais confiável de uma organização com excelente planejamento da sucessão é que as pessoas que vão embora conseguem excelentes cargos em outros lugares.

A Bíblia da Consultoria **221**

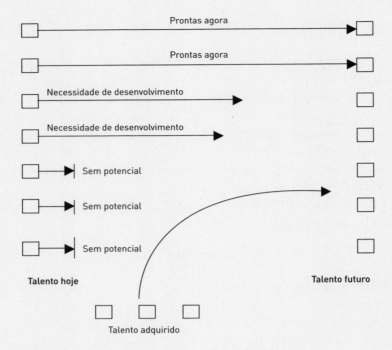

Figura 11.1 – Cenário de planejamento da sucessão

A Fig. 11.1 mostra o que os consultores que atuam nessa área precisam considerar. No gráfico, vê-se que algumas pessoas já estão prontas para avançar. Isso significa que:

- Precisam ser mantidas e desafiadas. Provavelmente serão atraentes no mercado de trabalho, para recrutadores de pessoal e para empresas concorrentes.
- Devem receber input significativo para o desenvolvimento da carreira, a fim de atender às suas necessidades pessoais (ver próxima seção).

Outras estarão prontas, no futuro, para voos mais altos; hoje, porém, ainda precisam desenvolver-se. Daí decorre que:

- Devem cumprir plano de desenvolvimento minucioso, que combine o treinamento das habilidades e competências necessárias com o coaching dos comportamentos adequados.
- Precisam ser avaliadas com frequência, conforme cronogramas fixos, a fim de deslocar-se para categoria superior ou inferior.

Algumas pessoas não têm potencial para progredir. Em consequência:

- Devem ser tratadas com sinceridade e respeito.
- A organização deve preparar-se para maior rotatividade de pessoal.
- Nunca devem ser promovidas como recompensa, ou sob pretexto de inclusão, ou por qualquer outro fator não relacionado com o desempenho.

Outras pessoas serão necessárias fora da organização. Por conseguinte:

- A organização deve antecipar-se às necessidades projetadas de talento, provendo pessoal com antecedência, seja por movimentação interna, seja mediante recrutamento externo.

A maioria das organizações relega o planejamento da sucessão à área de recursos humanos, o que é pecado capital. O planejamento da sucessão é uma das atividades estratégicas contínuas mais importantes das empresas, de competência exclusiva da alta administração, que jamais pode delegá-la a uma função de apoio, sobretudo a uma área tão pouco respeitada e influente quanto RH, na maioria das organizações.

Como consultor, considere as seguintes abordagens ao planejamento da sucessão:

- Convença o comprador quanto ao nível de responsabilidade necessário.
- Avalie as necessidades do cargo no futuro, em termos de competências e comportamentos.
- Adote o método de triagem há pouco descrito: alto potencial, potencial provável, sem potencial, potencial externo.
- Insista em que o plano de desenvolvimento para cada participante do processo de planejamento da sucessão seja atribuição do supervisor imediato do candidato, que será o responsável pela avaliação de seu desempenho, com vistas à elaboração de seu plano de desenvolvimento.
- Estabeleça, pelo menos, avaliações trimestrais do processo de planejamento da sucessão, em geral, e de cada candidato, em especial. (Muitas organizações encaram o planejamento da

A Bíblia da Consultoria **223**

sucessão como um extintor de incêndio – você o pendura na parede e o deixa lá, meio esquecido, para qualquer caso de necessidade. Até mesmo os extintores de incêndio, porém, estão sujeitos a inspeções e manutenções periódicas!)

Finalmente, o planejamento da sucessão *deve* estar associado ao desenvolvimento de carreiras, e esse é o nosso próximo tópico.

Desenvolvimento de carreira

Desenvolvimento de carreira é o comprometimento com a execução contínua das seguintes tarefas:

- ▶ Todas as pessoas estão recebendo treinamento, coaching e outras formas de aprimoramento para que sejam tudo o que podem ser nos cargos atuais.
- ▶ Todas as pessoas com talentos especiais e potencial relevante estão sendo desenvolvidas para promoções no futuro.
- ▶ As pessoas têm a opção de escolher programas para sua realização pessoal, mesmo que não se relacionem diretamente com o trabalho.
- ▶ As pessoas de alto potencial têm planos de carreira compatíveis com seus lugares no processo de planejamento da sucessão.

Construir um sistema de planejamento da sucessão não integrado com o sistema de desenvolvimento da carreira é como construir uma ponte e contratar uma empreiteira para cada lado, especificando que usem materiais diferentes e proibindo que conversem uma com a outra.

Dificilmente os dois lados da ponte se encontrarão no meio.

Essa é razão fundamental para não confiar o desenvolvimento de carreira à área de recursos humanos. Ela carece de poder e influência, de conhecimento da estratégia da organização, e de competência para criar e gerenciar o sistema. O RH até pode gerenciar atividades menos importantes, como treinamento de vendedores, mas quando se incumbe o pessoal de recursos humanos de selecionar coaches e de desenvolver programas de liderança, sabe-se que a alta administração abdicou de sua responsabilidade. (Por isso é que o aconselho a jamais supor que a área de treinamento ou de RH são seus compradores e a nunca se deixar confinar nessas masmorras. Ao perguntar a alguém na organização onde você pode encontrar os melhores e os mais brilhantes, ninguém o encaminhará à sala de recursos humanos.)

Eis como contribuir para a construção e a integração do desenvolvimento de carreira nas modalidades de intervenção já listadas acima:

▶ *Todas as pessoas estão participando de treinamento, coaching e outras atividades para se tornarem tão eficazes quanto possível nos cargos atuais*

Todos os cargos, de recepcionista a presidente, devem produzir resultados que determinem se suas atribuições estão sendo bem executadas de maneira compatível com as necessidades da organização. Cuidado: 98% das descrições de cargos se referem a tarefas e insumos. ("O titular processará pedidos por telefone e elaborará relatórios sobre desvios para o gerente de marketing.") Muitas pessoas apresentariam melhor desempenho se tivessem as ferramentas adequadas, como manuais e tutoriais. Outras precisam compreender melhor as contribuições do cargo para a organização.

Algumas pessoas precisam de coaching: "Eis como lidar melhor com um cliente que grita ao telefone", "Eis como encorajar seus subordinados a fornecer-lhe mais inputs, não os interrompendo quando falam nas reuniões ou em despachos individuais".

Seu trabalho aqui é garantir que os resultados de todos os cargos sejam mensuráveis; que os titulares compreendam o que fazem e tenham as ferramentas, as habilidades, as competências e as atitudes para exercê-las; e que recebam *feedback* regular sobre seu desempenho. Essas recomendações se aplicam a 100% da organização, são fáceis de compreender, mas não são simples; e um bom consultor pode fazer enorme diferença na produtividade, concentrando-se nesses aspectos simples do desenvolvimento de carreiras.

▶ *As pessoas com potencial estão sendo desenvolvidas para outros cargos no futuro*

A maioria das pessoas nas organizações tem aspirações a trabalhar melhor e a progredir. Muitas têm potencial para tanto. Podem não ser participantes formais do processo de planejamento da sucessão, mas, algum dia, podem se qualificar para o processo. Em todo caso, representam o principal banco de reserva disponível, no caso de redução involuntária do efetivo de pessoal, de aquisições, de doenças e incapacidades duradouras, e de sobrecargas de trabalho temporárias.

Hoje, a intensidade da competição por promoções funcionais nas organizações não tem precedentes, e a típica pirâmide de ascensão na hierarquia é mais estreita do que nunca, uma vez que as organizações estão tentando fazer mais com menos e, em geral, evitam o excesso de pessoal, em razão dos encargos trabalhistas crescentes e dos obstáculos cada vez maiores aos desligamentos de pessoal. Trata-se, porém, de exigência pragmática e ética promover pessoas que demonstram potencial e disposição para executar atribuições mais complexas e para assumir posições de mais responsabilidade. (Cada vez mais, as empresas estão correspondendo a essas expectativas, por meio de movimentação lateral com aumento na responsabilidade.)[4]

A contribuição do consultor nessa área será a criação de um processo para a identificação regular e o desenvolvimento contínuo dessas pessoas, não só no cargo atual, mas também para outros cargos possíveis, no futuro. Em algumas organizações, todos os gestores são responsáveis pela identificação e pelo aprimoramento de pessoas capazes de substituí-los, se e quando necessário, hierarquia abaixo, até o nível de supervisão. (Muitas pessoas talentosas perdem oportunidades nas organizações pela falta de quem os substitua nos cargos atuais.)

▶ *As pessoas têm a opção de selecionar programas para o aprimoramento pessoal, mesmo que não se relacionem diretamente com o cargo atual*

É cada vez mais comum, como parte do esforço de retenção de pessoal, criar condições para que as pessoas possam promover o próprio desenvolvimento pessoal. Uma das alternativas é a formação de grupos de aprendizado, como um programa de história da arte, por exemplo, no intervalo para o almoço. Outra hipótese é o aprimoramento individual, mediante o reembolso de mensalidades escolares, para pós-graduação ou certificação especial.

O objetivo é manter as pessoas satisfeitas e realizadas na empresa, com a bênção e o apoio da empresa.

---

[4] A principal exceção são os bancos, onde todos são vice-presidentes, inclusive quem abre a porta, mas ninguém tem autoridade para ajudá-lo, muito menos para oferecer-lhe um empréstimo.

> **Evangelho**
>
> O desenvolvimento de carreira implica movimento e ação, não o preenchimento de formulários nem a carimbagem de tíquetes. Não posso ficar sob os cuidados de pessoas que, elas próprias, não têm oportunidades de desenvolvimento.

Ajude os clientes a implantar um sistema de opções e escolhas pelo qual os empregados cujos talentos e interesses não sejam totalmente atendidos pelo empregador possam realizá-los por iniciativa própria, com a ajuda do empregador.

▶ *As pessoas de mais alto potencial têm trajetórias de desenvolvimento sincronizadas com as suas posições no processo de planejamento da sucessão*

Finalmente, sua principal área de ajuda é o que analisamos no começo deste segmento, ou seja, garantir que as duas metades da ponte se encontrem no meio do percurso. Ajude o cliente a constituir um comitê consultivo composto por pessoas-chave capazes de avaliar se os indivíduos de alto potencial, que participam do planejamento da sucessão, estão absorvendo as competências, o coaching e as experiências necessárias para o desempenho eficaz de importantes atribuições. Assegure-se de que alguém é responsável e é avaliado em todas as instâncias pela execução dessas atividades.

Depois dessas iniciativas, o desenvolvimento de carreiras torna-se parte integrante do desenvolvimento organizacional, que analisaremos no próximo capítulo.

Equipes *versus* comitês

A formação de equipes é uma das dinâmicas mais desgastadas, sobrestimadas e incompreendidas da vida organizacional. Geralmente é malconduzida, seus efeitos saudáveis raramente são duradouros e as expectativas a seu respeito poucas vezes são correspondidas.

Fora essas ressalvas, é ótima intervenção!

Não se constroem equipes! De nada adianta passar dois dias num retiro organizacional ridículo, onde um facilitador coordena a construção de castelos de areia por diferentes equipes ou incentiva os participantes em pequenos circuitos de rapel, na expectativa de promover a interação interna e a sintonia externa dos indivíduos e das equipes. Só porque você me segurou quando me disseram para cair de costas não significa

A Bíblia da Consultoria **227**

que eu vá sustentá-lo em seu trabalho na empresa. Significa, isto sim, que você não queria sair mal na foto diante do chefe, que não conseguia esconder o desconforto, como membro da "Equipe Azul", ou "Os Trapalhões", ou qualquer outro nome ainda mais esdrúxulo.

Lembro-me de um piquenique de formação de equipe, em que os empregados se sentaram em círculo, para ver o patrão e a patroa, constrangidos, participarem de uma corrida no saco. A experiência realmente deve ter contribuído para aumentar a produtividade em casa e no trabalho!

A maioria dos chamados *"experts"* lhe dirá que existem quatro tipos de equipes:

Equipes familiares: pessoas que trabalham juntas como parte normal do dia a dia, e se espera que ajam assim.

Equipes de estranhos: pessoas que se reúnem apenas para propósitos especiais, como atender a um cliente importante ou angariar fundos para a comunidade.

Equipes interinas: pessoas que trabalham juntas durante algum tempo, até a conclusão de determinado projeto, como a mudança para um novo prédio.

Forças-tarefa: pessoas que trabalham juntas até a realização de determinado objetivo, como a expansão das atividades para outro país.

O problema de tudo isso não é o tipo de equipe, *mas sim a definição de equipe*. A maioria das organizações conta com muito poucas equipes de verdade. O que elas têm em abundância são *comitês*.

Como se vê na Fig. 11.2, eis as diferenças:

Comitê (gráfico superior): pessoas que trabalham juntas, mas ainda vencem ou perdem, independentemente dos colegas. Podem compartilhar recursos, informações, ideias, e outros ativos, mas apenas na medida em que esse compartilhamento não prejudica os esforços individuais, nem gera desvantagem competitiva.

Equipe (gráfico inferior): pessoas que trabalham juntas e vencem ou perdem como unidade. Compartilham recursos, informações, ideias, e outros ativos, de maneira espontânea e proativa, para que todos os membros da equipe façam contribuições ótimas a fim de alcançar o objetivo.

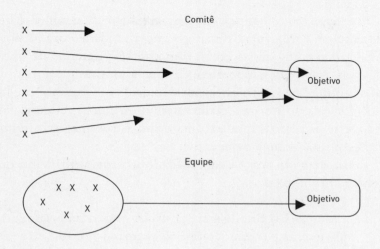

Figura 11.2 – Comitê *versus* equipe

Exemplos típicos de comitê são o Comitê Executivo (observe o nome), o Conselho Executivo, o Comitê de Operações, o Comitê de Resposta ao Cliente, e assim por diante.

Exemplos típicos de equipe é a equipe de resposta ao cliente ou a equipe de desenvolvimento de novo produto.

Pense um pouco. Em sua experiência organizacional, a maioria dos grupos de pessoas que trabalham juntas atua como equipe ou como comitê? Minha experiência indica que cerca de 75% dos grupos organizacionais são comitês, razão pela qual nem sempre funcionam bem como conjunto (por exemplo, compartilham recursos e informações), nem você pode envolver-se com eles na formação de equipes! Você não tentaria treinar tenistas que estão acostumados a jogar sozinhos no seu lado da quadra a compartilhar o seu espaço exclusivo com outro tenista, em jogos de duplas, nem tentaria convencer um golfista a esperar que outra pessoa jogue em seu lugar na próxima tacada.

Teste ácido: ao sair das reuniões, as pessoas estão falando sobre a melhor maneira de apoiar e de fornecer recursos, inclusive humanos, umas às outras? Em caso positivo, o grupo parece equipe. Ou elas estão falando sobre a proteção dos próprios recursos, sobre a incompetência de todos e de cada um, com a exceção de si mesmo, ou sobre as investidas inoportunas de certo elemento do grupo? Em caso positivo, o grupo é, por certo, um comitê.

Em geral, a remuneração da maioria das pessoas não está ligada ao desempenho do grupo, e mesmo que a unidade como um todo receba certa quantia como bônus, a gratificação geralmente é distribuída com base no desempenho individual por um superior comum.

As equipes nem sempre fazem sentido. Não são, em si, melhores que os comitês. É preciso decidir onde e quando as equipes fazem sentido, e se as pessoas que trabalham juntas ou que estão reunidas constituem uma equipe de verdade.

Eis as características e as necessidades de uma verdadeira equipe, com base em minha definição:

- As equipes são autodirigidas. Estabelecem as próprias regras de engajamento e criam os próprios sistemas de tomada de decisões.
- Dividem responsabilidades pela execução e se responsabilizam uns pelos outros.
- Criam o próprio "poente". Poucas equipes são eternas. As equipes familiares, já descritas, geralmente não se encaixam nos critérios desta lista e não são equipes de verdade.
- Os membros se reportam, como equipe, a uma única pessoa. Quando se juntam e se reportam, não como equipe, a diferentes superiores, provavelmente são um comitê.
- Definem as próprias rotinas, os horários e as interações de trabalho, e de que maneira os incentivos serão distribuídos.
- A equipe é avaliada pelo líder responsável, mas os membros se autoavaliam e são avaliados pela equipe.
- Avaliações periódicas de 360 graus tendem a ser muito eficazes e produtivas nas equipes.
- As equipes geralmente precisam de facilitação, desenvolvimento de competências, coaching, e outras contribuições, que os consultores externos podem oferecer de maneira conveniente e oportuna.

Não se deixe engambelar pelo pensamento superficial de que a chamada experiência de grupo constitui formação de equipe. Raramente os grupos são equipes de verdade, e as experiências de grupo poucas vezes são relevantes no ambiente de trabalho.

Na última vez em que prestei atenção, ninguém caminhava sobre carvão em brasa nos corredores da empresa, nem descia de rapel pela fachada do edifício na saída para o almoço, nem assistia a uma palestra motivacional antes da reunião com o cliente.

230 A Bíblia da Consultoria

Comunicação e *feedback*

"O que temos aqui é um problema de comunicação", disse o carcereiro do presídio a Paul Newman, no filme *O indomado*, em cena que ficou famosa. Na maioria das organizações, você também ouvirá que há problemas de comunicação; o que parece ser um dilema universal.

E deve ser mesmo!

Digo aos meus clientes, antes de iniciar uma pesquisa entre os empregados, que eles devem esperar *feedback* sobre como melhorar as comunicações. Isso é bom, não é mau. (O problema surge quando as pessoas não respondem e são apáticas. Lembre-se de que queixas e objeções são demonstrações de interesse. O que mata é a indiferença.)

O vice-presidente de uma enorme seguradora, que estava em pleno processo de aquisição de outra seguradora do mesmo porte, à guisa de fusão ou incorporação, decidiu entrevistar cinco consultores, cuja reputação justificava o pedido de ajuda no desenvolvimento da estratégia de comunicação.

Eu fui o último a ser consultado (talvez porque o meu nome começa com W), e me encontrei com o executivo, numa sala de reuniões, onde também se encontravam cinco de seus subordinados. Depois de informar-me sobre o processo de fusão ou incorporação, ele iniciou a entrevista.

"O que você acha que devemos dizer aos empregados das duas empresas?", perguntou-me.

"Nada", respondi. E calei-me.

Depois de um breve silêncio e de uma rápida troca de olhares com os subordinados, ele retrucou. "Você está tentando ser engraçado? Do que você está falando?"

"Você sabe que executivos irão liderar cada divisão, depois da fusão?", perguntei.

"Não, isso é uma decisão do Conselho."

"Você sabe que sistema de remuneração e bônus prevalecerá, ou você os combinará?"

"Não, uma força-tarefa de remuneração está trabalhando nisso, com consultores externos."

"Você sabe que dependências serão desativadas e quais serão mantidas?"

"Não, isso é uma decisão da área de marketing, programada para daqui a 90 dias."

"Bem, então, você não tem nada a dizer, ou tem? Se eu fosse você, eu simplesmente *ouviria*. Reúna grupos de foco, entreviste pessoas, faça pesquisas de opinião, use a intranet, estabeleça linhas diretas. Depois de descobrir o que se passa na cabeça das pessoas, esclareça o que for possível, responda a todas as perguntas e prometa dar respostas ao que não foi respondido o mais cedo possível."

Fui contratado. US$ 250 mil. Todos os outros consultores haviam apresentado planos de ação minuciosos, cheios de gráficos e tabelas.

Evangelho

Quem lhe disser que "a única coisa a fazer com o *feedback* é ouvir" é imbecil. Você pode fazer outra coisa. Ignorar a maioria deles.

Eis algumas regras para extrair alguma coisa sensata das falhas, dos problemas ou dos temas de comunicação.

Uma história provavelmente apócrifa fala da visita de um inglês ilustre à corte de um califa do Império Otomano, no século XVIII. Numa manhã de sábado, ele vê uma longa fila sinuosa, estendendo-se por mais de um quarto de milha, até o palácio. E pergunta ao cicerone do que se trata.

"É a manhã de ouvir reivindicações", explica o cicerone.

"O califa ouve cada uma dessas pessoas?", indaga o inglês, estupefato.

"É claro."

"O califa ajuda cada uma dessas pessoas?"

"Ah, essa não é a questão. A maioria dessas pessoas só quer que a sua história seja ouvida."

Critérios de comunicação de Alan

- ► Ouça mais e fale menos. Escute o que as pessoas têm a dizer. Não interrompa. Faça perguntas esclarecedoras, na medida de suas necessidades.
- ► Dê exemplos ao insistir em algum ponto. As pessoas compreendem muito melhor os exemplos do que um calhamaço de textos e horas de discurso.

- Comunique-se com persistência. O nível de ruído é tão intenso que você talvez não alcance o ouvinte nos primeiros cinco minutos.
- Use várias mídias. As pessoas aprendem de diferentes maneiras.
- Nunca ignore a cantina e o bebedouro. Hoje, a moda é tachar de "viral" esse tipo de comunicação, mas só o nome mudou, a natureza ainda é exatamente a mesma: os canais de comunicação informais são em geral muito mais eficazes do que os formais.
- Seja simples. Nunca fale em jargão. Diga aos ouvintes ou leitores o que eles precisam saber, *não tudo o que você sabe.*
- Use o formato "o quê", "por quê", "como", "por exemplo". "Aqui está o que estamos procurando fazer, por que é importante, como pretendemos prosseguir, e eis um exemplo de seu papel e de nosso apoio."
- Responda rapidamente. A velocidade de sua resposta, mesmo para dizer: "Não estou certo, mas voltarei a vocês", é tão importante quanto o conteúdo da resposta.

Obviamente, essas são as minhas intenções para você, o consultor, e para os seus clientes. Aceite e absorva *feedback* pessoal apenas de quem você pede. O *feedback* não solicitado é quase sempre oferecido em benefício do remetente, não do recipiente. Aconselhe a seus clientes de coaching as mesmas regras básicas. Do contrário, se ouvirmos todos os conselhos fortuitos que nos oferecerem, começaremos a parecer a bola, na velha máquina de fliperama, ricocheteando a torto e a direito, sem parar em nenhum dos obstáculos.

Mesmo no caso de *feedback* solicitado, nunca generalize com base no específico. Uma vez é acidente, duas vezes é coincidência, três vezes é padrão. Positivo ou negativo o *feedback*, nunca se apresse em vender seu garfo elétrico ou em queimar seu exemplar de *E o vento levou* por causa de alguns comentários levianos.

Depois de falar tanto sobre indivíduos e grupos, passemos para as organizações em si.

Capítulo 12

Desenvolvimento da organização: todos os cavalos do rei e todos os homens do rei...

Estratégia

Peça a seis pessoas diferentes uma definição de estratégia e você receberá nove respostas diferentes. Emprega-se mal o termo o tempo todo: estratégia de treinamento, estratégia para o recrutamento de novas pessoas, estratégia de resposta ao cliente – na verdade, trata-se, nesses casos, de táticas e planos, não de estratégias.

Apesar dos títulos, e não obstante as pretensões dos gestores seniores de que estratégia é a sua praia ("Por que eu haveria de contratar um consultor, quando *somos* pagos para desenvolver a estratégia?"), lembre-se de que *praticamente ninguém na alta administração ou nos escalões executivos recebeu treinamento para ser estrategista.* Isso é fato. Não são a promoção para certo cargo, nem as mordomias da alta administração que imprimem o DNA estratégico, como que um brevê de piloto, credencial que representa, em si, a escalada para novo nível de desempenho.

Por isso é que você ouve tantas definições, ou tantos chavões desgastados, precários e ridículos, do tipo SWOT (*strengths, weaknesses, opportunities e threats*), ou forças, fraquezas, oportunidades e ameaças, que, fora do contexto, não têm nada com estratégia.

Em consequência desse despreparo (que é ainda pior em organizações sem fins lucrativos) e dessa confusão conceitual é que a estratégia continua sendo tão espezinhada. Você ouve frases (e até títulos) como "planejamento estratégico". Tratemos aqui de cada um deles:

Estratégia é a concepção de uma imagem futura do empreendimento – como ele deve ser, parecer, soar e cheirar – da qual se retrocede para definir roteiros viáveis para esse destino. *Planejamento* é a extrapolação do presente para estabelecer objetivos futuros. É sempre limitado pelo conservadorismo, pelas omissões e pelas distorções deliberadas, para preservar bônus, atenuar responsabilidades, e outras manipulações.

Portanto, "planejamento estratégico" é oximoro.

Eis uma definição operacional de estratégia, aplicável a qualquer negócio, extraída de minha fonte favorita[1]:

Estratégia é uma estrutura na qual se tomam decisões que definem a natureza e os rumos do negócio.

Como consultor, você pode usar qualquer definição de sua preferência, mas é importante ser capaz de explicar e defender sua posição, como acabei de fazer. A maioria das organizações incorre nos seguintes equívocos, ao elaborar a estratégia:

- ▶ Enfatiza um evento – em geral, um retiro – em vez de um processo e um trabalho contínuo. Você não cria estratégias em fins de semana prolongados.
- ▶ Entroniza a estratégia em pastas elegantes, cheias de marcadores, que são distribuídas para a equipe de alto nível, em cujas salas são engavetadas ou emprateleiradas, jamais lidas e relidas, onde acumulam poeira e traças.
- ▶ Ignora a execução, que é a única parte importante.

Evangelho

A maioria das estratégias não falha na formulação, que é sempre ideal e teórica. Fracassa na execução, que são as trincheiras onde liderança, perseverança e responsabilidade são as regras de engajamento.

- ▶ Acredita, realmente, que pode antever o futuro, daqui a cinco anos (ou até mais), prevendo detalhes em áreas complexas como tecnologia, demografia, política, agências regulatórias, cultura, economia, e assim por diante.
- ▶ Não dá margem à flexibilidade e ao oportunismo.

Na teoria sobre estratégia, não faltam diagramas e gráficos para diagnóstico. A Fig. 12.1 mostra um dos mais simples, do esquema de Tregoe e Zimmerman.

---

[1] *Top Management Strategy: What It Is and How It Works*, Ben Tregoe e John Zimmerman (Simon & Schuster, 1980). Vá à luta e tente obter a edição original, pois a versão mais recente, de Mike Feedman, é um desastre que mal faz jus aos autores originais.

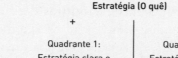

Figura 12.1 – Quadrantes estratégicos

Pergunte às pessoas responsáveis pela estratégia em que quadrante se encaixa a empresa, a subsidiária, a divisão ou a linha de produto. Peça-lhes que respondam por escrito. Você verá que, em geral, as opiniões são muito diferentes, o que ressalta ainda mais a necessidade de contratar um consultor objetivo.

Finalmente, considere as dez seguintes forças impulsoras – áreas estratégicas que podem dominar a organização. Todo empreendimento tem uma força impulsora (e raramente é o lucro), mas esse vetor é, quase sempre, inconsciente, implícito, e, por padrão, associado à tecnologia ou à concorrência.

1. Oferta de produtos/serviços
2. Grupos de clientes/usuários
3. Mercados-alvo
4. Tecnologia
5. Capacidade de produção
6. Recursos naturais
7. Métodos de vendas
8. Métodos de distribuição
9. Tamanho/crescimento
10. Retorno/lucro

Como escolher que força impulsora faz sentido para a organização no futuro? Como decidir de que maneira entrar no quadrante superior esquerdo (ou se manter lá, se você já estiver lá)?

Por isso é necessário contratar ótimos consultores. Este não é um livro sobre consultoria estratégica.[2] Só quero que você compreenda que o simples fato de ser a estratégia uma necessidade de alto nível não torna dispensável, de modo algum, a ajuda de ótimos consultores. Apenas se assegure de haver definido um processo e uma razão que façam sentido e que sejam úteis para promover mudanças profundas.

E você não o conseguirá com a fórmula SWOT, por mais que ela lhe pareça mágica.

Gestão da mudança

Fiquei em dúvida sobre a inclusão aqui deste segmento, pois praticamente tudo o que fazemos envolve mudança de algum tipo e o tema em si não constitui uma disciplina exclusiva. Ocorreu-me, porém, que esses mesmos argumentos justificavam sua inclusão.

Você verá no próximo segmento, sobre mudança cultural, que as pessoas realmente são muito ágeis na mudança, em relação à aceitação de novos amanhãs, mas muito lentas na jornada que as afasta do ninho confortável de hoje. Eis as condições necessárias para ajudar as pessoas a avançar na trajetória da mudança:

- ► *Foque no macro, não no micro.* Se as metas e o panorama forem nítidos e claros, os detalhes inevitáveis e tortuosos se encaixarão no conjunto.
- ► *Enfatize o raciocínio de longo prazo.* Se estiver preocupado com as vendas da próxima semana ou com as quotas do próximo trimestre, você não se concentrará na necessidade de reformular o SAC ou a marca.
- ► *Use um telescópio, não um microscópio.* Pense no futuro e retroceda ao presente; não tente arrastar-se morosamente de hoje para amanhã.
- ► *Inove; não conserte.* Você precisa subir a régua, em vez de limitar-se a restaurar o desempenho passado (ver o segmento sobre inovação que conclui este capítulo).

---

[2] Consulte meu livro *Best Laid Plans* (HarperCollins, 1990; Las Brisas Research Press, 1994).

- *Mude a cultura, junto com os processos e procedimentos.* O próximo segmento trata dessa questão mais a fundo. Não se pode falar latim em um mundo que fala grego.
- *Mantenha suas prioridades.* Questões-chave, como necessidades diárias dos clientes, devem ter apoio para serem incluídas no processo de mudança.
- *Evite os modismos.* Se você tentar mudar ao sabor dos novos livros, das palestras ou postagens em mídias sociais, você lançará o navio contra os rochedos. (O que *realmente* significa para a maioria das empresas progredir de *good to great* – de bom para ótimo?)
- *Nomeie um campeão.* Alguém em posição de liderança precisa montar no cavalo e bradar "Sigam-me!". Quanto mais radical for a mudança, mais poderoso deverá ser o líder e mais vigoroso precisará ser o cavalo.
- *Foque no produto, não no insumo.* A mudança deverá promover alguma melhoria para o cliente, usuário ou membro. Qualquer mudança não percebida pelo cliente é altamente questionável.
- *Não seja tolo.* Ninguém sabe o que acontecerá nos próximos cinco anos; portanto, criar planos de cinco anos é como deixar acesas as luzes da pista para Amelia Earhart, a grande aeronauta: comovente, mas irrelevante.

Basicamente, você deve definir a nova realidade e recompensar quem a desenvolve, a reforça e a alcança. É preciso empoderar as pessoas para que promovam e aceitem a mudança. Uso o termo *empoderamento* não como a palavra de ordem da New Age, mas como a essência do processo "capacitar as pessoas para tomar decisões que influenciem os resultados de seu trabalho".

Forjar pessoas empoderadas exige que a administração (seus clientes, como consultor) compreendam que o poder não corrompe, mas que *impotência* solapa. Quando as pessoas não têm poder real, elas o fabricam, mediante o processo que, tradicionalmente, denominamos burocracia: o triunfo dos meios sobre os fins. (Você está na fila errada, você usou o formulário errado, você ligou para o número errado, você penteou o cabelo da maneira errada – não podemos ajudar.)

Eis uma rápida comparação para você e para os seus clientes:

A Bíblia da Consultoria **239**

Sem Poder	Com Poder
▶ Cria burocracia	▶ Faz a coisa certa
▶ É inseguro	▶ É autoconfiante
▶ Vê "eles" e "nós"	▶ Vê "nós"
▶ Foca nas tarefas	▶ Foca nos resultados
▶ Segue as regras	▶ Pensa
▶ TCR – Protege-se	▶ Corre riscos
▶ Vê ganha-perde	▶ Vê ganha-ganha

Não hesite em preparar o palco para a mudança, perguntando ao cliente onde a organização se situa no contínuo com poder/ sem poder. É mais como a FedEx ou mais como a divisão de veículos automotores? As pessoas se dispõem a percorrer mais um quilômetro ou se recusam a avançar um milímetro?

Então, quando você estiver pronto para lançar o esforço de mudança, preste muita atenção ao investimento de tempo em comparação com o aumento de eficácia (ver Fig. 12.2).

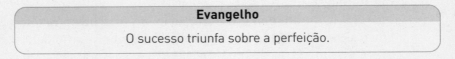

Evangelho
O sucesso triunfa sobre a perfeição.

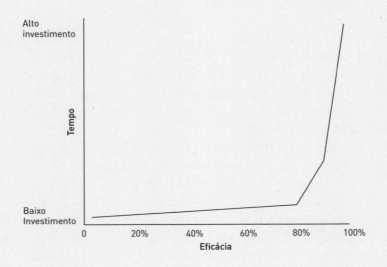

Figura 12.2 – Tempo e eficácia

Chamo isso de "Pronto 80%: avance". O momento nunca será perfeito para lançar, iniciar, executar. Quando cerca de 80% dos fatores (pessoas, sistemas, cultura, finanças, apoio, e assim por diante) já estiverem no lugar, vá adiante.

Um dos paradoxos de Zeno diz que se você progredir 50% do restante do percurso rumo ao seu destino, todos os dias, você nunca chegará! Perseguimos o sucesso, não a perfeição.

Até os aviões têm sistemas redundantes e, mesmo assim, não se espera que funcionem perfeitamente todos os dias – com efeito, todos os aviões, quaisquer que sejam, sempre têm algo de errado, em algum ponto. Essas pequenas falhas, porém, não os impedem de cumprir sua missão e de alcançar os resultados almejados.

As pessoas mudam todos os dias. Descobrem novos itinerários para o local de trabalho, quando há obras ou acidentes. Reagem a pedidos inesperados dos clientes, com presteza e exatidão. Alteram planos, compromissos e expectativas quando necessário.

As pessoas não têm medo da mudança, e a suposição do contrário é ponto de partida tóxico para a empresa e para o consultor. Elas esperam, isto sim, que a mudança planejada melhore seu trabalho e sua vida, e que a jornada não seja incapacitante nem extenuante.

Abrangente ou localizada, a mudança (e até a volatilidade em muitos negócios) é o novo normal. Nós a enfrentamos todos os dias, e até podemos levar jeito para nos adaptar com rapidez. Isso significa que também você, como consultor, precisa levar jeito para ajudar nessa jornada.

Mudança cultural

Vamos definir *cultura* para nossos propósitos, o que é sempre um primeiro passo inteligente:

Cultura é o conjunto de crenças que governam o comportamento.

Assim, você pode encontrar (e ser parte de) culturas sociais, cívicas, bairristas, organizacionais, departamentais e recreativas. Se você não estiver acreditando, submeta-se a uma experiência de que outros já participam com regularidade, mas que, para você, é novidade. Poucas vezes pego o trem interurbano de Providence a Boston. É uma viagem de 45 minutos e, como para os viajantes assíduos de qualquer

A Bíblia da Consultoria **241**

trem, os procedimentos, regras e expectativas são lapidares, como que lavrados em rocha. Elas são tão canônicas e compulsórias quanto as do golfe (que eu acho só um pouco menos confusas, enigmáticas e rígidas que as de uma usina nuclear). Por exemplo:

- Você não pendura o casaco em um dos ganchos disponíveis; você o deixa na prateleira, acima dos assentos.
- Alguns assentos sempre são ocupados por certos passageiros assíduos, o que, obviamente, você ignora se também não for passageiro assíduo; quem, porém, se instalar num desses assentos terá sorte se arrancar não mais que olhares e comentários raivosos.
- Coloque pertences no assento ao lado do seu e não estabeleça contato visual com os novos entrantes, nas paradas seguintes, a fim de preservar o máximo de espaço ao seu redor. Retire os seus pertences e os acomode na prateleira acima dos assentos somente se o condutor insistir.
- Os condutores são cumprimentados com familiaridade e os tíquetes são apresentados de maneira peculiar, geralmente mostrando um passe mensal que está na carteira.
- Nunca se pede aos passageiros para falar mais baixo.
- Espera-se que você nunca olhe para a tela do computador alheio, mesmo que ela esteja absolutamente legível a centímetros de distância.
- No terminal de Boston, você desembarca de determinada maneira, junta-se à multidão que caminha para a saída e caminha por uma faixa estreita da plataforma, junto aos trilhos, onde é possível ultrapassar a massa.

Você pegou a ideia. Na verdade, certa vez ocorreu um infarto fatal num dos trens interurbanos para Boston, e só se pediu socorro algumas estações adiante. Os condutores alegaram que parariam na estação em que os serviços médicos eram de melhor qualidade. Mas eles tinham rádio. Acho que não quiseram transgredir a cultura normal do trem.

Constata-se a mesma intransigência quando as culturas são fossilizadas, rejeitam os poucos forasteiros invasores e proporcionam existências confortáveis, mas enfadonhas, para as pessoas que meramente tentam viver mais um dia.

Eis a sequência a ser transposta, ao lidar com mudanças culturais:

- Crenças
- Atitudes
- Comportamentos

Todos nós temos crenças, que se consubstanciam em atitudes, que se manifestam em comportamentos. Se eu acredito que quanto melhor for o desempenho da organização, melhores serão as minhas condições, minha atitude será ajudar os outros e contribuir para a felicidade dos clientes. Isso pode manifestar-se em minha disposição para propor ideias que ajudem os outros a melhorar suas operações, acompanhando com diligência os pedidos dos clientes e empenhando-me para que sejam bem servidos. No sentido oposto, se acredito que estou sendo preterido nas promoções só porque não cumprimento, submisso, meu chefe impiedoso, minha atitude talvez seja esperar que o chefe fracasse, espalhar rumores ou, de propósito, não cumprir prazos importantes para prejudicar o desempenho do algoz.

Agora, acrescente o seguinte ao conjunto:

- Crenças: interesse próprio esclarecido
- Atitudes: pressões normativas
- Comportamentos: coerção

Em muitas culturas, rejeitamos um comportamento e tentamos mudá-lo por meio de força, coerção, punição (ou recompensas pelo bom comportamento). Com a Lei Seca, proibiu-se em grande escala bebidas alcóolicas, para combater o consumo de álcool. Quando a lei foi promulgada, havia cerca de 80 mil bares na cidade de Nova York. Quando ela foi finalmente revogada, o número havia disparado para cerca de 140 mil espeluncas ilegais operando na clandestinidade! A coerção é eficaz por pouco tempo, enquanto se tem medo do porrete, até que apareça alguém com um porrete ainda maior, ou apenas com mais ousadia e esperteza.

Tentamos combater as atitudes com a pressão dos pares: "Junte-se à turma!" ou "Não seja o único a impedir participação de 100% na campanha de doação de sangue!". A pressão normativa é, em geral, inconstante e, quase sempre, pouco duradoura. O movimento para a conformidade funciona quando as pessoas são persuadidas ou aliciadas (como no trem), não quando são compelidas ou coagidas.

A Bíblia da Consultoria **243**

Para mudar as atitudes que estão produzindo os comportamentos a serem alterados, é preciso atacar as crenças básicas que geram essas atitudes. Ao referir-me a "interesse próprio esclarecido", estou dizendo que nenhum apelo deve ser imoral ou ilegal. Reduzimos, porém, o consumo de fumo, drasticamente, nas duas últimas décadas, ao esclarecermos as pessoas de que, como fumantes, podem não viver o suficiente para ver os netos, ou de que estão prejudicando os entes queridos próximos, como fumantes indiretos, ou de que estão comprometendo irreversivelmente a própria saúde e o bem-estar.

As restrições públicas e a alta tributação sobre produtos de tabaco seriam contornadas ou ignoradas se os sistemas de crenças não tivessem sido alterados. (Lembra-se dos filmes das décadas de 1940 e 1950? Era sofisticado fumar; todos os protagonistas fumavam. "Médicos" na televisão promoviam os cigarros que eram os mais "saudáveis" para os fumantes. Hoje, a série de televisão *Mad Men* presta um grande serviço à sociedade, ao mostrar como a elite elegante da época fumava e bebia de maneira compulsiva e desenfreada, no mundo hipercompetitivo de 50 anos atrás.

Evangelho

As culturas podem mudar. Para tanto, é necessário que as pessoas considerem que a mudança atende a seus interesses próprios. Quem não se convence disso, apesar do esforço de todos, não é parte do futuro.

"É a nossa cultura" pode ser falso ou verdadeiro, mas não é desculpa, em hipótese alguma. Não estamos lidando com uma cultura pré-colombiana centenária, nem com padrões inflexíveis e irrevogáveis, impostos por algum poder supremo. Estamos falando de crenças que regem o comportamento, mas de crenças que são mutáveis, conforme as circunstâncias e a evolução da sociedade, da tecnologia e dos usos e costumes.

De fato, um de nossos papéis mais valiosos como consultor é garantir que o cliente não seja vítima da cultura padronizada imposta por veteranos (trabalhe aqui durante cinco anos e depois dê um jeito de se desligar por incapacidade permanente), pela competição, pelos avanços na tecnologia e pela volatilidade econômica.

Não é desejável que uma cultura alienígena domine a empresa, como em filmes de ficção científica, nos quais vagens crescem nos banheiros e certas pessoas apresentam marcas típicas de mordidas no pescoço.

Devo, porém, dizer-lhes que desconfio muito daqueles viajantes assíduos dos trens de Boston.

Gestão de crises

Às vezes, você será chamado para ajudar numa crise, e, outras vezes, a crise estoura enquanto você está com o cliente (não pelo fato de você estar lá, espera-se!). Em todo caso, nessas situações é que os clientes realmente precisam de ajuda externa.

Tendemos a encarar crises como a do desastre do Golfo, da BP; da usina nuclear de Three-Mile Island; do petroleiro *Exxon Valdez*; do Tylenol, da Johnson & Johnson; e numerosos casos de demissão de CEOs por comportamento impróprio como exemplos icônicos do bom, do mau e do feio. Mas há padrões em meio ao caos.[3]

É possível preparar-se para certas crises: barreiras contra furacões em algumas grandes cidades; posições alternativas da torre de comando em grandes navios; e apólices de seguro para praticamente qualquer coisa. O propósito de tudo isso é melhorar as condições. Do ponto de vista organizacional, é interessante refletir que nos preparamos para desastres naturais e até para atos hostis, mas não para as fragilidades e pecadilhos inevitáveis dos seres humanos, como se acreditássemos que as pessoas aprendem as lições.

Aqui estão seis dos métodos eficazes para lidar com as crises:

1 *Transparência nas comunicações*

Diga às pessoas o que aconteceu. Exponha os fatos aos empregados, à imprensa, à comunidade, ao Conselho, e a quaisquer outros possíveis *stakeholders*. Nesta época de mídias sociais onipresentes e de mídias convencionais cada vez mais atuantes, investigativas e influentes, não há mais segredo, tudo se sabe em tempo real, e o que é conjecturado é quase sempre pior do que a realidade. Recomende franqueza, e a admissão de que alguns fatos simplesmente não são conhecidos. Foi muito pior para os gestores da BP subestimar de tal maneira as dimensões do vazamento de petróleo, logo depois da explosão da plataforma. Quando a verdade veio à tona, eles pareceram ser mentirosos ou incompetentes. Quando se é inequivocamente honesto, tem-se, pelo menos, o benefício da dúvida.

2 *O líder dá o exemplo do comportamento*

Todos elogiam o comportamento de James Burke, então CEO da Johnson & Johnson, por ter comparecido pessoalmente a todas

---

[3] Para excelente análise desse tema, ver Margaret Wheatley, *Leadership and the New Science*, 3. ed. (Berrett-Koehler, 2006).

as mídias, durante a crise de pavor decorrente da manipulação do Tylenol, e censuram o sumiço de Lawrence Rawls, CEO da Exxon, durante uma semana, depois que *Exxon Valdez* encalhou. O prefeito Ray Nagin, de New Orleans, também se escondeu num hotel Four Seasons, em Houston, enquanto a cidade era inundada.

Quando uma fábrica da Merck, em Porto Rico, explodiu, o CEO P. Roy Vagelos alterou seu plano de retorno da Califórnia, voou para San Juan, percorreu a área do desastre e confortou a família dos mortos e feridos.

3 *A gestão de crises assenta-se nas fundações das crenças diárias*

A razão pela qual Vagelos e Burke agiram com tanta rapidez foi que as empresas e seus líderes cultivavam valores como honestidade, decência e modelagem da liderança. Você não forja valores e comportamentos durante as crises; você se pauta pelos valores já impregnados e praticados na organização. É difícil, de repente, mudar a maneira de pensar e agir; muito mais fácil é atuar, em tempos anormais, de maneira compatível com o comportamento normal.

O cliente pode ter um plano de enfretamento do desastre a ser executado quando ocorrem certas situações, mas é melhor cultivar um conjunto de comportamentos espontâneos, de responsabilidade e autenticidade, para que o plano de contingência seja executado com sucesso.

4 *Procure causas, não culpados*

Se você ou o seu cliente partirem em busca de culpados e de vinganças, as pessoas se encolherão e se calarão. Se os dois, porém, tentarem descobrir e eliminar as causas, a empresa reforçará a cooperação e se recuperará com muito mais facilidade e rapidez.

Os grandes líderes assumem a responsabilidade e dividem os méritos.

5 *Atenue primeiro os efeitos, com rapidez*

Talvez seja contraintuitivo, mas antes de buscar as causas talvez seja útil atenuar a dor e afastar as incertezas. Proporcione aos usuários e clientes alívio imediato, mesmo antes de descobrir como evitar a recorrência da situação.

"Devolva o produto defeituoso", "Ligue para esse novo número gratuito", "Visite nosso site na internet e peça o reembolso". Esses tipos de ações cuidarão das pessoas e lhes darão algum tempo para descobrir o que desencadeou a situação. Você toma um analgésico antes de investigar as causas da dor de cabeça.

A Apple respondeu ao furor sobre quedas de chamada em seu novo iPhone oferecendo capas gratuitas para o aparelho, que, evidentemente, podiam ser encomendadas por um aplicativo, além de explicar que a situação não era tão generalizada quanto havia sido relatado, e as capas compensariam os efeitos adversos que algumas pessoas estavam experimentando.

6 *Diga às pessoas quando (realmente) terminar*

Feche o *loop*, para efeitos internos e externos, e informe que as condições voltaram ao normal (ou foram restauradas para padrão ainda mais alto, em consequência da solução do problema). Gratifique-se a si próprio e aos clientes com boa publicidade e com o senso de superação. Diga aos *stakeholders* o que foi aprendido, explique como, em consequência, as operações foram melhoradas, e desculpe-se pelas inconveniências e dificuldades.

> ### Evangelho
>
> Há crises e crises. Seja cauteloso, e estimule o cliente a não reagir em excesso. A perda de um cliente raramente é uma crise. A possibilidade de perder todos os clientes é uma crise genuína.

A Fig. 12.3 mostra o que denomino "zona ambígua". (William Bridges tem um método semelhante, que ele chama de "zona neutra".) A maioria das pessoas se sente à vontade na (ou pelo menos tolera a) situação vigente.

E, ao contrário do que somos levados a acreditar, a situação futura almejada é, em geral, muito atraente. As pessoas não são assim tão resistentes à mudança.

No entanto, a *jornada* da situação vigente para a situação almejada é, em geral, ameaçadora. Bem dizia meu filho, ainda muito pequeno, quando eu o encorajava a atravessar um trecho escuro e assustador do calçadão, junto à praia, insistindo para que não tivesse medo do escuro: "Não estou com medo do escuro. Estou com medo do que eu posso encontrar *no* escuro".

Normalmente, ao nos envolvermos com a gestão da mudança, podemos nos dar ao luxo de iluminar o caminho e ajudar os líderes a avançar na jornada. Nas crises, porém, não existe essa hipótese. Temos de ajudar com mais rapidez e confiança ao longo da zona ambígua. A situação almejada pode parecer a situação vigente melhorada, ou um método de trabalho totalmente novo, mas a jornada não pode esperar.

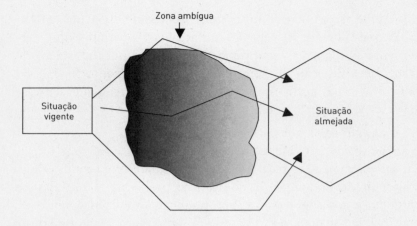

Figura 12.3 – A zona ambígua

Inovação

O aspecto primordial a se lembrar sobre inovação é que não se trata de solução de problema. Nem é criatividade pura.

Inovação é criatividade *aplicada*.

Com isso, estou dizendo que inovação é a aplicação pragmática de novas ideias, não apenas *brainstorming* ou criação estéril. Solução de problema é a restauração do nível de desempenho anterior. Inovação é subir a régua, proativamente, a novo nível de desempenho (ver Fig. 12.4).

Figura 12.4 – Solução de problemas *versus* inovação

As organizações excelentes devem envolver-se constantemente em inovação, porque os concorrentes, provavelmente, não as estão pressionando. Portanto, elas competem principalmente contra si mesmas. Durante anos, a gigante 3M manteve a estratégia de que 25% de seus novos negócios deveriam originar-se de produtos que não existiam cinco anos antes. (Cerca de 75% dos meus negócios resultam de novos produtos e serviços dos três anos anteriores.)

O seu trabalho é ajudar os clientes a reconhecer essas diferenças, para que a inovação não se perca no emaranhado da solução de problemas, das doutrinas sobre qualidade e dos programas analíticos.

Nas organizações inovadoras, você deve promover o seguinte conjunto de dez crenças:

1 *Intenção, não tamanho, é a chave*
Qualquer organização pode ser inovadora, até gigantes como a 3M, e pequenos negócios podem ser burocráticos e arcaicos, como a lavanderia da esquina, que não devolve uma camisa sem que você apresente o tíquete, mesmo que você já frequente o lugar há muito tempo.

2 *A inovação é incremental*
Raramente ocorre uma ruptura: Ah, inventamos o iPad! A inovação é, em geral, uma série de passos incrementais ou recombinações de produtos e serviços existentes.

3 *Os empregados são os principais inovadores*
As pessoas que lidam com os clientes todos os dias se destacam como as fontes mais profusas de ideias inovadoras e, como tal, devem ser consideradas e consultadas. Não se trata de "projetos secretos" em "laboratórios clandestinos", nem de um bando de sonhadores no topo de uma montanha. Converse com as pessoas que fazem interface com o mercado para saber o que os clientes estão querendo.

4 *A inovação deve adequar-se ao contexto*
Você deve se ajustar à cultura (ver segmento específico, neste capítulo) ou mudar a cultura. Você não pode promover inovações de alto risco num contexto de baixo risco. Desbrave os caminhos de menor resistência.

5 *Paradigmas existem para serem quebrados*
"Mas nunca fizemos isso dessa maneira" é uma boa razão para passar a fazê-lo "dessa maneira". Platôs, ninhos aconchegantes

e zonas de conforto não são os fatores que impelem as organizações para a liderança do mercado. Essas bolhas só geram complacência e, por fim, destruição.

6 *Inovação é competência que se aprende*
Certos passos conduzem à inovação.[4] É possível aprender a inovar. A intenção inicial de minha tese de doutorado era demonstrar que a predisposição comportamental era a chave para a inovação, e que era possível contratar pessoas inovadoras, desde que se soubesse o que procurar. Em vez disso, com base nos exemplos de Merck, Hewlett-Packard e Marine Midland Bank (hoje HSBC), comprovei exatamente o contrário: a inovação era fomentada pelo contexto, pelo superior hierárquico imediato, e pelas competências reforçadas pelo cargo.

7 *O contexto deve encorajar a inovação, jamais inibi-la*
Você deve recompensar os comportamentos, não apenas as vitórias. É importante garantir a liberdade de falhar. Num contrato de consultoria com a Calgon, instituímos o Prêmio do Presidente para recompensar "a melhor ideia que não funcionou", de modo a estimular as pessoas a cultivar novas ideias. Esse era o comportamento que almejávamos e que premiávamos.

8 *As pessoas devem ser empoderadas*
Veja o segmento sobre "empoderamento" na seção sobre "Gestão da mudança" no começo deste capítulo. É preciso garantir às pessoas a prerrogativa de decidir, para influenciar os resultados de seu trabalho. Se assim for, elas perceberão com mais acuidade os sentimentos da linha de frente. Se, porém, necessitarem de permissão e aprovação, a inovação será sufocada.

9 *Todos devem ser educados nessa abordagem*
Você não pode construir bolsões de inovação, pois, assim, também estará erigindo bloqueios e obstáculos. "Não sei o que você está tentando; meus objetivos são outros." Tente atrair unidades operacionais inteiras para o contexto de inovação.

10 *Os líderes compartilham a visão*
Como em todas as mudanças, você precisa de campeões poderosos e ostensivos, que são os avatares das abordagens inovadoras.

---

[4] Ver meu livro com Michel Robert, por exemplo, *The Innovation Formula* (Harper Business, 1988).

250 A Bíblia da Consultoria

As melhores fontes de inovação na maioria das organizações são:

▶ *Sucessos inesperados/alto crescimento.* Como você poderia explorar os momentos de sucesso, de superação dos planos e das expectativas, mesmo que a vitória não seja sua? O iPhone gerou um vasto aparato de acessórios, como capas, películas, carregadores, aplicativos, e outros.

▶ *O fracasso alheio inesperado.* Que propósitos promissores e prementes ainda não foram satisfeitos pelas alternativas disponíveis? A British Air foi pioneira no lançamento de jatos comerciais, com o malsucedido Comet, mas a Boeing percebeu as falhas do projeto e dominou o mercado de fuselagens durante décadas.

▶ *Recombinação da tecnologia.* Como dizia Steve Jobs, da Apple, "Embarcamos nas próximas grandes coisas". A ideia não é oferecer um smartphone ou um tablet, mas uma ferramenta multitarefa de ajuda pessoal.

▶ *Percepção pública da mudança.* O setor de publicidade está direcionado para esse propósito. Nos Estados Unidos, gastam-se bilhões de dólares com o esforço de emagrecimento, ou perda de peso, na forma de equipamentos de exercício, academias de ginástica, dietas e cirurgias. A população, porém, está mais obesa do que nunca. É a epidemia de sobrepeso e obesidade.

▶ *Ajustes demográficos.* A índole, a educação, a renda, a idade e a residência dos clientes estão em constante mutação. Em geral, supõe-se que os segmentos mais jovens da população dispõem de mais renda discricionária. Isso é falso. Na verdade, essa maior liberdade de escolha é mais comum na faixa etária além dos 60 anos, com menos necessidades de poupar para as mensalidades escolares, para o financiamento da casa própria, e para outras premências.

A inovação é o que ajuda as empresas e os consultores a dar saltos para frente e para cima. Na parte final deste livro, vamos examinar como você lida com as alturas.

SEÇÃO V

PROVÉRBIOS: SUCESSO DA CONSULTORIA

Como semear, cultivar, colher e criar
para si mesmo e para os outros.
O trabalho é somente o combustível para a vida.

Capítulo 13

Ética de negócios:
o que é legal nem sempre é ético

Quando coisas ruins acontecem com bons consultores

A maioria das transgressões éticas nas organizações são ações individuais com a intenção de *ajudar a organização*, não para ganhos pessoais. É claro que certos casos se enquadram na segunda hipótese; muita gente, porém, acredita que, se for legal, é apropriado. Isso não é verdade. Os tribunais atuam no âmbito do Direito, não da Ética. Portanto, não julgam a *conduta adequada*.

Estudos de casos

O presidente de uma subsidiária de US$ 600 milhões me telefonou numa tarde de domingo, desculpou-se pela interrupção, mas me disse que precisava de alguns conselhos urgentes. Ele tinha uma reunião na manhã seguinte com o vice-presidente de vendas e o vice-presidente de recursos humanos. O vice-presidente de vendas queria dar um puxão de orelha em um gerente distrital, e o vice-presidente de recursos humanos queria demiti-lo.

Parece que uma vendedora tinha comprado um iPad, exclusivamente porque os clientes no território dela com frequência precisavam enviar-lhe documentos a serem analisados e comentados com urgência. Com o iPad, ela podia consultar arquivos de transações passadas e responder na hora, em qualquer lugar, mesmo sem conexão com a internet. Do contrário, precisaria sempre carregar um laptop, às vezes em condições inadequadas, e só poderia operá-lo onde houvesse internet.

O gerente distrital da vendedora soube da compra do iPad quando ela, por acaso, mencionou que tinha esse recurso caso ele quisesse contatá-la em situações semelhantes. Ele respondeu que a considerava muito inovadora e que ela não precisava arcar com essa despesa, acrescentando que poderia ressarci-la sob a forma de reembolsos semanais de despesas fictícias com clientes no valor total do iPad. Numa reunião regional, a vendedora mencionou o esquema a um colega, que, então, pediu a mesma coisa ao seu gerente distrital, que, de maneira muito apropriada, pôs a boca no trombone.

O presidente me perguntou o que eu faria. Eis o que combinamos:

▸ Não houve ganho pessoal, nem tentativa de ganho pessoal.
▸ A empresa não previa reembolso para esses gastos, mas talvez devesse prever.
▸ O gerente distrital criou uma situação antiética.
▸ A vendedora poderia ter recusado a proposta, mas a aceitou.
▸ A mensagem deveria ser clara, pois a situação era de conhecimento público.
▸ Os antecedentes do gerente distrital e da vendedora eram excelentes.

Nessas condições, o vice-presidente de vendas queria um puxão de orelha e o vice-presidente de RH queria demissão. O que você teria recomendado?

O que eu sugeri, tendo em vista os pontos destacados com os marcadores acima, foi repreender em público os dois transgressores, suspender a participação do gerente distrital no plano de bônus daquele ano e definir uma norma clara a esse respeito para toda a empresa. O presidente concordou.

Essa talvez não tivesse sido a sua escolha, nem a melhor resposta, mas funcionou. Era o que devia ser feito. Ética é "agir bem, agindo certo".

Em contraste, o vice-presidente de recursos humanos de um grande banco de Nova York me telefonou, porque ele tinha certeza de que a equipe dele estava manipulando as despesas, cobrando almoços sem a presença de clientes, pedindo reembolso pela compra de suprimentos inexistentes e cometendo outras irregularidades. Ele me pediu para verificar se a situação era generalizada e para sugerir o que fazer a respeito.

Depois de meio dia de entrevistas, descobri que o vice-presidente tinha o direito de viajar de primeira classe, mas viajava em classe econômica e embolsava a diferença. Todos sabiam disso, porque ele se gabava do "rendimento extra".

> ## Evangelho
> As pessoas não acreditam no que leem ou ouvem. Acreditam no que veem.

O CEO de um hospital em Rhode Island estava fazendo um tour comigo pelas instalações e apontava para as placas em todas as paredes, exaltando os "valores fundamentais" do hospital. A quarta placa era "Valorizamos nossos empregados". (É sempre assim; acho que a ladainha já vem impressa.) Diante de muitos desses dizeres, porém, viam-se supervisores humilhando subordinados, médicos ignorando paramédicos e repetidas manifestações da mais pura arrogância.

O CEO me disse que estava perplexo e que o moral estava muito baixo.

Perguntei-lhe:"Você acha que as pessoas acreditam no que leem nas paredes ou no que veem nos corredores?".

Os consultores podem ser sugados facilmente por esses redemoinhos de comportamentos éticos erráticos. E não importa que os abusos sejam pela empresa, ou pelo indivíduo, ou pela equipe, ou pela causa; isso pode minar os projetos mais bem estruturados do mundo.

Eis o que deve ser observado: Os valores fundamentais do lugar seriam compatíveis com os valores operacionais do lugar?

Por exemplo, a Merck tinha um valor fundamental muito claro: "Acreditamos na criação do mais alto grau de aplicação da ciência, direcionando-a contra as principais áreas de sofrimento humano, por motivos de saúde". Ninguém se associava à Merck para ficar rico, como numa empresa financeira de Wall Street, ou para influenciar a opinião pública, como numa empresa de publicidade de Madison Avenue. As pessoas se juntavam à Merck por acreditarem em seus valores fundamentais. No nível operacional, eles tratavam cada decisão da mesma maneira:"Será que essa minha alternativa reforça os valores fundamentais da empresa?".

Você encontrará organizações em que as crenças fundamentais (as placas nas paredes) são como que de galáxias distantes. As crenças fundamentais (o que, na verdade, orienta as ações diárias das pessoas) são muito diferentes. A empresa acredita em contribuições para o meio ambiente e em materiais de construção de classe mundial, mas as pessoas no andar de baixo acreditam em completar suas quotas mensais e em evitar fazer muitas visitas noturnas aos clientes.

Muitas vezes, é preciso um consultor para trazer à tona a dissonância cognitiva.

A Bíblia da Consultoria **257**

Estudo de caso

Eu estava conduzindo um seminário sobre ética, como parte de um projeto para uma grande organização de varejo financeiro. O presidente e 20 executivos de alto nível estavam na sala. Apresentei o problema:

Suponha que você esteja entrevistando um importante gestor da concorrência para um cargo nesta empresa. O candidato puxa um maço de papéis com o timbre da empresa, todas as folhas ostentando um grande carimbo, onde se lia "Confidencial". O gestor da concorrência, então, pede licença para ir ao banheiro e deixa a pilha de documentos sobre a mesa.

Dos 20 executivos presentes, um disse que não tocaria nos papéis e encerraria a entrevista, mas 12 disseram que os leriam, e sete afirmaram que os copiariam.

O presidente ficou indignado. "Isso é inaceitável!", gritou. "Não fazemos coisas desse tipo aqui!"

Depois de um breve silêncio constrangedor, um dos vice-presidentes disse: "John, como você acha que preparamos os seus resumos de segunda-feira de manhã?".

Loucuras financeiras

A ideia numa empresa de serviços profissionais que você dirige como consultor autônomo é maximizar as despesas dedutíveis antes do imposto e minimizar as despesas não dedutíveis depois do imposto. Há, contudo, uma diferença entre "elisão fiscal" e "evasão fiscal". A principal diferença é que a evasão fiscal pode levá-lo para a cadeia, ao passo que a elisão fiscal é planejamento tributário supostamente lícito.

Trabalhe com seu advogado e com seu contador para maximizar as deduções admitidas por lei, e o que pode ser incluído no estatuto social como benefícios dedutíveis. Em geral, é possível deduzir despesas com o escritório doméstico escrituradas em livro-caixa que atendam a certos critérios: despesas médicas não reembolsadas pelo seguro-saúde, pagamentos a entidades de classe, e outras. A legislação tributária, porém, muda com muita frequência.

Escriture minuciosamente, e com assiduidade, suas despesas, inclusive para cobrá-las dos clientes, quando se relacionarem com serviços prestados (locomoção, refeições, hospedagem, e outras), e cobre da empresa as despesas com suprimentos de escritório e de desenvolvimento profissional (seminários, livros). Obviamente, tudo deve ser feito sob a orientação de especialistas (advogados e contadores) e com rigorosa observância das leis e dos regulamentos.

Quanto aos clientes, estipule na proposta as condições de pagamento e seja inflexível quanto à pontualidade. Se você não receber os honorários e reembolsos conforme as especificações, pare de trabalhar e diga ao comprador: "Temos um problema". Nunca discuta com o pessoal de contas a pagar nem aceite o argumento "Essa é a nossa política". As normas vigentes são as combinadas com o comprador e estipuladas na proposta.

No que concerne à conduta ética relacionada com finanças, no entanto, eis sete diretrizes:

1 *Nunca cobre despesas em duplicidade*
Se você visitar mais de um cliente, as despesas devem ser rateadas. Nunca, jamais, cobre duas vezes pela mesma despesa. (Certa vez, as áreas de contas a pagar de dois clientes exigiram recibos originais para reembolsar-me de uma viagem para visitá-los a ambos. Disse-lhes que, como só havia um original, o cliente que o recebesse pagaria o total das despesas. Os dois logo decidiram aceitar cópias.)

2 *Cobre só o que o cliente paga pelas próprias despesas*
Viajo só de primeira classe, mas cobro dos clientes pela classe econômica em voos domésticos, e pela classe executiva em voos internacionais, pois isso é o que eles geralmente fazem para o próprio pessoal. Fico em hotéis de luxo, mas cobro o equivalente ao Marriott da cidade. Uso carro com motorista, mas cobro o equivalente a táxis.

Deixo esse critério claro para o comprador e o reitero na fatura. O cliente não é obrigado a pagar suas escolhas de estilo de vida, mas somente despesas razoáveis. Se você for bem-sucedido, você pode absorver a diferença; do contrário, a solução é conformar-se com os procedimentos normais.

3 *Não seja mesquinho*
Acho de um ridículo histérico quando meu advogado me envia uma nota de reembolso de despesas de US$ 3.042,44. Sei que US$ 42,00 é por cópias e US$ 0,44 por selos! Não seja tão mesquinho! Não cobre despesas com postagem, cópias,

telefone, entregas rápidas e outras ninharias. Esses são os custos mínimos de fazer negócios.

4 *Você pode cobrar quantias diferentes, de clientes diferentes, pelo mesmo trabalho*

Se estou dando coaching ao cliente A, com orçamento de US$ 100.000 e dez empregados, para ajudar um supervisor, e dando coaching a um cliente B, com orçamento de US$ 10 milhões e 400 empregados, para ajudar um vice-presidente, cobrarei importâncias diferentes, mesmo que a metodologia e a carga horária sejam as mesmas.

Isso porque, no caso de honorários *ad valorem* você cobra de acordo com a sua contribuição para o valor do projeto, que, neste caso, é, sem dúvida, mais alto, quanto à melhoria das condições do cliente, no coaching para o vice-presidente. Não há nada de errado nisso.

Seria injustificável cobrar honorários diferentes pelo coaching de duas pessoas na mesma empresa em posições absolutamente idênticas, com as mesmas necessidades da parte delas, e com os mesmos métodos de sua parte. (E, além disso, as pessoas conversam e comparam situações.)

5 *Não reduza custos às custas do cliente*

Entregue o que prometeu. Se você prometeu uma pesquisa personalizada pelos honorários cobrados, não a substitua por uma alternativa empacotada, genérica. Se você prometeu visitar quatro escritórios e seis clientes, não visite três escritórios e quatro clientes. (Por isso é que nunca é boa ideia especificar insumos.)

Pense primeiro na quarta venda. Invista o necessário.

Evangelho

As pessoas, em geral, se comprometem financeiramente, do ponto de vista ético, quando estão desesperadas. A melhor ação preventiva é construir uma prática próspera, que nunca o deixe em situação precária.

---

6 *Nunca esconda receitas*

Se alguém lhe der um cheque em seu nome, não no da empresa, endosse-o para a empresa. Não tente ocultar rendimentos em sua conta pessoal.

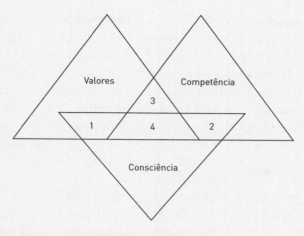

1. "Agiria", mas não pode, pela falta de competências.
2. "Deveria agir", mas não agirá, pela falta de valores.
3. "Poderia agir", mas não age, pela falta de consciência.
4. "Agirá", porque todos os elementos estão presentes.

Figura 13.1 – Fatores para a eficácia ética

7 *Se o cliente oferece benefícios não financeiros, eles em geral são tributáveis* Passagens aéreas, roupas, refeições, presentes, entradas para eventos esportivos, entradas para espetáculos, e assim por diante, constituem rendimentos tributáveis. Eles devem ser declarados. O recebimento de qualquer benefício com valor quantificável é rendimento tributável a ser incluído na declaração do imposto de renda. Na maioria dos casos, é melhor recusá-los delicadamente. (E não pense que você pode dirigir um negócio com base no escambo.)

Em geral, para você e para os clientes, o gráfico da Fig. 13.1 mostra as condições sob as quais é mais provável que você aja de maneira ética:

- Você tem os valores e sabe o que é certo e errado.
- Você tem as competências para fazer o que é necessário.
- Você tem consciência para compreender quando algo é questionável.

A conduta ética não é situacional, e questões financeiras não justificam exceções ao comportamento adequado. O que é legal (por exemplo, substituir um produto por outro, mais barato, com o mesmo desempenho) nem sempre é ético, porque o cliente pagou por um produto mais caro, na expectativa de que ele seja usado.

Você deve esperar considerações éticas por parte do cliente: pagar as contas sem atraso, reconhecer despesas legítimas e não tentar incluir mais serviços pelos mesmos honorários.

E o cliente deve esperar o mesmo de você.

Proteção e plágio

Há quem passe mais tempo tentando enganar e empulhar do que dedicando-se a um dia de trabalho honesto. Um cara emocionalmente doente lança "biografias" fictícias a mim atribuídas, em seu site na internet (diz ele que eu nasci no Canadá), para aumentar seu prestígio em mecanismos de busca usando o meu nome, o que lhe facilita a venda de produtos suspeitos. Várias pessoas já disseram que moveram ações judiciais contra ele.

Esse tipo de gente, porém, não é o problema. Ele é um marginal. As pessoas que simplesmente se apossam de suas coisas e delas se apropriam como se lhes pertencessem é que podem ir além de mero aborrecimento.

Encontrei um indivíduo na Austrália que simplesmente imprimia verbetes do blog de David Maister como se fossem dele! Literalmente! Se David relatava que tinha acabado de voltar de uma noite de autógrafos em Amsterdam, uma reprodução exata disso aparecia no site do cara, só que com o nome *dele*! Escrevi para perguntar-lhe como ele tinha a audácia e a burrice de agir daquela maneira, mas, é claro, não recebi resposta.

Um excelente recurso da internet é Copyscape (www.copyscape.com), que lhe permite digitar o endereço de qualquer uma de suas páginas na internet, para ser notificado imediatamente de qualquer outro lugar onde elas também apareçam. Dessa maneira, descobri duas pessoas que tinham se apropriado de páginas inteiras de meu Programa de Mentoria, para uso próprio. Ao serem procuradas, elas logo perderam a pose, alegando que as páginas só estavam "reservando espaço" até que elas desenvolvessem as próprias páginas (ou, mais provavelmente, até que fossem presas).

Outro recurso valioso é o Google Alerts, que localiza quaisquer palavras-chave e fornece um resumo diário de onde foram usadas. Você pode verificar o seu nome, as suas marcas registradas, os seus concorrentes, os seus tópicos mais importantes, e assim por diante. Frequentemente, encontro meus trabalhos em sites sórdidos, de downloads gratuitos, onde pessoas de todo o globo tentam ganhar dinheiro roubando propriedade intelectual (até livros inteiros) e oferecendo-as de graça, como artifício para angariar publicidade! A ilegalidade e a antiética são um poço sem fundo.

Já falamos neste livro sobre dispositivos de proteção legal (direitos autorais, marcas registradas e outros). Nesta seção, quero explicar duas situações correlatas: reparação e escalada.

1 *Ego subordinado*
O simples fato de repetir uma frase (por exemplo, "aprendizado exponencial") que você já usou numerosas vezes não significa que o indivíduo seja criminoso. Se, porém, alguém usa a sua marca registrada (por exemplo, "O workshop do Aprendizado Exponencial"), aí, sim, você tem um argumento. Essa é a vantagem das marcas registradas: o peso esmagador da lei está ao seu lado.

2 *Não caia em golpes*
Todos os meses, recebo notícias de alguma empresa obscura na Ásia dizendo que o nome da minha empresa e das minhas marcas registradas serão usadas por alguém, a menos que eu entre com um pedido para protegê-las e, evidentemente, remeta-lhes generosos honorários. Isso é golpe. Tenha um bom advogado especializado em propriedade intelectual e em direitos autorais a quem você possa simplesmente enviar essas notificações se você ficar muito preocupado com isso.

3 *Ignore os insetos no para-brisas*
Não gaste US$ 5.000 para proteger US$ 100. Há quem esteja disposto a vender o seu trabalho ou explorar a sua propriedade por ganhos insignificantes. Tentar impedi-las não só é muito caro, mas também lhes dá mais publicidade do que elas jamais conseguiriam pelos próprios méritos.

4 *Intensifique gradualmente as suas respostas*
Recomendo que você crie uma sequência muito simples:
- Envie um e-mail ou uma carta ao ofensor. Talvez você descubra que foi um acidente ou um mal-entendido, ou quem sabe ele até se desculpe, receando alguma retaliação.
- Se isso não funcionar, peça ao seu advogado para disparar um tiro de advertência. Uma carta educada, com ameaças sutis,

A Bíblia da Consultoria **263**

quase sempre surte efeito. Deve custar uma hora do tempo do advogado. (A maioria dos advogados, por incrível que pareça, cobra cada seis minutos de acréscimo!)

▸ Se o tiro de advertência não os detiver, avalie a hipótese de entrar com uma ação judicial. Caso você tome essa iniciativa, deixe claro que eles deverão pagar os honorários advocatícios e as custas judiciais como parte de suas reivindicações. Não deixe de fazer uma análise cuidadosa de custo-benefício para certificar-se de que vale a pena prosseguir.

▸ Se você for adiante, deixe tudo por conta do advogado e volte ao trabalho. Não passe noites em claro debruçado sobre o assunto.

Lembro-lhe de que a marca muito forte deixa notória a procedência da propriedade intelectual, e é o melhor dissuasor contra pessoas que tentam explorar o seu trabalho como se ele fosse delas próprias.

Evangelho

Sucesso, não perfeição. Deixe claro que você combaterá casos notórios de roubo, mas não dê um tiro no pé, ficando obcecado com quem está usando sua propriedade intelectual.

Como dizem os economistas, "por outro lado":

Seja rigoroso e disciplinado sobre aquilo de que se apropria, cita ou reivindica. Este capítulo é sobre ética, mas não só para a sua proteção. Ao usar palavras exatas, propriedade intelectual, modelos ou exemplos alheios, cite as fontes. Embora seja verdade que não é possível reivindicar direitos autorais ou, de qualquer outra maneira, proteger conceitos, você pode proteger os formatos e modelos que os reforçam e os transmitem.

Se você estiver escrevendo um artigo ou livro, ou planejando um workshop, ou conduzindo uma teleconferência, e mais de 15% do conteúdo for atribuível a outros, eu o advertiria de que está recorrendo demais a outras fontes, *mesmo que lhes faça a devida atribuição.* Sempre tive fascinação por autores que frequentemente recorrem a trabalhos alheios, mencionando suas citações e modelos. Por que eu devo ler o trabalho deles, porém, se as fontes originais também estão disponíveis?

A palavra oral é difícil de proteger (ao contrário de canções e discursos, que também aparecem por escrito e podem ser resguardadas por direitos autorais). Talvez você queira publicar alguma versão até de discursos informais e improvisados, para proteger seu conteúdo. Um apresentador, certa vez, usou uma de minhas próprias histórias para apresentar-me numa de suas conferências. Ele já tinha roubado tanto, de tantas pessoas, que não havia percebido a mudança nos ventos e estava usando material roubado justamente do palestrante daquele dia!

Lembre-se: você fica com o que levou para o cliente. O cliente fica com o que era dele antes da sua chegada. O que você cria no cliente é produto do trabalho que pertence ao cliente e a você, a menos que se negocie algo em contrário.[1]

A imitação é a forma mais sincera de bajulação, a não ser quando desvia dinheiro da sua conta bancária para a de outra pessoa. Nesse caso, é simplesmente crime.

Quando recusar negócios e dispensar clientes

Eis uma lei imutável: maus clientes potenciais viram péssimos clientes. Eles não se transformam como que por mágica em parceiros responsáveis, respeitosos e profissionais, só porque agora passaram a pagar-lhe.

Ficam piores do que antes.

Se um cliente potencial não lhe dispensa bom tratamento (atrasa-se nos encontros, cancela compromissos no último minuto, fala e age com grosseria, inclusive permitindo interrupções de subordinados, e outras grossuras), por mais duro que pareça, sugiro que você parta para outra. Basta dizer que o projeto não lhe parece bom ou que o comprador não lhe parece bastante comprometido. O dinheiro talvez seja atraente, mas você vai se arrepender.

Tenho certeza de que muitos leitores ignorarão essas minhas recomendações, e todos os que me ignoraram depois dirão: "Eu deveria ter ouvido o conselho dele". Portanto, depois, não diga que eu não o adverti.

Evangelho
Nem todos os negócios são bons negócios, como nem toda comida é boa comida, nem toda música é boa música. Mantenha-se longe de experiências que você sabe que não serão boas para você.

Eis quatro outros motivos para recusar um negócio:

---

[1] Procure um advogado se a minha regra prática for insuficiente, e você receberá todo o conteúdo em 200 páginas, em vez de em um parágrafo.

A Bíblia da Consultoria **265**

1 *Não é consistente com seus valores*

Nunca fiz trabalho de *downsizing*, porque o considero resposta antiética aos erros cometidos pela alta administração. ("Fizemos uma besteira, mas eles vão pagar por isso.") Você pode encontrar clientes potenciais cujos objetivos sejam legais, mas antiéticos (Já falamos sobre essa dicotomia.) Ocultar informações das pessoas por elas afetadas, ludibriar os clientes e, deliberadamente, fraudar os investidores sem dúvida se enquadra nessa categoria.

Jamais admitirei qualquer coisa que tenha a ver com marketing multinível ou marketing de rede, também conhecido como "corrente da felicidade" ou "conto do vigário", que, em minha opinião, em nada contribui para o contexto e enriquece as pessoas que deram partida no esquema e dele saem em tempo, às expensas das retardatárias.

2 *O trabalho é muito árduo*

Não importa a ajuda de terceirizados ou do pessoal do cliente, o seu envolvimento pessoal demandará muito tempo, viagens perigosas, más condições de trabalho, e outras dificuldades.

Outra razão é ser obrigado a estar longe durante eventos familiares importantes.

3 *Você não acredita no produto ou serviço do cliente*

Referi-me ao marketing multinível. Mas você também pode ter objeções a serviços que lhe pareçam injustos para os idosos, discriminatórios contra grupos étnicos, ou exploradores de práticas trabalhistas questionáveis em outros países.

Essas situações até podem ser legais, e até consideradas éticas e justas por outras pessoas. Você, porém, nunca é obrigado a aceitar um cliente que você ache repulsivo, desde que essa reação também não seja preconceituosa, por fatores como etnia, idade, gênero, incapacidade, raça, e outros.

4 *O trabalho não é basicamente a sua praia*

Tudo bem que você terceirize trabalho em que outros são mais eficazes (ou que você, de modo algum, pode fazer); essas atividades, contudo, devem ser a menor parte do projeto, digamos 25% ou menos. Caso se enquadrem entre 25% e 50%, talvez seja o caso de procurar um parceiro com essas qualificações. Se, porém, a terceirização ou parceria abranger mais do que a metade do trabalho, será melhor transferir o negócio para outro consultor capaz de absorver grande parte das atribuições, limitando o seu papel ao de terceirizado ou de intermediário remunerado.

Em raras ocasiões, você já fechou o negócio e já iniciou o trabalho, mas deve desengajar-se. Isso acontece com todos nós em situações como:

- ► O cliente para de pagar
A grande arma que você tem contra o cliente (e, quase sempre, a única arma) é parar de trabalhar. É um passo radical, mas inevitável, quando o cliente não cumpre as condições de pagamento em relação aos honorários ou aos reembolsos de despesas depois de um prazo razoável.

  O cliente dará como desculpa a conjuntura econômica, a rescisão de um contrato importante, problemas tecnológicos, e assim por diante. Mas você é consultor autônomo ou pequena empresa, precisa pagar as contas, e não é o banco do cliente, onde ele pode pedir empréstimos e financiamentos.

  Quanto mais liberdade você der ao cliente, mais ele o explorará. Você será o último na lista de contas a pagar.

- ► O cliente tenta ampliar o projeto
Às vezes, a expansão lenta do escopo (*scope creep*) não é gradual nem discreta, mas sim um plano calculado e ostensivo. Quando o cliente começa a pedir a inclusão de novas áreas, mais pessoas, estudos adicionais, e outros adendos – e não admite um aditivo à proposta para incluir o valor adicionado – é hora de parar. Esses pedidos não cessarão, e o cliente sentiu que, depois de entrar, você não pode sair. (Por isso é que você sempre deve exigir pagamento adiantado e receber como antecipação no mínimo 50% dos honorários.)

- ► O comprador não assume as responsabilidades definidas na proposta
As responsabilidades conjuntas constantes da proposta têm o objetivo de garantir o sucesso e definir o que cada parte pode fazer melhor. Se o comprador contesta a divisão do trabalho e não oferece apoio, não atua como patrocinador, nem designa pessoal para a execução de suas atribuições, o projeto fracassará e você será responsabilizado. Por isso é que as condições são estipuladas por escrito. (Aí se inclui a omissão e o descaso do comprador, que parece esquivar-se de suas abordagens.)

Felizmente, se o relacionamento entre as partes for de reciprocidade e confiança, nada disso acontecerá. Às vezes, contudo, você é iludido;

às vezes, o comprador agiu de boa-fé; às vezes, as condições mudaram radicalmente. Não lance dinheiro bom em cima de dinheiro ruim.

Eis algumas ações preventivas, além da construção de um relacionamento de confiança:

- ➤ Frequentemente, discuta o progresso com o comprador para ter certeza de que ambas as partes compartilham as mesmas percepções sobre o avanço do projeto e a melhoria das condições.
- ➤ Use os critérios da proposta como padrão para avaliar o progresso.
- ➤ Tente não ceder nem ao mais insignificante avanço lento do escopo. Depois de baixar a ponte levadiça, o fosso torna-se irrelevante.
- ➤ Faça alguma coisa no dia seguinte à data de vencimento de um pagamento não recebido. Não procure contas a pagar, mas sim o comprador. Seja educado, mas aja com profissionalismo e assertividade.
- ➤ Expresse-se mais ou menos da seguinte maneira: "Compreendo suas dificuldades financeiras, mas não tenho dúvidas de que você também compreende as minhas. Sou uma pequena empresa e não tenho como resistir a uma interrupção inesperada do meu fluxo de caixa. Insisto que você me pague conforme o estipulado em nosso contrato e que você procure alívio em outras áreas, não comigo".

Não hesite em pedir apoio jurídico se você tiver contas a receber vencidas. Isso é negócio. Garanto que o seu banco recorreria ao departamento jurídico para cobrar as suas dívidas se você fosse o inadimplente.

Fazendo bem ao fazer certo

O aforismo de George Merck "Faça o bem e o bem retornará" apareceu no relatório anual da Merck e em outros documentos paralelos. Durante os 12 anos em que prestei consultoria à Merck e a analisei como observador em primeira mão, pareceu-me que as pessoas lá acreditavam naquilo e atuavam com base nessa premissa.

Os valores fundamentais e os valores operacionais eram absolutamente coerentes.

Duas são as dimensões que nos afetam como consultores. A primeira é a maneira como aconselhamos e orientamos nossos clientes. Minha posição tem sido consistente no sentido de que devemos informar nossos compradores sobre quaisquer transgressões éticas que encontrarmos, sejam ou não parte integrante de nosso projeto específico. Jamais deixaríamos de notificar nosso cliente sobre um incêndio, um roubo interno em grande escala, ou alguma outra ameaça material ao bem-estar do cliente.

Estudo de caso

Quando eu trabalhava para a Calgon, visitei um depósito distante em que se armazenavam produtos químicos de purificação da água. Uma das razões pelas quais eu estava fazendo aquilo era porque a administração da empresa praticamente nunca havia tido esse cuidado e ficava imaginando como os pedidos eram recebidos e atendidos.

No depósito, encontrei calendários com fotografias de mulheres nuas nas paredes.

"O que é isso?!", perguntei a um dos empregados.

"Miss Março", respondeu ele, displicentemente.

Fui à sala do supervisor e disse a ele que, como algumas mulheres trabalhavam lá e visitavam o depósito com regularidade, aquilo era uma transgressão das normas sobre hostilidade no local de trabalho, e a empresa podia ser processada.

"É só a Miss Março", retrucou ele, como quem não quer nada.

Quando conversei com o presidente, mais tarde, naquele dia, mencionei o incidente, e ele ficou furioso. Disse-lhe que ele tinha três problemas:

1. O calendário devia ser retirado.
2. A supervisão de primeira linha precisava de treinamento nessas questões.
3. O pessoal de recursos humanos estava dormindo em pé (falta de acompanhamento).

Disse-lhe que ele podia tratar do assunto com o seu próprio pessoal, mas que eu ficaria feliz em ajudá-lo se ele precisasse. (Ele precisou).

Portanto, ajudamos nossos clientes em questões que podem provocar impacto imediato e perigoso (ou criar oportunidades surpreendentes), mesmo que seja apenas chamando a atenção para essas situações. Se formos contratados paras trabalhar nessas questões, e se o assunto for de

A Bíblia da Consultoria **269**

nossa competência, tanto melhor. Uma vez que estamos cuidando dos interesses legítimos do cliente, não só dos nossos, essa é uma posição ética.

E isso me leva ao segundo aspecto importante deste segmento – como agir.

Já discutimos o óbvio, do tipo não cobrar dos clientes reembolso de despesas em duplicidade ou viajar em condições muito dispendiosas. Existem, porém, outros aspectos éticos envolvendo o consultor autônomo ou a butique de consultoria.

Cinco mandamentos para condutas e considerações éticas

1 *Você está contribuindo para a comunidade?*
Você está fazendo alguma coisa pela sua comunidade próxima? Você por certo participa da Câmara de Comércio ou patrocina uma pequena equipe esportiva, para que as pessoas ostentem no peito o nome da empresa. O que estou perguntando, porém, é diferente: "Você está de fato contribuindo para a comunidade, em vez de apenas auferindo ganhos? Você está participando de associações comunitárias, angariando fundos para filantropia, visitando casas de idosos ou ajudando em mutirões de limpeza? Você contribui para bancos de alimentos e ajuda nas festas comunitárias?

2 Você está *contribuindo para a profissão?*
As profissões crescem na medida em que os profissionais questionam, debatem, contribuem e se envolvem. Muitos grupos de profissionais se reúnem apenas para mentirem uns aos outros, para se vangloriarem dos sucessos profissionais, ou para divulgarem modelos conceituais que desenvolveram a duras penas e que agora não sabem aplicar no mundo real.

Você assumiu posições de liderança em grupos profissionais? Você recebe estagiários sem remuneração para a obtenção de créditos disciplinares na escola? Desenvolve e compartilha modelos, conceitos e metodologias? Já formou grupos de *mastermind*, deles participando ativamente?

3 Você está *trabalhando como voluntário?*
Além das implicações de marketing, você explora a sua especialidade e o seu talento para ajudar uma escola local, uma instituição filantrópica, ou grupos artísticos? (Algumas comunidades têm bancos de talentos, aos quais você pode oferecer

suas competências.) Você ajuda as pessoas, não só por dinheiro ou marketing, mas simplesmente com o propósito de ajudar? É surpreendente como só um pouco de trabalho pode fazer enorme diferença em organizações que não têm a menor ideia de como desenvolver uma estratégia, resolver um conflito, elaborar um orçamento ou implantar novas tecnologias.

4 *Você atua como coach ou mentor?*

Algumas pessoas não podem pagar pela ajuda de que precisam, mas são casos típicos de candidatos a coaching (mas não querem nada de graça). Elas reconhecem a necessidade de desenvolvimento profissional, o que, provavelmente, aceleraria suas carreiras. Em todos os workshops que conduzo, sempre há pelo menos um participante bolsista. Ninguém sabe quem são, e nunca ofereço o benefício a quem pede. Mas é fácil dizer quem mais o aproveitaria, para quem está envolvido nessas atividades. Minha seleção se baseia no potencial e no entusiasmo. Nunca peço aos bolsistas qualquer pagamento, jamais.[2] A ajuda pode tomar a forma de publicações gratuitas, entradas gratuitas em workshops, participação gratuita em teleconferências, e assim por diante.

5 *Você se recusa a atender a pedidos impróprios?*

Com a melhor das intenções (e às vezes com a pior), os clientes lhe pedirão para:

- ▶ Revelar detalhes das conversas de coaching.
- ▶ Informar o nome de respondentes em pesquisas anônimas.
- ▶ Narrar conversas e comentários de empregados.
- ▶ Compartilhar confidências que você prometeu não divulgar.
- ▶ Dar informações restritas sobre outros clientes.
- ▶ Apresentar relatórios falsos ou enganosos ao Conselho ou a outros gestores.
- ▶ Tomar partido em conflitos políticos.

Se você pretende aconselhar os clientes, você deve saber o que fazer e agir conforme o discurso.

---

[2] Nada surpreendente, as poucas pessoas que me pediram para participar de alguma coisa pela qual me pagariam depois nunca me pagaram e nem mesmo levantaram a questão. Não faço isso mais.

———————— Capítulo 14 ————————

Estratégias de saída:
nada dura para sempre

Construindo o patrimônio líquido

Em algum momento, você deixará a empresa ou ela o deixará. Você sabe disso. Portanto, é bom se preparar para esse dia!

Neste primeiro segmento, analisaremos a construção do valor da empresa – o patrimônio líquido. Como você se lembra, dois são os modelos mais comuns e desejáveis nesta área.

Modelo 1: O consultor autônomo, que não tem empregados em tempo integral, conta com relativamente poucos ativos físicos, pode não ter um escritório fora de casa e fica com praticamente todo o lucro gerado pelo negócio, para uso pessoal.

Modelo 2: A butique de consultoria, de sua propriedade, que tem ativos físicos, como escritório próprio ou alugado, empregados e infraestrutura, onde o proprietário investe parte do lucro anualmente, na forma de salários, benefícios, expansão, e outras necessidades.

Falarei sobre a formação do patrimônio líquido para ambos os modelos, e você pode aplicar o que for mais adequado ao seu tipo de consultoria. Lembre-se que *nunca é cedo demais para começar a planejar a formação de alto patrimônio líquido, mas pode ser tarde demais*. E, como já adverti, confundir os dois modelos quase sempre resulta em desastre e compromete gravemente o patrimônio líquido, pois ninguém quer comprar um bode voador, por mais belas que sejam as asas que você instalou no animal. Se você tentar forçá-lo a voar, você simplesmente acabará com um bode muito infeliz.

> **Evangelho**
>
> Você pode começar a formar o patrimônio líquido da consultoria autônoma ou da butique de consultoria desde o primeiro dia. O problema é que muitos consultores não sustentam o ritmo até o último dia.

Para construir o valor do seu negócio aos olhos alheios e para os propósitos que serão expostos no restante deste capítulo, independentemente de você tentar uma venda direta ou diferentes alternativas, eis aqui sete maneiras de criar uma verdadeira máquina voadora com propulsão própria:

1 *Manter listas e base de dados fortes*
Siga tudo e todos, o que é mais fácil hoje do que em qualquer outra época, graças à tecnologia. Não se limite a rastrear clientes; mantenha registros das pessoas nas empresas clientes, de seus títulos e de suas informações de contato. Acompanhe os clientes potenciais, *propostas que foram rejeitadas,* pistas e recomendações.
Dica: Siga essas pessoas à medida que se movimentam e limpe as listas com regularidade, enviando e-mails, newsletters ou ofertas — você tomará conhecimento dos saltos. O aspecto qualitativo (atualização) é mais importante que o aspecto quantitativo (milhares de contatos errados).

2 *Preserve relacionamentos fortes e duradouros com os principais fornecedores*
Pague primeiro ao pessoal local — projetistas, especialistas em internet, gráficos, contadores, advogados, e outros. Procure-os regularmente, mesmo que você, diretamente, não tenha negócios para eles. Mantenha-os fiéis ao seu negócio.
Dica: Faça alguma coisa todos os anos para o pessoal local, como uma festa no escritório ou algo do gênero. Ofereça, vez por outra, trabalho voluntário. E, o mais importante, indique-lhes, sempre que possível, negócios oriundos de referências.

3 *Crie e proteja a propriedade intelectual*
Converta seu capital intelectual em propriedade intelectual vendável. Tenho dezenas de placas na parede mostrando marcas registradas em nome da minha empresa. (Isso também é importante se você está à procura de investidores.) Garanta que

todos os seus trabalhos sejam protegidos por direitos autorais. Acompanhe as ações judiciais e seus desfechos.

Dica: Acompanhe a receita por produtos, serviços ou ofertas. O seu contador pode fazer isso com facilidade. Mostre o lucro gerado e o crescimento projetado a taxas conservadoras.

4 *À medida que você amadurece, pense em aumentar seu salário e benefícios*
Quase todos nós estamos convencidos de que temos de reduzir os rendimentos tributáveis e aumentar as despesas dedutíveis, se possível. No entanto, ao chegarmos a um ponto em que nosso afastamento do negócio torna-se cada vez mais provável (o que pode ocorrer mais cedo para quem já alcançou muito sucesso e procura outras aventuras), a renda que auferimos pessoalmente converte-se em ativo do negócio. É lucro para o comprador.

Dica: Você pode aumentar sua renda pessoal e ainda aproveitar deduções tributárias aumentando suas contribuições para a filantropia, por exemplo. Ou você pode simplesmente desfrutar o dinheiro ou reservá-lo para o próximo estágio da sua vida.

5 *Acumule e atualize constantemente os depoimentos*
Por ironia, as consultorias altamente bem-sucedidas mantêm depoimentos com mais de dez anos, pois nunca sentiram a pressão para pedir outros ou para atualizar os existentes! Você precisa demonstrar que sua consultoria continua a atrair e a encantar clientes.

Dica: Não seja tímido na hora de atualizar antigos depoimentos, já com vários anos. Por isso é que os depoimentos em vídeo são tão poderosos – raramente eles são datados, desde que ninguém esteja usando calça boca de sino!

6 *Mantenha a visibilidade na mídia*
Nunca deixe de publicar newsletters, posts em blogs, artigos impressos, entrevistas, e assim por diante. Isso deve ser mais fácil do que nunca, com base em suas publicações e contatos anteriores. Cultive a visibilidade, mesmo que seja principalmente em campos de atuação estreitos.

Dica: Contribua para colunas em órgãos de imprensa, que estão sempre verdes e nunca murcham, a não ser que o veículo seja vendido ou sua própria qualidade diminua. Contribuí para algumas fontes durante mais de uma década.

A Bíblia da Consultoria **275**

7 *Atualize a sua imagem*

Invista para melhorar seu site, seu logo, seu blog, seus materiais, e outros componentes de sua interface com o mercado. Sua aparência não pode ser antiga, e até marcas famosas (por exemplo, Coca-Cola e FedEx) mudam de cara vez por outra. Com uma base de clientes leal e boa visibilidade, você não perderá clientes só porque mudou o jeito do lugar.

Dica: Isso é mais fácil, menos dispendioso e muito mais sincronizado quando você também muda a tecnologia – melhore seu site, seu blog e suas salas de bate-papo; atualize seus serviços remotos (teleconferências e webnários); e explore os avanços da tecnologia de que você não pode se dar ao luxo de perder, de modo algum.

Licenciando a propriedade intelectual

O licenciamento da propriedade intelectual (PI) exige que você *tenha* propriedade intelectual! Já discutimos neste livro a importância da propriedade intelectual.

Se você vende a empresa, a PI é ativo que aumenta o patrimônio líquido e reforça o valor de mercado do negócio. Se você não vende a empresa, a PI é ativo que pode ser vendido ou licenciado à parte. (Muitos anos atrás, John Humphrey era *chairman* de uma empresa de treinamento chamada Forum. Ele me disse que quando os bancos relutavam em emprestar dinheiro sem garantias tangíveis, ele os levava para o cofre dos bancos e lhes mostrava suas criações originais, suas marcas registradas e outras provas concretas de sua propriedade intelectual antes do computador. Talvez a história não seja verdadeira, mas é uma ótima imagem.)

Eis alguns critérios para avaliar a atratividade e o valor potencial da PI. A PI:

- ► está vendendo bem agora, gerando receita por si própria?
- ► tem boas chances de vender bem no futuro?
- ► pode ser atualizada com rapidez para continuar relevante?
- ► ajusta-se a várias mídias e veículos de entrega?
- ► é transcultural, aplicável em todo o mundo?
- ► pode ser entregue com o mínimo de despesas e custos?
- ► pode ser vendida como item totalmente independente?

Você pode optar por vender a PI em condições circunstanciais: alguém pode pedir para usar a sua PI em projetos próprios ou de terceiros.

Talvez você prefira licenciá-la por prazo determinado: um ano ou cinco anos, por exemplo.

Outra hipótese é licenciá-la em termos definitivos, desde que observadas certas condições — de fato, uma venda.

Ainda outra opção é licenciá-la para uma empresa, para uso interno, ou para pessoas físicas, para uso público (e com os próprios clientes).

Evangelho

Se você for consultor autônomo, licenciar a PI é a exceção na hipótese de não conseguir vender o negócio. Você vende partes dele!

O que você pode pensar em fazer, com o objetivo de cumprir esses critérios de atratividade e valor potencial da PI:

- ► Um workshop ou seminário que possa ser conduzido por qualquer profissional qualificado e que não dependa de você, ao contrário do que ocorreria se os participantes comparecessem com o objetivo específico de ouvir e debater seus comentários sobre um livro de sua autoria.
- ► Uma série de teleconferências, com muitos assinantes, cujo conteúdo nem sempre tenha sido seu e cuja condução nem sempre tenha sido sua.
- ► Um livro que terceiros se disponham a adaptar para várias mídias. (O empreendimento é notoriamente lucrativo para o escritor, mas altamente perigoso para as pessoas que tentam converter o material para canais de entrega lucrativos.)
- ► Modelos protegidos (para a formulação da estratégia ou para a aceleração das vendas), implantáveis por terceiros, por conta própria.
- ► Sala de bate-papo, centro de respostas, ou discussões moderadas, transferíveis a terceiros.
- ► Newsletters, podcasts, séries, e outras mídias, a serem assinadas pelo público.
- ► Um sistema que represente uma abordagem ao mercado geral, mesmo que envolva seu nome. (Você pode licenciar, por exemplo, algo do tipo o "Sistema de Consultoria de Um Milhão de Dólares™, de Alan Weiss", incluindo workshops, materiais, áudio, vídeo, e assim por diante, para propriedade exclusiva em vários países.)

A Bíblia da Consultoria **277**

Se você quiser preparar essas e outras propriedades para maximizar o potencial de licenciamento, é preciso ser implacável na discriminação entre as que são boas fontes de receita, as que simplesmente apoiam outras de suas produções, as que dependem de você, e as que você mantém ao seu redor por uma simples questão de conforto, como animais de estimação. Nada como um excelente cadastro de bons antecedentes para convencer as pessoas a pagar pelo uso de sua propriedade intelectual.

Vejamos, por exemplo, o caso de um workshop. Se tiver dois dias de duração e o cliente pagar US$ 25 mil para receber 20 pessoas, é preciso comprovar a demanda por esse item de pelo menos um evento por trimestre – uma oportunidade de negócio de US$ 100 mil por ano. Também é preciso demonstrar que o evento já foi conduzido por seus próprios terceirizados e/ou pelo pessoal do cliente, ou seja, você, pessoalmente, não é indispensável para o sucesso da iniciativa. Você até pode mostrar que já houve casos de promoção e venda dos eventos por terceiros, que você então conduziu, demonstrando que você não é necessário nem mesmo para a venda.

Pegou a ideia? Se o potencial chega a dois por trimestre, sequência que se repete por cinco anos corridos, e você conduz apenas a metade deles, seu potencial de ganho com o licenciamento é de US$ 200 mil a US$ 1.000.000.

Como cheguei a esse resultado? Se alguém quisesse licenciar os workshops por um ano, a premissa seria a de que eles poderiam triplicar suas vendas, dedicando-se ao negócio em tempo integral (ou, pelo menos, mais do que você, pois, em seu caso, seria apenas parte do valor que você fornece). Isso equivaleria a 12 por ano, no mínimo, ou US$ 300.000, gerando lucro de US$ 100.000 pelo licenciamento. Se eles, porém, quiserem um acordo de cinco anos, você poderá reduzir os honorários para US$ 150.000 por ano, ou US$ 750.000, enquanto o licenciamento geraria cerca de US$ 1.500.000 no período.

Se alguém quiser direitos perpétuos, os números poderão chegar, facilmente, a um milhão de dólares, com contratos de licenciamento – tudo resultante da condução de um workshop, que é todo seu, cerca de uma vez por trimestre. *Quando as pessoas veem um histórico confiável de bons antecedentes, elas se dispõem a pagar pelo potencial.*

Escolhi o exemplo do workshop pela simplicidade, mas o processo também se aplica a métodos de consultoria sofisticados, a coaching e a outras metodologias, não raro com maior lucratividade.

Ao considerar candidatos a licenciamento, aborde a outra parte, como você faria com um cliente potencial. Assegure-se de formular a química certa. Cumpra o dever de diligência, executando todas as verificações prévias. Não concorde em ser remunerado com base nos lucros futuros. Você não é banco.

Pense em incluir no acordo as seguintes condições:

- ► A licença é apenas para o licenciado, e não pode ser vendida, herdada, nem transferida de qualquer outra maneira.
- ► Critérios de qualidade devem ser cumpridos (*feedback* dos clientes, prazos, e outros).
- ► Se o pagamento for anual, deverá ser recebido na íntegra, até determinada data.
- ►Você pode auditar ao acaso a execução e os resultados.
- ► Certas características do trabalho não podem ser alteradas.
- ► Em nenhuma circunstância, o licenciado pode lhe fazer concorrência.

Para melhorar o licenciamento, você pode oferecer opções, como atualizações contínuas da PI, à medida que você a aprimora; comparecimentos pessoais ocasionais, para ajudar na promoção; treinamento e reforço contínuo para o licenciado e para a equipe de apoio; e menções em suas campanhas promocionais e publicitárias.

Caso você desenvolva PI em quantidade e com qualidade suficientes, você pode gerar rendimentos de um milhão de dólares, sem trabalho muito intenso. A hora de começar a pensar nisso é agora, não quando você já estiver pensando em sair da profissão.

Alcançando o equilíbrio na vida

Equilíbrio na vida é uma frase um tanto enganosa, pois implica equilibrar-se sobre uma plataforma oscilante, apoiada em um fulcro móvel. O equilíbrio na vida, porém, não é uma relação 50/50, envolvendo vida profissional e vida pessoal, com os mesmos pesos.[1]

Vamos estabelecer alguns princípios básicos:

---

[1] Eu poderia inserir aqui quatro páginas de notas. Se, porém, você estiver disposto a ler cerca de 200 páginas sobre o tema, veja meu livro *Life Balance: How to Convert Professional Success into Personal Happiness* (Jossey-Bass/Pfeiffer, 2003).

A Bíblia da Consultoria **279**

- Não existe essa dicotomia "vida profissional" e "vida pessoal". Existe *vida*. Não há vantagem nessa compartimentalização, mas há enormes desvantagens em relação ao tempo.
- Riqueza é tempo livre. Você pode trabalhar durante tantas horas, com tanto afinco, para ganhar dinheiro (que só é o combustível), que você acaba corroendo a própria riqueza.
- Quando você, como muitos de nós, é um refugiado de uma grande organização e se torna solista virtuoso para controlar o próprio destino, você, com muita frequência, acaba trabalhando para um chefe mais rigoroso e menos razoável, você mesmo.
- SHBM: Sempre Há um Barco Maior. Você não pode se comparar com os outros, e tamanho não é documento. Há muita gente infeliz em iates enormes.
- Ninguém jamais balbuciou no leito de morte: "Ai, quem me dera ter angariado mais clientes e ter passado menos tempo com os netos".

Equilíbrio na vida é realizar-se, é exercer os próprios talentos, é encantar e cuidar dos entes queridos e deixar o lugar um pouco melhor do que era quando você chegou. Você não precisa ser multibilionário para fazer isso.

A verdadeira medida da generosidade não é quanto se dá, mas quanto, depois de dar, ainda sobra.

Joseph Epstein, de A Line Out for a Walk
(W.W. Norton, 1992)

Evangelho

Equilíbrio na vida é realmente realização na vida, e isso difere de pessoa para pessoa.

Certa ocasião, eu estava conduzindo uma sessão sobre equilíbrio na vida, na Universidade de Boston, e um advogado de grande sucesso disse: "Adoro meu trabalho, eu me realizo ao ajudar os clientes a alcançar seus objetivos, e faço isso durante 80 horas por semana. O que há de errado nisso?".

"Você tem família?", perguntei.

"Sim, esposa e três filhos."

"Como eles se sentem em relação a essa semana de 80 horas?"

Não ouvi a resposta. Equilíbrio na vida tem que ser em harmonia com os outros ao seu redor, em especial seus entes queridos. O grande estrategista Peter Drucker, já falecido, observou que as empresas não são como plantas ou animais, cuja vitória consiste simplesmente em perpetuar a espécie. As organizações são julgadas por suas contribuições para o ambiente circundante.

Por que as pessoas seriam diferentes? A Fig. 14.1 mostra a famosa hierarquia das necessidades, de Abraham Maslow. Observe que Maslow, psicólogo emérito, é mais bem conhecido por esses fundamentos, *mas não há evidência empírica, nem há estudos longitudinais de qualquer espécie que validem a aplicação desses pilares no moderno ambiente de trabalho*. Na verdade, Maslow teve um *insight* muito mais luminoso ao advertir que, quando a única ferramenta disponível é um martelo, você tende a encarar todos os problemas como se fossem pregos.

A hierarquia das necessidades pressupõe que progredimos, sucessivamente, desde as necessidades de sobrevivência até, em última instância, as necessidades de autorrealização, que é a aplicação dos próprios talentos de maneira regular. Apresentarei uma visão um pouco diferente.

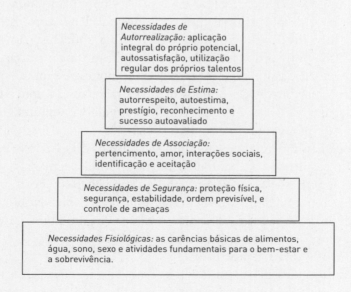

Figura 14.1 – Hierarquia das necessidades, de Maslow

Acredito que, na verdade, avançamos e recuamos entre esses níveis, por força de fatores fisiológicos, psicológicos, emocionais e interpessoais, assim como das circunstâncias da vida e do trabalho, que tendem a oscilar, mudar e ajustar-se. Sob o efeito de traumas, como demissão e desemprego, retrocedemos até a base da pirâmide; mesmo, porém, que enfrentemos apenas com mudanças no trabalho (novo chefe, novas tarefas, novos cortes, novas tecnologias, e outras), talvez recuemos do nível da autoestima ou da autorrealização para o nível das associações, uma vez que precisamos de solidariedade e conforto, em face das mudanças.

Meu conselho é o seguinte: todos nós temos certos talentos, e todos somos capazes de nos desenvolver ao longo da vida. Alguns deles, aceitamos por imposição (uso de computador), outros, buscamos por afinidade (lições de canto). Eis o ponto fundamental, em que Maslow acertou em cheio: *Quanto mais exploramos toda a diversidade de nossos talentos na vida cotidiana, mais produtivos e felizes nos tornamos.*

Observe que não me referi à "vida profissional". Woody Allen, famoso diretor e ator de cinema, que acabou de lançar outro filme no momento em que escrevo esta página, toca clarineta em apresentações de jazz, todos os sábados, com um grupo, num café de Nova York. É assim que ele exerce esse talento que não aplica na vida profissional.

Equilíbrio na vida tem a ver com a distribuição saudável dos talentos, na vida profissional e na vida pessoal. Para mim, isso não significa uma divisão 50/50, mas, decerto, uma concentração 0/100 ou 100/0. Se poucos dos seus talentos são aplicados na profissão, você enfrentará jornadas longas e solitárias, altamente estressantes, e relativamente improdutivas. Se poucos dos seus talentos são aplicados na vida pessoal, você passará muitas horas no trabalho, e será uma pessoa enfadonha e rabugenta no convívio social.

Você não precisa usar seus talentos todos os dias – não acho que mergulho e canto se encaixem na maioria das rotinas semanais – mas é possível praticar essas atividades criando ou aproveitando oportunidades durante o ano. Os talentos exigem diferentes níveis de envolvimento. Gosto de escrever todos os dias, mas praticar mergulho duas vezes por ano é um bom derivativo. (Se eu precisasse praticar mergulho todos os dias, eu me tornaria instrutor.)

Conheci um gestor na Merck, com voz razoável, mas muito longe de estimular pretensões operísticas. De um jeito ou de outro, conseguia, então, vez por outra, esgueirar-se para dentro de instalações do porte do La Scala, de Milão, e semelhantes, onde irrompia no palco principal e soltava a voz numa ária! Ele fez isso numa dúzia de casas famosas, e se divertia contando (ou cantando) suas aventuras!

Você trabalha como meio de gerar combustível (dinheiro) para criar riqueza (tempo livre). No curso dessa busca, você deve ser capaz de exercer seus talentos rotineiros e acidentais, em bases regulares. Essa prática manterá a sua saúde, a sua felicidade e o seu coração. Ao partir nessas jornadas com os entes queridos, numa convivência de reforço mútuo, você está desfrutando a mais venturosa de todas as experiências.

Esse é o equilíbrio na vida.

Encontrando sucessores e compradores

Se você de fato pretende vender a sua empresa (ou se você está em busca de quem queira comprar suas propriedades intelectuais e suas franquias), e assumindo que você tenha feito um bom trabalho de formar e aumentar o seu patrimônio líquido, você, então, está à procura de investidores.

Eis sete roteiros para esse destino:

1 *Empreendimento congênere, em busca de expansão*

Milhares de empresas como a sua estão atrás de oportunidades de expansão acelerada. Sua empresa talvez atue na mesma área de consultoria, e ajudaria a consolidar o mercado da pretendente, ou, quem sabe, ela seja complementar, oferecendo oportunidades sinergéticas de novos mercados. Ao longo dos anos, você deve ter cultivado relacionamentos profissionais por meio de associações comerciais, de modo a criar oportunidades para procurar esse e outros sócios principais com esse tipo de oferta.

É muito importante fazer essas investidas na condição de sócio principal para sócio principal, com vistas à preservação da confidencialidade, uma vez que os rumores, as preocupações e a resistência por parte dos empregados podem comprometer as negociações, mesmo antes de terem começado.

2 *Admita a compra pelos empregados*

Se você tem muitos empregados antigos, talvez você já lhes tenha transferido parte do negócio. Em todo caso, um grupo central de empregados pode concluir que a empresa que eles conhecem tão bem é uma ótima compra. Nesse caso, convém estudar a hipótese de uma compra alavancada (*leveraged buyout*), os empregados efetuam um depósito inicial e pagam o saldo com os lucros da operação em prazo combinado.

Nesse cenário, é melhor fazer o negócio com um pequeno número de compradores e com processo decisório claro, os quais terão de limitar os próprios salários e bônus, até amortizarem por completo a compra.

Evangelho

A avaliação de uma empresa é trabalho para profissionais. Empresas de serviços profissionais, em geral, são avaliadas por algo equivalente a uma a três vezes as vendas anuais, ou a seis ou mais vezes o lucro anual. Prepare-se para maximizar esses parâmetros poucos anos antes da data prevista para a operação.

---

3 *Busque oportunidades em outros países*

Não raro, empreendedores em outros países pretendem dominar um mercado importando metodologia com marca forte e registro de antecedentes de sucesso. Busque oportunidades que dispensam tradução. África do Sul, Cingapura, Austrália, Nova Zelândia, Irlanda e Reino Unido oferecem o mais alto potencial para anglófonos, por exemplo.

Por isso é que são enormes os benefícios de viagens e de trabalhos mundo afora, durante a carreira, para desbravar e desenvolver esses contatos. Esses investidores talvez queiram uma franquia de suas operações no país deles, ou o licenciamento de certas propriedades intelectuais, ou a compra direta das operações, no todo ou em parte.

4 *Procure empreendedores em busca de* startups

Conheci, certa vez, um palestrante que era muito bom no palco, mas cujo material era limitado. Ele optou por comprar toda a propriedade intelectual de outro palestrante em vias de aposentadoria, mesclando-a com as suas ofertas.

Você encontrará pessoas com dinheiro começando uma segunda carreira, que precisam do empurrão da infraestrutura, dos clientes, da metodologia, das marcas e de outros benefícios de um negócio ativo. Você se torna, na verdade, a chance de uma operação *turnkey*, em que o comprador encontra tudo pronto, bastando "girar a chave". Você nunca sabe. Já tive médicos, advogados, terapeutas sexuais e comandantes de submarinos nucleares em meu Million Dollar Consulting® College.

284 A Bíblia da Consultoria

5 *Pense na família*

Você tem cônjuge, filhos, parentes e outras ligações familiares que talvez estejam interessadas em ter o próprio negócio? É prudente envolver os filhos em seus negócios durante vários anos e, aos poucos, transferir-lhes a responsabilidade pelas operações, até que assumam integralmente a empresa, o que não é incomum. Você estaria disponível para orientação nos bastidores e para eventuais intervenções, no caso de um cliente tradicional.

Cuidado: Laços de família também podem ser as piores ligações, quando as pessoas não agem com profissionalismo, e é sempre problemático quando familiares lhe devem dinheiro!

6 *Mire uma empresa muito maior*

Anos atrás, editoras como Times/Mirror Group, McGraw-Hill, e Prentice Hall empreenderam um esforço coordenado para adquirir empresas de treinamento e butiques de consultoria, com base na premissa falsa de que todas atuavam no negócio de troca de informações.

Embora tenha sido desastrosa para as adquirentes, a tendência foi uma bênção para as adquiridas. Quem sabe uma empresa enorme conclui que a sua consultoria se encaixa sob medida em um de seus negócios em crescimento ou seria útil no lançamento de um novo produto? Para empresas enormes, dinheiro nunca é problema. (Nunca concorde com um contrato de emprego durante a transição, que, em geral, se estende por uns dois anos. Por isso é que sua empresa tem marca própria, à parte de seu nome. A única coisa pior que suar sangue pelo próprio negócio é suar sangue pelo negócio alheio. Não venda a sua empresa para tornar-se empregado de outra.)

7 *Faça uma cisão*

Sobretudo se você for praticante virtuoso, mas até nas butiques de consultoria, pense em cindir a propriedade intelectual, os workshops, as palestras, os livros, a presença na internet, os modelos de consultoria, os clientes sob contrato de honorários fixos e periódicos, e outros segmentos, em entidades distintas e vendáveis. Rompa as ligações e venda os negócios cindidos aos interessados mais adequados, relevantes e ansiosos.

Desde que os clientes sejam respeitados e apoiados, essa fragmentação pode funcionar, e quem sabe você até prefira reter certos segmentos que exigem pouco trabalho mas lhe oferecem alta dose de gratificação.

Todas as organizações chegam ao fim. Não há razão para mantê-las simplesmente pelo impulso de preservá-las. A aposentadoria, contudo, não é um conceito inamovível e irreversível em nossa profissão. Portanto, qualquer que seja a sua escolha em relação ao negócio, perpetuando-o, liquidando-o ou transformando-o, a decisão é exclusivamente sua. Se você construiu uma operação substancial que não é para ser entregue à família, você provavelmente precisa de um comprador. Se você fez muito dinheiro como solista virtuoso, você, realmente, não precisa de uma consumação formal.

Tenha em mente os seguintes critérios:

- ► Eu serei capaz de oferecer aos meus entes queridos um estilo de vida que consideremos atraente?
- ► Eu serei desafiado e meus talentos explorados sem descanso?
- ► Meus clientes serão atendidos e apoiados como sempre foram?
- ► Minha propriedade intelectual e outros itens de valor serão representados e valorizados como merecem?
- ► Eu terei orgulho do que fizemos?

Transição

Se você, de alguma maneira, concordou com o que foi dito até agora neste capítulo, você provavelmente também concordará que as transições podem ser muito diferentes para pessoas diferentes. Eu, pessoalmente, nunca pensei em me aposentar, pelo menos no sentido convencional, mas penso, cada vez mais, em continuar me reinventando, sem parar.

Estudo de caso

"Tom" era amigo meu havia muito tempo. Ele havia trabalhado em empresas privadas, estava acostumado a observar o trabalho de consultores em sua empresa, e, por fim, juntou-se a uma dessas consultorias. Acabou comprando a consultoria com um colega quando o fundador se aposentou, na Flórida, ainda muito vigoroso aos 70 e qualquer coisa.

Com o passar do tempo, converteram a empresa em butique de negócios de US$ 4 milhões, clientes de renome e uma equipe de seis pessoas. Tom e o sócio dirigiam o negócio de maneira peculiar, cada um a seu jeito, geralmente como caubóis, mas se divertiam muito e faziam excelente trabalho. Recentemente, o sócio ficou doente e Tom comprou a parte dele. Tempos depois, o sócio faleceu.

Tom dirigiu o lugar, viveu bem a vida, com um casamento duradouro e uma filha. No começo da faixa dos 60 anos, decidiu vender o negócio a uma grande empresa de consultoria e contabilidade. O comprador, contudo, pediu que ele continuasse na empresa por mais dois anos, para supervisionar o período de transição. Tornar-se sócio, de repente, da matriz gigantesca foi irresistível para o ego de Tom.

Tom, porém, teve de submeter-se a treinamento básico, ficava ausente durante longas horas e era calouro de todos os demais sócios. O que ele dizia ser "divertido" e "bizarro", eu achava humilhante e ridículo. Tom ficou muito doente e conseguiu desvencilhar-se da nova empresa, por invalidez, sem infringir o contrato.

Acho que a doença salvou a vida dele.

Eis minhas diretrizes para que você faça uma transição bem-sucedida:

- ▶ Comece a planejar pelo menos cinco anos antes de prever uma grande mudança. Não comece a correr, em cima da hora, com menos de dois meses de antecedência, que nem barata tonta. Faça o que precisar ser feito gradualmente: aumente o patrimônio líquido, reforce as marcas, procure compradores potenciais, explore a compra pelos empregados, veja se a família está interessada, ofereça licenças, e assim por diante. Se você passar dos cinco anos sem grandes mudanças, não ocorreu realmente nenhum dano.
- ▶ Proteja-se de mudanças forçadas. Faça os mais altos seguros contra invalidez. Crie o cargo de diretor executivo ou contrate terceirizados aos quais transferir grande parte do trabalho. Maximize a prestação de serviços a distância, como negócios de honorários fixos e periódicos e coaching remoto. Licencie abordagens aos clientes.
- ▶ Ponha primeiramente a própria máscara de oxigênio. Você não está dirigindo um sistema de bem-estar empresarial. Pense no

A Bíblia da Consultoria **287**

que é melhor para a sua família e para você. Nada o obriga a garantir emprego vitalício nem a dividir o produto da venda com pessoas que não investiram dinheiro no negócio. Os empregados não são parceiros.

> ### Evangelho
>
> "Transição" denota investimento de tempo, não mudança abrupta e traumática. Pense em "metamorfose".

- ► Não pense em termos de ou tudo ou nada. Você pode muito bem manter parte de suas atividades (por exemplo, palestras e livros), vender outras (coaching) e liquidar o resto (consultoria). Você também pode reter o nome da empresa ou criar outra empresa. (Por isso é que ter várias marcas aumenta a flexibilidade. Você pode vender ou liquidar algumas e preservar outras.)
- ► Avalie sua posição financeira com a ajuda de especialistas. Peça ao seu assessor financeiro e ao seu advogado para calcularem sua renda passiva, sua renda ativa, seus benefícios de aposenta-doria, sua situação tributária, e assim por diante. Os resultados podem influenciar o tipo e a forma das atividades que você resolver preservar ou liquidar.
- ► Considere todos os benefícios indiretos e colaterais que podem desaparecer. Você talvez goste das viagens para certos lugares, razão por que você talvez queira manter certos clientes e compromissos. Quem sabe você também se sinta gratificado com os resultados do coaching, o que sugeriria a conveniência de continuar oferecendo esses serviços, ainda que sob outra forma. Nunca tudo é só dinheiro; também é satisfação pessoal e riqueza, isto é, tempo livre.
- ► Reveja os compromissos de longo prazo. Você vai querer:
  - ► Criar meios para reter alguns clientes e contratos.
  - ► Transferir certas obrigações para terceiros, avisando previamente os clientes.
  - ► Terminar ou não renovar, com elegância, certos relacionamentos.
  - ► Reduzir, aos poucos, a frequência e a duração de certos compromissos e executar a distância alguns trabalhos até então feitos no local.

- Deixar de depender de certas fontes de renda, que tendem a desaparecer.
- Rejeitar certos compromissos que não mais se encaixam em sua programação.

Você tem opções, dependendo da extensão em que abandonar ou preservar certos aspectos de sua prática. Para ser justo, você precisa informar a todas as partes interessadas quais são as suas intenções no curto prazo.

- Pense em qual será a sua localização física. Você pode continuar no mesmo lugar ou mudar-se para o outro lado do planeta. A tecnologia facilita a continuidade dos relacionamentos, sem a necessidade de viajar para interagir pessoalmente. Que atividades ou compromissos serão mais adequados à sua localização física no futuro? Você terá o mesmo acesso tecnológico, as mesmas condições de apoiar as pessoas e as mesmas facilidades de transporte? Essas considerações poderão influenciar as condições de sua prática no futuro.
- Como você substituirá as opções de que dispunha até então para exercer certos talentos? Sobretudo se estiver renunciando em grande parte ao exercício da profissão ou se for passar a exercê-la de maneira drasticamente diferente, você não mais terá condições de aplicar certos talentos no trabalho. Algo terá de preencher essa lacuna ou você se sentirá cada vez mais frustrado. Pode ser trabalho voluntário, ou magistério em tempo parcial, ou mentoria, mas é importante pensar em como exercer seus talentos de outras maneiras.
- Qual será a extensão de seu acesso? Os seus clientes tradicionais e o seu networking profissional terão ainda acesso ao número de seu telefone celular ou ao seu endereço de e-mail particular? Ou você preferirá deixar boa parte disso para trás e cortar os antigos laços? É preciso assumir uma atitude pessoal e tomar uma decisão clara a esse respeito para não ser arrastado de volta às velhas rotinas, só que, agora, sem remuneração!

As transições podem ser excelentes se você as planejar com antecedência. Escolha com cuidado o que é melhor nesse novo futuro, mas compreenda e assuma as suas escolhas. Em outras palavras, siga à risca as recomendações que você faria a um cliente.

Capítulo 15

Retorno e reinvestimento:
construímos nossa casa e ela então nos constrói

Mentoreando outras pessoas

Coaching, do qual já tratamos em comentários sobre a metodologia, é um processo proativo usado com os clientes para promover mudanças e melhorias no comportamento. Também já observamos que mentoria é algo muito diferente.

Refiro-me, aqui, a mentoria *não* como iniciativa para gerar receita, mas sim como contribuição para a profissão. Você pode optar entre envolvimento situacional, quando as pessoas o procuram, ou envolvimento sistêmico, quando você oferece as escolhas publicamente. As ofertas de coaching podem ser um aspecto distinto do negócio, ou um aspecto complementar de outras ofertas formais de serviços de alto custo.

Nenhuma profissão progride se os profissionais mais competentes e vitoriosos em suas fileiras não resolverem definir e divulgar os padrões de melhores práticas para os demais profissionais.

Algumas entidades profissionais e associações comerciais se incumbem dessa função como um dos aspectos da filiação – um Conselho Nacional ou Regional de Medicina, por exemplo, promove um congresso de cirurgia plástica que reúne os maiores expoentes da área e grande parte dos profissionais medianos; idem no caso de Conselhos de Engenharia e Arquitetura, que organizam eventos periódicos, nos quais os profissionais premiados compartilham seus processos criativos.

Em muitos casos, porém, as associações profissionais parecem determinadas a nivelar por baixo, homogeneizando todos os profissionais no nível dos sofríveis! Ignoram a excelência "para que todos tenham uma chance". Não reconhecem o valor e a contribuição porque invejam o sucesso e, paradoxalmente, não querem saber como conquistá-lo.

(Os caras no fundo da sala, que mal se sustentam na profissão, murmurando entre si que o palestrante, um dos luminares da profissão, mais parece um pavão que não perde oportunidade para autopromover-se, representam um dos aspectos mais ridículos desses conclaves.)

Infelizmente, a maioria das seções locais das associações profissionais são constituídas por um bando de medíocres que nelas se encostam para justificar a própria incompetência e inércia. (Um objeto em repouso tende a manter-se em repouso.)

Para que as profissões progridam com base no sucesso da maioria de seus membros, os melhores e mais brilhantes devem difundir as competências, os exemplos, a liderança intelectual e, sobretudo, a acessibilidade, a fim de realmente criar oportunidades para todos.

Evangelho

Uma coisa é dizer "Eis o que fazer". Outra totalmente diferente é propor "Vamos discutir como fazer".

Primeiramente, aqui está o que é de seu interesse próprio ao mentorear outras pessoas:

- ►Você aprenderá. Sempre que leciono em um curso, atuo como coach de alguém, ou compartilho experiências, sou eu quem mais aprende e melhora. (Por que isso é mais do que mera platitude? Porque quando você vivencia a experiência, os *insights* e a perspectiva, e se esforça para apreender, sintetizar e transmitir com clareza, você observa e compreende a experiência mais que qualquer outra parte.)
- ►Você acompanha de perto a evolução da profissão. É difícil para eu dizer o que um consultor novato, um consultor de tecnologia, ou um consultor no Reino Unido está experimentando hoje em dia, se eu não estou sempre interagindo com essas pessoas. Quando você alcança o sucesso, é muito fácil ver o mundo de uma torre de marfim hermética e inacessível. (A crítica de cinema Pauline Kael, que morava no Upper East Side de Manhattan, nas imediações do Central Park, uma das áreas mais caras e elegantes de Nova York, ficou famosa com a tirada "Como será que Richard Nixon foi eleito? Nenhum de meus amigos votou nele".)

- Você ganha perspectiva sobre o que é intervenção ou abordagem metodologicamente legítima e o que simplesmente funciona por causa de seus próprios relacionamentos e experiências. A toda hora me interpelam, com razão: "Mas isso é você, Alan. Você acha que qualquer um pode fazer isso?". Tenho de discernir com certeza o que é uma abordagem válida e o que não passa de um ótimo relacionamento com o cliente ou uma consequência da fama associada a um livro. O que é realmente transferível? (Por isso é que tantas biografias de executivos são inúteis para o desenvolvimento de outras pessoas – nada daquilo é transferível. Quantas pessoas almoçam com Henry Ford?)
- Sua liderança intelectual de fato se fortalecerá. Seus processos se difundirão, suas contribuições serão reconhecidas, e seu nome continuará a ser citado na vanguarda da profissão. (Essa vantagem não é desprezível na hora de propor outro livro a um editor ou de dar uma palestra em evento nacional.)

Não estou sugerindo que mentorear os outros é puro mercenarismo, mas sim que nos engajamos nas atividades com mais paixão quando também usufruímos dos benefícios. Por isso é que nos interessamos tanto pelos clientes pagantes!

Algumas pessoas podem recorrer a você em busca de conselho. De fato, todas as semanas sou procurado por alguém para pedir informações ou para compartilhar ideias. Quase sempre não as recebo, por absoluta falta de tempo. Além disso, geralmente são pessoas que nem sabem o que perguntar e nem têm ideia do que fazer com as minhas respostas. Isso é pura perda de tempo, como ensinar uma foca a assobiar ou um cachorro a dirigir. O objetivo nunca será alcançado, por maiores que sejam sua dedicação e empenho.

Eis, contudo, o que considero útil, pragmático e eficaz, e não muito trabalhoso. Quem sabe você também o considere apropriado para aumentar o seu sucesso em ajudar os outros.

- Sempre incluo bolsistas em meus programas. Tenho ofertas formais de workshops, seminários e estágios. Cada evento tem, em geral, uma ou mais pessoas que me parecem capazes de aprender e de lucrar com a experiência, mas que não teriam como participar por conta própria. Não peço informações financeiras, e a seleção não tem nada a ver com idade ou experiência na profissão; simplesmente faço a seleção e envio o convite, sem contrapartida. (Quando faço o convite a pedido de alguém, com a promessa de me pagar depois, nunca vejo a cor do dinheiro.)

- Aceito pessoas que suponho serem de fato sérias, que estão familiarizadas com a profissão, e que se deram ao trabalho de pesquisar a meu respeito. Por exemplo, quando sou procurado por alguém que pede ajuda, mas não teve a curiosidade de ler *Consultor de ouro: guia profissional para a construção de uma carreira* (ou, agora, também este livro!); ou não sabe o que estou dizendo, ao referir-me a "honorários com base no valor agregado"; ou não lê minhas newsletters gratuitas; não me convenço de sua seriedade. Todos esses trabalhos são gratuitos e acessíveis. Se você não se interessa por meus trabalhos e meus métodos, por que eu estaria interessado nos seus?

- Um de cada vez. Mentoreio durante um período limitado – geralmente uns dois meses – antes de aceitar outra pessoa. Minha função é ajudá-las a dar a partida, não a de ser coach de carreira, *ad infinitum*.

- Sou reativo, nunca proativo. Procure-me quando precisar de alguma coisa, e serei solidário e específico. Não espere, porém, que eu o acompanhe vida afora; nem faça perguntas tolas, como "Qual é o conjunto total de conhecimentos que eu devo acumular?" ou o lugar-comum "O que eu não lhe perguntei que eu deveria ter perguntado?".

Quando as pessoas entrarem em sua vida, avalie se você tem o coração – não só o intelecto – para ajudá-las. Se tiver, acomode as necessidades delas em suas próprias necessidades. Você, porém, precisa estar comprometido, e não pode aceitar essa atribuição se ela exigir parcela considerável de seu tempo ou se for um peso morto em sua vida e carreira.

A propósito, nem todas as pessoas são talhadas para esta carreira. Raramente você é capaz de controlar a disciplina ou o talento alheios. A procrastinação é quase sempre sinal de medo.

Isso significa que, em algumas ocasiões, o melhor conselho possível a ser dado a alguém é sugerir que procure outro trabalho. A advocacia não é própria para indivíduos em dificuldade ou desonestos;

os médicos, como grupo, não ganham com grandes pedidos de indenização por erro médico contra colegas; os professores têm dificuldade em conseguir melhor remuneração porque é muito difícil descartar os maus professores notórios, por força de normas sindicais ultrapassadas.

Não podemos admitir maus consultores numa profissão que é muito menos regulada do que qualquer uma das que citei no parágrafo anterior. Precisamos de profissionais de alta qualidade e, como mentores, devemos prestar aos outros o favor – e demonstrar-lhes o respeito – de direcioná-los para outra profissão se não forem capazes de distinguir-se (e, portanto, de diferenciar-nos a todos nós) nessa maravilhosa profissão.

Mentorear é, portanto, uma das atividades mais importantes que acabamos exercendo, se formos qualificados pelo próprio sucesso, pela longevidade e pelo temperamento. Ninguém está pedindo dedicação exclusiva, nem mesmo algumas horas de trabalho diário como mentor; se todos nós, porém, fizermos um pouco, a profissão será muito melhor e essa qualidade será evidente para todos os clientes, atuais e potenciais.

Avançando rumo ao estado da arte

No começo deste livro, descrevi um diálogo provável, não muito implausível, entre um consultor e um cliente, nos primórdios da profissão. A transação – com o objetivo de melhorar as condições do cliente em troca de uma remuneração combinada – não mudou muito na essência. (Isso porque essa é a base do capitalismo.)

O que mudou foram os meios e os métodos com que melhoramos as condições de nossos clientes. Frederick Winslow Taylor promoveu os estudos de tempos e movimentos, o apogeu da administração científica, que depois se constatou ser fraudulenta e inútil. Os famosos estudos de Hawthorne sobre melhorar a produtividade apenas demonstrando atenção às pessoas acabaram sendo questionados, pelos métodos adotados e pela falta de rigor. Mesmo as teorias charmosas e sedutoras – discutimos a hierarquia das necessidades de Maslow – em geral não são validadas no local de trabalho.

Modismos, tendências e meras frases chegam e partem com a regularidade de trens suburbanos no percurso casa-trabalho-casa:

- Reengenharia
- Empresa enxuta

- *Good to great* (de bom a ótimo)
- Organização movida a empregados
- Organização orientada para o cliente
- Gestão de livro aberto
- Gestão-minuto
- Círculos de qualidade
- Liderança quark

Tudo bem, inventei a última, mas muitos de vocês não perceberam de imediato, certo?

Ao escalarmos a montanha desta profissão, temos de criar trilhas para os outros. Talvez não haja nada totalmente novo sob o sol – os faraós arregimentavam equipes para construir as pirâmides, mas seus métodos motivacionais eram diferentes –; as recombinações e os incrementos maximizam a eficácia das economias, das sociedades e das tecnologias em transformação.

Como exemplo, a Fig. 15.1 é uma imagem que criei enquanto escrevia este capítulo, para explicar uma maneira diferente de encarar o potencial de mercado. A curva de sino tradicional concentra a grande massa do mercado no centro. Nesta representação, tento ilustrar uma visão tridimensional assimétrica, na qual o *valor de determinado mercado* depende de sua profundidade.

Assim, à medida que avança no eixo horizontal, aumentando o interesse e a inovação, você encontra, primeiro, públicos *apáticos*; depois, *pretendentes* que não são sérios na profissão, mas sim amadores e diletantes; em seguida, *aspirantes* com diferentes graus de seriedade em relação ao crescimento; na sequência, *empreendedores* contumazes, que tendem a considerar todas as oportunidades de crescimento, dependendo dos recursos disponíveis; e, finalmente, *surfistas* inveterados, que cavalgam as ondas mais perigosas, imergindo nos maiores desafios e emergindo nas tecnologias mais ousadas.

Quando se parte da perspectiva do valor real para os clientes, deixando de lado o enfoque da quantidade de clientes, chega-se a uma conclusão muito diferente sobre onde melhor investir tempo e dinheiro. Embora a borda direita da curva de sino (a partir de um desvio padrão) pareça insignificante, é nela, com efeito, que se situam os mercados mais valiosos para alguém altamente inovador e no topo da profissão – alguém com marca própria e notória propriedade intelectual.

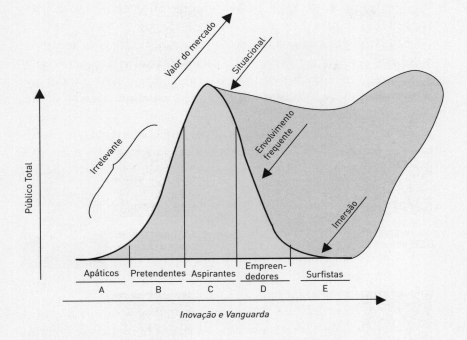

Figura 15.1 – Curva de sino 3-D do mercado

Não peço que você aceite a minha proposta aqui, razão pela qual não a incluí nas considerações sobre metodologia. Minha opinião é que este é o tipo de avanço do estado da arte em que estou sempre engajado. Talvez você não o aceite, ou talvez você o experimente e o adote, mas, de uma maneira ou de outra, você sabe que sou uma fonte dessa espécie de raciocínio instigante. (E, se eu desenvolver um workshop ou uma teleconferência sobre esse tema, as pessoas, decerto, acorrerão.)

Acho que muitos de vocês estão mais no lado direito do meu gráfico. Por isso é que estão lendo este livro, que, provavelmente, não é o primeiro de meus livros que já leram. Todos temos a obrigação de desenvolver novas maneiras de encarar e de abordar a nossa profissão.

Por exemplo, até algum tempo atrás, falava-se das Oito Grandes empresas de contabilidade e consultoria, que hoje se reduziram à 3 Grandes. No ano passado, a IBM gerou mais lucro com atividades de consultoria do que com a venda de hardware e software. As butiques de consultoria e os solistas virtuosos estão florescendo em todo o mundo, e economias em rápido crescimento, em lugares como Brasil, China,

Índia e certos países do Oriente Médio terão enorme necessidade de consultores bilíngues.

A tecnologia está possibilitando a consultoria global remota e propiciando o crescimento exponencial do mercado. Mais livros estão sendo publicados, em edições impressas ou eletrônicas. As plataformas de mídias sociais estão bombando. Há uma cacofonia de ideias, mas grande parte delas é inútil.

Poucas são as organizações de consultoria comerciais e profissionais. A regulação da profissão é precária em todos os lugares. A situação pode ser vista como caos ou oportunidade, mas é preciso encará-la como desafio contínuo!

Acho que nossa responsabilidade em promover o avanço da profissão inclui o seguinte:

- *Compartilhar ideias.* Podemos proteger o que considerarmos necessário, mas isso não impede que compartilhemos com os outros nossas experiências, conceitos e propostas.
- *Desmascarar charlatões.* Quanto mais lixo se acumula no mercado de consultoria, com a nossa conivência, mais se degrada toda a profissão. (Não se elabora a estratégia lembrando-se do nome dos animais de estimação da infância, nem se acelera o aprendizado lendo na diagonal.)
- *Ser acessível.* Já falei sobre mentoria. Precisamos ser reativos a abordagens razoáveis.
- *Representar o público.* Já escrevi tantas cartas a editores e já enviei tantos artigos de opinião aos jornais (inclusive os rejeitados), que os mantenho em pasta própria.
- *Não nos levar muito a sério, mas respeitar nosso trabalho.* Adoro piadas sobre consultores, e também tenho as minhas. Muito me orgulho, porém, de minhas contribuições para organizações e indivíduos em todo o mundo, e não admito que ninguém as menospreze nem as ridicularize.
- *Exponha-se em público.* Não esconda sua propriedade intelectual. Escreva livros. Dê palestras. As pessoas, de alguma maneira, as encontrarão, o que reforça o argumento para que você as divulgue e as declare suas.
- *Cumpra suas obrigações.* Pertenço a entidades de classe, e não é muito o que elas me oferecem como retribuição; mas, por questões de ética, devo estar presente e disponível se precisarem de mim.

A profissão continuará mudando, conforme os ditames da demografia, da economia, das tentativas de regulação, da política, e de outros fatores. No entanto, os fundamentos para melhorar as condições do cliente são imutáveis.

Felizmente, o estado da arte não depende de aceleradores de partículas, nem de investimentos bilionários, nem de sucessivas pós--graduações.

Participando da evolução

A aposentadoria nunca é imprescindível, mas a evolução contínua é indispensável. Como condição de sobrevivência, é preciso ajustar seu estilo aos tempos e valorizar o próprio sucesso. Afinal, nosso grande desafio é nos adaptarmos com sucesso às mudanças no contexto, às mudanças no cliente e às nossas próprias mudanças.

Nossas práticas devem continuar a diversificar-se. À medida que nossos clientes ficam mais sofisticados e nosso escopo se amplia, podemos ver as relações apresentadas na Fig. 15.2.

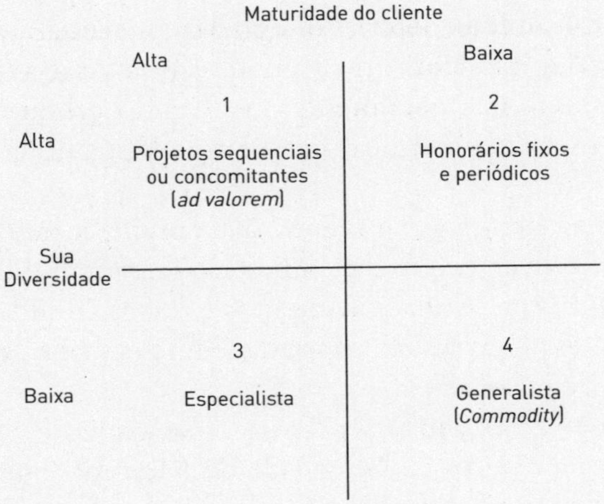

Maturidade do cliente

	Alta	Baixa
Alta	1 Projetos sequenciais ou concomitantes (*ad valorem*)	2 Honorários fixos e periódicos
Sua Diversidade		
Baixa	3 Especialista	4 Generalista (*Commodity*)

1. Projetos de longo prazo.
2. Parceria integrada.
3. Ajuda especializada, no local (implementação de tecnologia).
4. Especializado, remoto (planos de negócios).

Figura 15.2 – Diversidade e maturidade do cliente

Quando oferecemos o máximo de diversidade a de alta maturidade – não tudo a todos, mas sim apoio consultivo amplo –, iniciamos relacionamentos abrangentes. Podemos nos engajar em uma série de projetos e em iniciativas simultâneas, que também podem abranger recursos dos clientes, pessoal terceirizado, e assim por diante.

Se a nossa diversidade é alta, mas a maturidade do cliente é baixa, a melhor solução talvez seja um relacionamento com honorários fixos e periódicos, cobrindo qualquer quantidade de questões. Você atua como assessor de relativamente poucas pessoas de alto nível, que o procuram relativamente poucas vezes, mas contam com você sempre que precisarem. Você pode tratar de questões estratégicas e táticas como placa de ressonância confiável.

Quando a maturidade do cliente é alta, mas a sua própria *expertise* continua estreita, você tenderá a ser o recurso especializado. Você será chamado a colaborar em determinado assunto: fusão e incorporação, remuneração, ou eficácia da força de vendas.

Finalmente, quando a sua diversidade é baixa e a maturidade do cliente é baixa, você será um generalista, uma *commodity* não diferenciada, provavelmente sujeita a comparações de preços.

A primeira combinação tende a produzir projetos complexos, de longo prazo; a segunda, parcerias integradas; a terceira, ajudas especializadas, no local, geralmente envolvendo tecnologia; e a quarta, ajudas especializadas, remotas, geralmente envolvendo produtos. É preciso decidir como será sua consultoria e como ela se ajustará melhor ao seu estilo de vida.

Você talvez prefira viajar menos, mas continuar trabalhando com pessoas de alto nível, o que lhe indicaria o quadrante 2. Se, porém, você quiser se abster de relacionamentos e responsabilidades pessoais, o quadrante 4 exploraria sua propriedade intelectual e geraria receita com a venda de *commodities*.

Inclua nesse cenário sua própria capacidade de atrair pessoas. Discutimos os conceitos de Gravidade do Mercado, quando você se torna objeto de interesse e de liderança intelectual. À medida que sua prática amadurece, você *alicia* cada vez menos clientes e *atrai* cada vez mais clientes (ver Fig. 15.3).

A maioria dos melhores consultores raramente alicia depois de certo ponto na carreira. Isso significa que você impõe a maneira como trabalhará e sob que condições. Na verdade, você pode se posicionar nos quadrantes, filtrando e selecionando as pessoas que lhe pedem ajuda.

É importante superar a mentalidade de que todos os negócios são bons negócios e que é errado rejeitar negócios. Riqueza é tempo livre, não pilhas de dinheiro.

> **Evangelho**
>
> Amolde seu futuro, sob medida, pois posso garantir que você não gostará da posição padrão.

Você já não é mais a pessoa que se preocupava com a prestação da casa própria no mês seguinte (ou, pior ainda, no mês passado). Seu foco deve concentrar-se na criação do estilo de vida que você almeja para si próprio e para seus entes queridos, e no seu interesse contínuo em ajudar os clientes e a profissão. Isso é tudo o que você tem; nada mais, nada menos.

Figura 15.3 – Prospecção e gravidade

O futuro

Um dia, uma mulher se instalou em sua estação de trabalho, suspensa alguns decímetros acima do piso, em seu escritório doméstico, sem gravidade. O implante minúsculo de um fone de ouvido alertou-a da chamada de um cliente, trabalhando em um projeto de mineração, na Lua, em estação orbital geossíncrona. Ela piscou os olhos, em sincronia, e aceitou a chamada.

O cliente imediatamente forneceu-lhe uma imagem holográfica da questão, que flutuou diante da consultora. Movimentando com os dedos as peças do mapa ao seu redor, ela mostrou ao cliente como mudar a abordagem. Ele agradeceu e disse que gostaria de se encontrar com ela, um dia, provavelmente na conferência em Ulan Bator. A transação tinha durado seis minutos, parte de seu contrato anual de honorários fixos e periódicos com a empresa do consulente, e agora ela deveria participar de uma teleconferência com um cliente de Londres, da área de finanças, o que a levou a flutuar com a cadeira até os fundos de seu escritório virtual.

Ela receava que talvez estivesse trabalhando muito para uma consultora moderna, de 2075.

Comecei este livro falando sobre o consultor pré-histórico, e achei que seria interessante especular sobre os descendentes desse consultor jurássico neste segmento final. Para mim, o aspecto fascinante desta aventura é que o contexto terá mudado, mas a profissão continuará a mesma!

Conjecturarei sobre poucas coisas que provavelmente ocorrerão e que afetarão seu futuro próximo.

- O número de consultores independentes crescerá, à medida que as pessoas ainda tentarem controlar o próprio destino e se desencantarem com o rigor das organizações tradicionais. (Refiro-me a consultores de verdade, a profissionais sérios, não a biscateiros, no intervalo entre dois empregos, nem a terceirizados.)
- A demanda de consultores pelas organizações aumentará, uma vez que eles serão alternativas econômicas, substituindo as equipes permanentes, não raro subutilizadas, sujeitas a politicagens internas e, geralmente, sem competências adequadas.
- As tentativas de regulação e certificação afluirão e refluirão, mas, basicamente, fracassarão, porque a transação é uma simples troca entre quem precisa de ajuda e quem pode ajudar. Além disso, a natureza da ajuda é tão diversificada e situacional, que o mercado é o melhor veículo para determinar se o trabalho foi eficaz. Tanto quanto ou ainda mais que em medicina, direito e contabilidade.
- A tecnologia proporcionará alcance global a todos, situação semelhante à do comércio varejista de cidades pequenas, que perdeu os clientes presenciais, mas compensou a perda com as vendas pela internet. As proezas tecnológicas em marketing, comunicações e entrega serão críticas, e os consultores precisarão

de ajuda nessas áreas, se não conseguirem se arranjar sozinhos (e, provavelmente, ficarão em condições muito melhores se não o fizerem por conta própria).

► Redes informais de consultores serão constituídas para reunir as forças de numerosas fontes diferentes, como concorrentes de grandes empresas formais, mas com despesas e custos muito mais baixos. Solistas virtuosos de países como Brasil, Índia, Canadá, Estados Unidos e Austrália podem juntar-se na Universal Consulting, Inc., que lhes permite conquistar negócios em Dubai, arregimentando seus recursos conjuntos internacionais de propriedade intelectual, talento e listas de clientes.[1]

► Honorários por hora ou dia serão coisas do passado, a não ser para profissionais de baixo nível, terceirizados ou aprendizes. Os contratos relevantes serão remunerados com base no valor agregado. Cada vez mais, as empresas de advocacia também adotarão esse critério.

► Os mercados atacadistas e varejistas avançarão e recuarão de maneira independente com base em fatores econômicos, e se tornarão cada vez mais sobrepostos. Em outras palavras, os consultores encontrarão clientes individuais em grandes empresas, as empresas patrocinarão o crescimento individual, e os indivíduos se reunirão em comunidades para aproveitar as experiências de grupos.

► As comunidades de interação entre pares, em mercados de atacado e varejo, crescerão e substituirão as tradicionais associações comerciais e profissionais. As comunidades serão virtuais e reais e, em geral, as pessoas pertencerão a várias, todas criando valor, por meio de associação, afiliação, interação, e outros relacionamentos. Os consultores ajudarão a constituir e a desenvolver essas comunidades no mundo do atacado (por exemplo, entre diretores financeiros ou profissionais de venda), e no mundo do varejo (por exemplo, entre profissionais autônomos e empreendedores).

Nunca fomos responsabilizados por nossos prognósticos, mas talvez seja importante considerar os aqui apresentados, ampliá-los,

---

[1] De fato, considerando essa necessidade, lancei a Summit Global Network, em meados de 2011.

modificá-los, ou rechaçá-los, com base em sua própria experiência. Qualquer que seja, no entanto, a sua visão do futuro próximo, é bom preparar-se agora.

Fiz questão de não falar sobre veteranos e calouros neste livro. Todos nos situamos em diferentes estágios da respectiva carreira, e muita gente que ingressou na carreira há um ano está em melhor situação do que outras com dez anos de prática. "Dez anos de experiência" é credencial inútil (embora seja exigência muito comum nas buscas por talento), caso se trate da repetição do mesmo ano dez vezes ou até da sucessão de dez anos diferentes, mas todos rotineiros e enfadonhos, cada um à sua maneira. "Há quanto tempo você faz isso?" é uma pergunta irrelevante, comparativamente a "Com que eficácia você faz isso?".

Para todos os que estão lendo (ou ouvindo) este livro, amanhã pode ser o primeiro dia de uma nova prática, carreira ou abordagem. Esta é uma profissão nobre – por isso é que o termo "bíblia" não é inadequado, do meu ponto de vista – no sentido de que o propósito do livro é melhorar as condições dos nossos clientes, em troca de remuneração equitativa. O nível da melhoria e da remuneração depende dos dois protagonistas: o comprador e o consultor. Eles não estão sujeitos a regulação governamental, nem às restrições de praxe (Por que os corretores de imóveis recebem 6% de comissão?), nem a vereditos arbitrários. Essa é a essência do capitalismo: remuneração com base no valor agregado.

Meus conselhos finais para você podem resumir-se em nove pontos:

1. Avalie seus talentos, paixões e mercados.

2. Concentre seu tempo, recursos e energia na apresentação convincente de seu valor agregado a quem tiver condições de remunerá-lo (Gravidade do Mercado).

3. Prime pela excelência e cumpra o prometido, depois colha depoimentos, endossos e referências.

4. Minimize a intensidade do trabalho e maximize o valor agregado e, em consequência, os honorários *ad valorem* (Curva de Aceleração).

5. Foque nos mercados emergentes de mais alto valor, do ponto de vista qualitativo, não quantitativo (Curva de Sino do Valor de Mercado).

6. Crie e dissemine a propriedade intelectual em seu mercado, de maneira contínua e consistente, protegendo todo o seu trabalho e construindo marcas fortes.

7. Maximize o patrimônio líquido do negócio e defina a melhor maneira de explorá-lo.

8. Retribua à comunidade geral e à profissão específica, oferecendo dinheiro, tempo e contribuições intelectuais.

9. Sempre lembre que a verdadeira riqueza é tempo livre, e que *sempre* há um barco maior!

Esta foi uma jornada incrível para mim. Estou feliz com a participação de vocês. Sinto-me honrado de ter chegado ao destino com vocês.

Evangelho

Você merece ser feliz e bem-sucedido. Atingir esses objetivos ajudando os outros a serem felizes e bem-sucedidos é um grande e maravilhoso privilégio.

A Bíblia da Consultoria **305**

Apêndice Físico

Amostra de proposta

Avaliação da situação

Desde quando assumiu o cargo de vice-presidente executivo da XXXXX, quatro meses atrás, você descobriu numerosas forças na organização, assim como diversas barreiras ao sucesso. Essas qualidades são ainda mais significativas em face do objetivo de promover o crescimento da empresa a taxas significativamente superiores às históricas. Ao mesmo tempo, espera-se que você mantenha a cultura da organização, que é considerada valiosa e produtiva tanto por seus superiores quanto por seus subordinados.

Seu sucesso depende da elaboração e da execução bem-sucedida de uma estratégia poderosa, numa organização com as pessoas certas, nas funções certas, atuando em sincronia umas com as outras. O sucesso passado, no desenvolvimento de relações construtivas com os clientes e pares, lhe será muito útil. No entanto, na sua função atual, você deverá gerenciar uma organização maior e mais diversificada do que antes. Além disso, você dispõe de tempo limitado para demonstrar que você é a pessoa certa para liderar a organização no contexto de hoje.

Objetivos

1 Exercer, como profissional, a função de caixa de ressonância externa da organização.

2 Desenvolver e executar um processo de integração para acelerar o seu sucesso como vice-presidente executivo.

3 Fornecer opinião especializada e profissional sobre talentos existentes no topo da organização.

4 Elaborar uma estratégia clara e convincente.

⑤ Desenvolver e aplicar um plano de execução simples, mas eficaz.

⑥ Aumentar a cooperação e a colaboração entre os principais líderes, para garantir a realização dos objetivos. Especificamente, reduzir o atrito entre dois membros do Comitê Executivo, cujos talentos são necessários para alcançar o sucesso.

Critérios de sucesso

① Acordo entre XXXXX e você quanto aos resultados específicos pelos quais você é responsável.

② Redução do tempo para tomar decisões e aumento da confiança nas decisões.

③ Aumento da receita e preservação da margem de lucro.

④ Evidências de que a estratégia e os objetivos são claros e que os comportamentos estão alinhados em apoio aos planos. Essas evidências incluirão:

➤ Conversas espontâneas que indiquem esse resultado.

➤ Reforço da cooperação.

➤ Aumento do número de ideias oriundas de todos os níveis da organização.

⑤ Diminuição do número de conversas necessárias para gerenciar conflitos no topo.

⑥ *Feedback* positivo do diretor de operações, com relação ao seu desempenho, quanto aos aspectos financeiros e de liderança.

Valor

➤ O aumento das vendas em US$ 1,5 milhão, em comparação com o ano anterior, agregará US$ 300 mil ao lucro líquido, elevando o lucro líquido total para US$ 1,3 milhão.

➤ A redução do conflito no topo diminuirá o tempo gasto em conversas com as pessoas envolvidas.

➤ Abreviação do tempo de chegada ao mercado de novas ideias e métodos.

➤ Aceleração da sua capacidade de exercer impacto positivo.

➤ Construção de uma estrutura útil para a tomada de decisões, reduzindo a duração do processo decisório.

Metodologia e opções

Opção 1: Durante um período de seis meses, realizar reuniões pessoais com você, conforme as necessidades, e oferecer-lhe consultoria ilimitada por telefone.

Reunir-me com cada um de seus subordinados diretos para conhecê-los com mais profundidade e compreender melhor o contexto organizacional.

Reunir-me com a sua equipe de subordinados diretos para colher observações e acelerar sua integração.

Reunir-me com o Comitê Executivo para garantir a clareza e o alinhamento de propósitos e objetivos. Construir uma estrutura estratégica que garanta a consecução das metas de crescimento e rentabilidade.

Reunir-me com você, XXXX e XXXX para resolver as questões entre eles e entre vocês três.

Reunir-me com você e XXXXXXXX para definir metas e expectativas, e para promover o alinhamento e o apoio a seus planos.

Opção 2: Todos os elementos da Opção 1, mais:
Reunião de acompanhamento do grupo de subordinados diretos, no marco de cinco meses, para identificar novas oportunidades, desafios e propostas capazes de reforçar sua liderança.

Opção 3: Todos os elementos das Opções 1 e 2, mais:
Pesquisa em todo o âmbito da organização para compreender com mais profundidade o contexto e as barreiras culturais à execução eficaz de sua estratégia. Aqui se incluem apuração e análise dos resultados com a equipe de subordinados diretos.

Timing

As primeiras entrevistas e reuniões serão concluídas nas oito semanas seguintes ao início do projeto.

A prestação de serviços de consultoria a você e ao Comitê Executivo prosseguirá durante um total de seis meses.

A Bíblia da Consultoria **309**

Responsabilidades conjuntas

XXXXXXXX designará Constance Dierickx, PhD, para a função de líder do projeto. Ela participará, continuamente, de todos os aspectos do projeto, e servirá como ponto de contato imediato com a XXXXXXXX. Assinaremos acordos de não divulgação, conforme as necessidades, e todo o conteúdo do trabalho será de propriedade da XXXXXXXX.

XXXXXXXX nos garantirá acesso razoável ao pessoal-chave da administração, a toda a documentação e às informações da empresa, consideradas adequadas, nos prazos estipulados. XXXXXXXX será responsável pela programação das reuniões e pelo fornecimento das instalações, equipamentos e apoio necessário para as reuniões. XXXXXXXX concorda com a estrutura de honorários definida a seguir, e aceita os procedimentos aqui especificados, referentes a reembolso de despesas.

Termos e condições

Opção 1: US$ 60.000
Opção 2: US$ 70.000
Opção 3: US$ 85.000

Os prazos de pagamento são metade dos honorários na assinatura deste acordo e metade 45 dias depois.

As despesas de viagem e de estada serão apresentadas mensalmente, pelo total acumulado desde o reembolso anterior, com base nos custos, para pagamento no recebimento da nota de despesa.

Este acordo é irrevogável, e os prazos de pagamento aqui estipulados vencem conforme aqui descrito. Você poderá postergar ou prorrogar qualquer parte deste projeto, conforme suas necessidades. Garantimos a qualidade de nosso trabalho. Se não cumprirmos os objetivos aqui estabelecidos, devolveremos os honorários recebidos.

Aceitação e assinaturas

_____

XXXXXXXX

_____

Acordos de subcontratação (terceirização)

Os consultores autônomos geralmente recorrem a ajuda externa conforme a situação, o que, geralmente, é denominado subcontratação. É importante definir antecipadamente as regras da subcontratação para que não haja surpresas.

O acordo seguinte se destina a estabelecer os critérios da subcontratação. Talvez você prefira que seu advogado redija o acordo, mas acredito que qualquer relacionamento firme é mais forte que qualquer contrato formal e que o relacionamento precário comprometerá o mais hermético contrato formal.

Algumas dicas:

- ▶ Use pessoas que você conhece e em quem confia.
- ▶ Mesmo quando não precisa de ajuda, continue pesquisando e mantenha relacionamentos para quando precisar.
- ▶ Recorra à subcontratação quando necessitar de ajuda por causa do volume de trabalho, quando precisar de *expertise* que não é da sua área, quando não estiver interessado em aprender o trabalho, e quando for melhor contar com esse apoio.
- ▶ Sempre se lembre de que o cliente é seu.

Amostra de acordo de subcontratação (terceirização)

As disposições deste documento regularão nossas relações, enquanto Joan Larson presta serviços em nome da Summit Consulting Group, Inc. na Acme Company.

1. Você se identificará como subcontratada da Summit Consulting Group, Inc. Você não fornecerá cartões de visita pessoais, nem se referirá às suas atividades profissionais autônomas em momento algum.

2. Você não fará promoção de seus negócios pessoais em momento algum.

3. Você executará os trabalhos e prestará os serviços de acordo com as instruções fornecidas pela Summit Consulting Group, Inc., e não concordará com quaisquer alterações, adições ou novas condições solicitadas pelo cliente. Você encaminhará imediatamente quaisquer desses pedidos do cliente a Alan Weiss para decisão.

4 Suas despesas serão reembolsadas mensalmente, no prazo de dez dias após a apresentação. Você apresentará as despesas para reembolso no último dia de cada mês. O reembolso incluirá passagens aéreas em classe econômica, com desconto, táxis, refeições (até o limite diário de US$ 75), hospedagem no Marriott Downtown e gorjetas. Todas as outras despesas, inclusive telefonemas, recreação, lavanderia, e outras não são reembolsáveis.

5 Sua remuneração será de US$ 1.500,00 por dia, no local, e US$ 750,00 por dia, fora do local (remoto), nos termos definidos e aprovados pela Summit Consulting Group, Inc. Você concorda que o trabalho que lhe está sendo atribuído por este instrumento será concluído em 60 dias, com um limite de 15 dias úteis no local, e de 4 dias fora do local (remoto). Você executará o seguinte trabalho, mesmo que exija dias adicionais, mas a remuneração será limitada aos níveis aqui estipulados:

► Conduzir 12 grupos de foco, quando forem solicitados, com a duração de 90 minutos cada um.

► Analisar e preparar relatórios referentes a cada um desses grupos de foco.

► Analisar e elaborar um relatório final referente à experiência total.

► Reunir-se com Alan Weiss, na conclusão, para discutir o relatório final.

Os honorários serão pagos no prazo de dez dias após a apresentação de seus relatórios de tempo, no fim de cada mês, desde que cada um dos relatórios referentes aos grupos de foco já tenha sido apresentado.

6 Todos os trabalhos e todos os materiais serão de propriedade exclusiva da Summit Consulting Group, Inc. Você não pode citar esta organização como seu cliente, em conversas ou por escrito, e todas as comunicações com a Summit Consulting Group, Inc. e com a Acme são confidenciais, nos termos do acordo de não divulgação que você assinou.

7 Você atuará com profissionalismo, observará a ética e a cortesia habituais em contextos de negócios, e cumprirá as especificações do trabalho aqui descritas. A inobservância desta exigência, conforme o julgamento da Acme e/ou da Summit Consulting Group, Inc., acarretará a rescisão deste acordo e a suspensão dos pagamentos.

Sua assinatura abaixo, reconhecida em cartório, indica plena concordância com os termos e condições aqui estipulados.

_____ Tabelião. (Incluir assinatura, data e carimbo).
Joan Larson

Data: _____

Apêndice Virtual

Criamos um Apêndice Virtual dinâmico, em meu site, com referências atualizadas.

Visite http://Summitconsulting.com, clique em "livraria", selecione este livro, e você encontrará um link para "Apêndice Virtual". Não é necessário inserir senha. Espero que este recurso mantenha este livro relevante e pessoalmente útil para você, durante muitos anos.

Sobre o autor

Alan Weiss é uma das poucas pessoas em condições de afirmar que é consultor, palestrante e autor, e comprovar o que está dizendo. Sua empresa de consultoria, a Summit Consulting Group, Inc. atraiu clientes como Merck, Hewlett-Packard, GE, Mercedes-Benz, State Street Corporation, Times Mirror Group, Federal Reserve, The New York Times Corporation, e mais de quinhentas outras organizações importantes. Foi membro do Conselho de Administração da Trinity Repertory Company, e presidiu o Newport International Film Festival.

Suas palestras incluem, em média, trinta discursos de abertura por ano em eventos importantes. Foi professor visitante da Case Western Reserve University, Boston College, Tufts, St. John's, University of Illinois, Institute of Management Studies, e University of Georgia Graduate School of Business. Também foi professor adjunto da Graduate School of Business da University of Rhode Island, onde lecionou em cursos de gestão avançada e de competências em consultoria. Já bateu o recorde de conduzir os mais caros workshops sobre empreendedorismo nos 21 anos de história do New York City's Learning Annex. Seu PhD é em psicologia, e é membro de American Psychological Society, American Counseling Association, Division 13 da American Psychological Association, e Society for Personality and Social Psychology. Foi membro do Board of Governors do Harvard University's Center for Mental Health and the Media.

Foi incluído no Professional Speaking Hall of Fame®. Recebeu, com outro premiado, o National Speakers Association Council of Peers Award of Excellence, representando o 1% superior dos palestrantes profissionais do mundo. Foi nomeado Fellow do Institute of Management Consultants, uma das duas únicas pessoas da história que receberam esses dois galardões.

Suas publicações abrangem 500 artigos e 40 livros, inclusive o *best-seller Million Dollar Consulting*, e *Getting Started in Consulting*, terceira edição. Seus livros estão nos currículos de Villanova, Temple University, e Wharton School of Business, e foram traduzidos para os idiomas alemão, italiano, árabe, espanhol, russo, coreano e chinês.

É entrevistado e citado com frequência na mídia. Sua carreira profissional o levou a 55 países e a 49 estados. A *Success Magazine* o mencionou em um editorial dedicado a seu trabalho como "especialista mundial em educação executiva". O *New York Post* o chamou de "um dos consultores independentes mais bem-conceituados dos Estados Unidos". É ganhador do prestigioso Axiem Award for Excellence in Audio Presentation.

Também recebeu o Lifetime Achievement Award do American Press Institute, o primeiro já concedido a um não jornalista e um dos únicos sete já concedidos em toda a história da associação.

Foi coach da ex-candidata a Miss Rhode Island e da atual candidata a Miss America, em habilidades de entrevistada. Participou do programa popular da televisão americana *Jeopardy*, onde perdeu feio, no primeiro round, para um garçom.

Índice

3M (empresa), 136
A. D. Little, 22
Abordagem diagonal
  confiança, 32
  conteúdo, 31
  processo, 32
Acordos conceituais
  definição, 65
  equação de, 56
  honorários com base no valor
    agregado, 124–125
  métricas de, 149–150
  métricas de sucesso, 67
  objetivos de, 66, 149
  para coaching, 200
  propostas, 148–151
  relacionamento de confiança,
    148
  valor, 68–69, 150–151
Advogados, 42
Afiliação, 82
Alavancagem
  definição, 70
  longo prazo, 190–193
  princípios da, 70–73
Alavancagem no longo prazo
  criação da, 190–191

estudos de caso e, 192–193
experimentação e, 193
principais contatos e, 191–192
inclusão do nome do cliente
  na, 190
Alianças
  definição, 107–108
  diretrizes para, 106–107
  divisão da receita em, 106–109
Aliciamento, 62
Allen, Woody, 282
Alternativas, limitação das, 70
Antecipação de necessidades, 26–27
Anúncios, uso de, 86
Apoio
  administrativo, 43–46
  emocional, 46–50
  sistemas para, 49–50
Aposentadoria, 286
Aprendizado *right-on-time*, 39
Assistência virtual, 44
Assuntos legais
  constituição de empresas, 41
  proteção dos direitos autorais, 42
Atenção, perda de, 47–48
Atividades de retribuição
  avanços profissionais, 295–299

319

evolução profissional, 299-301

    mentoria, 291-295

Autopublicação, 124-125

Autoria

    arte e ciência da, 126-128

    expressão da, 124-126

    ferramentas de marketing, 79

    formas e meios da, 125-126

    promoção e, 79

Avaliação da situação, 152, 307

Barr, Chad, 78

Benefícios

    não financeiros, 261

    tipos de, 56-57

Benefícios intangíveis, 56-57

Benefícios periféricos, 57

Benefícios tangíveis, 56

Blogs

    atualização de, 276

    global, 119

    investimentos em, 87

    marketing com, 79

Booz Allen Hamilton, 22

Booz, Edwin G., 22

Bossidy, Larry, 221

Bridges, William, 247

Buffett, Warren, 136-137

Camada Térmica, 174-176

Cameron, James, 122

Capital intelectual

    facilitação e, 200-201

    função do, 123

    transmissor do, 121

Carreiras conflitantes, 48-50

Celebridades

    armadilha do sucesso em, 135

    honorários com base no valor

    agregado e, 128-131

    interações da comunidade com, 139-140

    liderança intelectual e, 121

    talento e, 134-135

Chamadas a frio

    fatores de confiança nas, 81-84

    melhores clientes potenciais para, 81

    sucesso das, 83

Chavões vazios, 71-72

Clientes. *Ver* Comprador econômico

Clinton, Bill, 122

Coaching

    critérios de sucesso, 308

    iniciação do trabalho, 199

    diferenciações do, 198

    história do, 197

    responsabilidade ética, 271

    treinamento *versus,* 213-215

Collins, Jim, 68

Comitês, 228-229

Compradores econômicos. *Ver também* Não compradores

    acompanhar o, 274

    acordo conceitual com, 65-69

    alavancagem de longo prazo e, 190-193

    alegações de parceria, 147

    comportamento do, 164-168

    curva de aceleração e, 89

    definição, 25-26

    demissão do, 265-268

    depoimentos do, 187-188

    descarte, 77

    descoberta do, 146

    dizendo não ao, 167-169

honorários com base no valor
agregado e, 55-58, 129-131
identificação do, 62-65
maturidade do, 105
multinacional, 116-120
necessidades do, 26-29
papel do, 163-166
programação de reuniões com, 148
"Pronto 80%: avance", 241
propostas, 158-162
recursos, uso, 59
referências do, 72-73, 109-111,
187-188
relações de confiança com,
146-147
responsabilidades do, 134-135
transferindo trabalho para, 45
Compradores. *Ver* Compradores
econômicos
Comunicação
critérios de, 232
transparência em, 245
visão geral da, 231-232
Comunidades
ciclo de crescimento, 140
conceito de, 39
crescimento futuro, 302
interação das celebridades com,
139-141
responsabilidade ética perante, 270
virtuais, 138-139
Conduta ética
direitos autorais e, 262-265
estudos de casos, 255-258
mandamentos para, 270-271
em questões financeiras, 258-262
Confiança

baseada em conexão emocional, 83
baseada em *expertise* manifesta, 82
baseada em necessidades de
associação, 82-83
baseada em respeito intelectual, 83
compradores econômicos e,
146-147
definição, 32, 146
Constituição de empresas
formas, 41
propósitos da entidade, 41
Construção do patrimônio líquido
dicas para, 273-276
propriedade intelectual e, 276-279
Consultor de ouro: guia profissional
para a construção de uma carreira,
29, 125, 294
Consultores
alianças entre, 106-109
conselhos finais a, 304-305
estruturas profissionais para, 50-54
formas de, 29-32
função, 29
independentes, 302
papel dos, 21-25
redes informais de, 303
TI, 30-32
tipos de, 24
Consultores independentes *Ver*
solista virtuoso
Consultoria de gestão
história, 22-25
necessidades contínuas, 25-29
Contas bancárias, 43
Conteúdo, 31
Contratado (subcontratado), 29
Correções de curso

A Bíblia da Consultoria **321**

Camada Térmica, 174

causas das, 173–174

desenvolvimento de competências, 176

Crédito, propósitos do, 43

Criando necessidades, 26

Curva de Aceleração, 87–91

Curva de sino 3-D do mercado, 297

Delegação, 45, 60

Depoimentos

atualização, 275

marketing com, 80

multimídia, 188

não compradores, 188

obtenção, 187–190

por escrito, 189

produzidos pelos consultores, 189–190

Depoimentos em multimídia, 188

Desengajamentos

alavancagem de longo prazo nos, 190–193

depoimentos em casos de, 187–190

dinâmica dos, 177–178

formais, 177

negócios oriundos de referências em, 180–183

razões para, 265–268

referências, 187–190

repetindo negócios em casos de, 183–187

sucesso nos, passos para, 177–180

Desenvolvimento da carreira

papel dos consultores no, 225–226

evidência do, 224–225

implicações do, 227

Despesas. *Ver também* renda

diretrizes éticas sobre, 259

reembolso de, 155

Direitos autorais

diretrizes éticas para, 262–265

proteção, 42

Distância de valor, 8

Drucker, Peter, 136, 281

Empoderamento, 239

Empregados

buyouts (compras da empresa pela), 283–284

contratos, 285

desenvolvimento de, 220

importância, 44

papel na implantação, 164–165

redução do quadro de pessoal, 46

requisitos, 44

responsabilidade das, 165

sugestões para, 44–45

virtual, 44

Empresas

comitês nas, 228–230

comunicação nas, 231–233

desenvolvimento da carreira nas, 224–227

diretores de, 51–52

estratégias de desenvolvimento para, 235–238

feedback nas, 231–233

formação de equipes nas, 227–230

gestão da mudança nas, 238–241

gestão de crises nas, 245–247

inovação nas, 248–251

lealdade nas, 36

liderança nas, 217–220

mudança cultural nas, 241–244

planejamento da sucessão nas,

220-224

Empresas de consultoria

    compartimentalização das, 285

    expansão das

        desengajamento e, 185

        globais, 116-120

        honorários fixos e

            periódicos e, 112-116

        referências e, 109-112

        visão geral das, 102-105

    maturidade das, 299-301

    recusas, 265-268

    transições nas, 286-289

    venda de, 283-286

Entregar demais, 171

Equilíbrio na vida, 279-283

Equipes

    características, 230

    definição, 229-230

    exemplos de, 229

    formação, 227

    tipos de, 228

Equipes de estranhos, 228

Equipes familiares, 228

Equipes interinas, 228

Especialistas, 35

Especialistas em conteúdo, 24

Expertise, 82

Estratégia

    chavões, 235

    definição, 236

    forças impulsoras, 237

    fracasso das, 236

    responsabilidade pela, 237

Estudos de caso cegos, 192

Estudos de casos

    desenvolvimento de, 192

ética de negócios, 255-258

implantação, 164

propostas, 162

tipos de, 192

transições, 286-287

Estudos de Hawthorne, 295

Expansão lenta do escopo (*scope creep*)

    antídoto, 172

    autônomos, 166-167

    condições que promovem, 170-171

    definição, 114

    efeitos da, 168-169

    prevenção, 170-173

    responsabilidade pela, 171

Exploração, 186-187

Facilitação

    capital intelectual e, 200-201

    definição, 201

    desafios da, 203-204

    passos para, 202-203

Facilitadores, 24

Falso isolamento, 96

Faz-Tudo, 71

FedEx, 157

Feedback não solicitado, 49, 233

Forças-tarefa, 228

Fornecedores, 60, 274

Franquia, 133

Garantia contra abusos, 189

Generalistas, 35

Gestão de crises

    excesso de reação e, 247

    métodos eficazes de, 246-247

    preparação e, 245-246

Gitomer, Jeff, 121

Glass-Steagall Act, 23

A Bíblia da Consultoria **323**

Google Alerts, 262-263
Goldsmith, Marshall, 121
Good to great (Collins), 129-130
Hays, Woody, 157
Hierarquia das necessidades (Maslow), 281, 295
Honorários com base no valor agregado (*ad valorem*)
    benefícios do, 57-58
    celebridades e, 128-131
    condições do cliente e, 55-58
    critérios para, 132
    definição, 128
    ética, 260
Honorários fixos e periódicos (partido)
    desvantagens, 113-114
    esquemas, 114
    sucesso, requisitos de, 115-116
    vantagens, 112-113
Honorários. *Ver também* Honorários com base no valor agregado (*ad valorem*)
    cliente global, 116-120
    determinação dos, 134
    horário/mensal, 303
    não pagamento dos, 267
    negociação dos, 161
    terceirizado, 132-133
Humphrey, John, 276
IBM, 25, 297
Implantação (execução)
    correção de curso nas, 173-176
    infiltração lenta do escopo na, 170-173
    papel dos clientes na, 163-166
    papel dos *stakeholders* na, 166-170
    papel dos subordinados na, 164-165

Impostos
    benefícios não financeiros, 261
    empresas, 41-42
    para autônomos, 50-51, 258-259
    redução de, 275
Inovação
    definição, 248
    fontes de, 251
    promoção, 249-250
Insourcing (desfazendo a terceirização), 37-38
Intelecto, 82-83
Intensidade do trabalho, 58-62
iPads, 96, 125
Lealdade, 36
Licenciamento
    honorários 133-134
    propriedade intelectual, 90, 276-279
Liderança intelectual
    capital intelectual e, 123
    características, 121-122
    definição, 121
    reinvenção, 136-137
Liderança. *Ver também* Liderança intelectual
    consistência na, 218
    fatores críticos da, 219
    função da, 121-124
    gestão de crises pela, 245-246
    grupo, 86-87
    grupos de mídias sociais, 86-87
    mensagens enviadas pela, 217
    planejamento da sucessão pela, 220-224
Ligações emocionais, 83
Livros. *Ver também* Autoria

autopublicação, 124–125
promoção de, 79
publicações comerciais, 124–128
Mager, Bob, 68, 213
Maister, David, 262
Marcas
blogs e, 87
criação de, 101–102
definição, 99
expansão via, 102–105
networking com, 101
princípios da, 95
requesitos da, 99–100
solistas virtuosos e, 100
Marketing. *Ver também* Promoção
com chamadas a frio, 81
com mídias sociais, 84–87
curva de aceleração, 87–91
estratégias de tecnologia, 95–98
mentalidades para, 92
não compradores e, 58–59
quadrantes de prioridades,
103–104
técnicas de promoção, 93–95
Maslow, Abraham, 281, 295
McKinsey, James, 24
McLuhan, Marshall, 122
Medidas das melhorias nas, 55–56
Mentalidades, 92–93
Mentoria
aspectos de interesse próprio da,
292–293
diferenças da, 198
responsabilidade ética da, 271
valor profissional da, 291–292
Mercado
atacado, 303

evolução dos planos, 34
varejo, 303
Merck Pharmaceuticals, 246
Merck, George, 268
Metodologia
avanços da, 297
crença na, 61
defesa da, 171
escolha da, 145
honorários e, 260
importação, 284
negociação, 209–210
opções, 153, 309
Metodologias interpessoais
coaching, 197–198
desenvolvimento de
competências, 211–215
facilitação, 200–204
negociação, 207–211
solução de conflitos, 204–207
Métricas (critérios)
acordos conceituais, 149–150
proposta, 152
sucesso, 67–68
Mídia, 275
Mídias sociais. *Ver também* Plataformas
específicas
Alavancagem das, 86–86
Aspectos negativos das, 84–85
Investimentos em, 87
Liderança intelectual e, 123–124
Princípios para, 96
Modelo de entrega, 58–60
Modelo de marketing de consultoria, 54
Morita, Akio, 26
Mossberg, Walter, 95, 121
Mudança cultural, 241–244

A Bíblia da Consultoria **325**

Multimídia, 86

Nance, John, 122

Não compradores
apoiadores, 64
depoimentos de, 188
identificação do, 62
perigos do, 63
referências de, 188

Navalha de Occam, 173

Navegação na curva em S, 135-138

Necessidades
conjuntos pessoais/
profissionais de, 28
reais, 28
tipos de, 26-27

Necessidades pessoais, 28

Necessidades preexistentes, 26

Negociação
"quereres" na, 208-209
metodologia, 209-210
papel do consultor, 209
partes da, 209-210
"precisares" na, 208

Negócio paraquedas, 89

Networking
confiança e, 81
curto prazo/longo prazo, 123
informal, 303
marca, 101
prática da, 80

Objetivos
acordos conceituais, 65, 148-149
conflitos sobre, 204-206
proposta, 152, 307
questões relacionadas com, 66

Opções
clientes, 153

constituição de empresas, 41-42
propostas, 153, 309

Organizações sem fins lucrativos, 38

Organizações. *Ver* Empresas

Palestras públicas, 80

Palestras. *Ver* Palestras públicas

Pedido de proposta, 26

Peões, 108

Perguntas
para a definição de valores, 69
para compradores econômicos, 64
para o desenvolvimento de
critérios, 67
para objetivos, 66

Pirâmide da confiança, 82

Pirâmide da marca, 102

Planejamento da sucessão
desenvolvimento da carreira e,
224-225
definição, 220-222
métodos de, 223-224
recrutamento e, 220-224

Processo, 32

Produtos e serviços, 102-103

Profissão de consultor
evolução da, 299-301
futuro da, 301-305
necessidades, formas de, 29-32
responsabilidade ética, 270
responsabilidade profissional, 298

Proibição, 243-244

Promoção. *Ver também* Marketing
sem inibição, 91-95
técnicas para, 93-95

Propostas. *Ver também* Implantação
aceitação da, 155-156
acordo conceitual e, 148-151

326 A Bíblia da Consultoria

amostra, 307–310

apresentação, 156–159

avaliação da situação, 307

componentes, 151–156

comprador econômico e, 146–148

demandas dos compradores,
158–162

entrega, 157

estudo de caso, 164

fases a evitar, 156–157

fechamento, 159–162

começando a, 159–162

metodologia, 153

métricas (critérios) de sucesso, 308

objetivos, 307–308

opções, 153

processo de, 145–146

responsabilidade conjunta, 154

revisão, 157–158

simplificação, 158

termos e condições, 154–155, 310

timing, 153, 309

valores, 308

Propriedade intelectual

construindo o patrimônio
líquido com, 274

criação da, 123

licenciamento da, 91–92, 276–277

maximização do potencial da,
278–279

repositório de, 86

Proteção

financeira, 43

plágio e, 262–265

propriedade intelectual, 42,
262–265

Publicações comerciais, 124

Questões financeiras. *Ver também* Renda

alianças e, 106–109

diretrizes éticas, 259–261

mistura (confusão) de, 43

Recursos

administrativos, 43–46

emocionais, 46–50

Recursos emocionais, 46–56

Recursos humanos (RH)

departamentos, 37

Referências

critérios para, 181

de clientes, 110

de não clientes, 110–111

desengajamento e, 180–183

importância das, 109

indiretas, 111–112

potencial de expansão, 111–112

solicitação, 72–73

Reinvenção

aceleradores da, 137–138

liderança intelectual e, 136

níveis de sucesso e, 136

oportunidade da, 135–136

Relação risco-recompensa, 47

Relacionamentos

acordos conceituais e, 248

carreiras conflitantes e, 48–49

demandas do trabalho e, 47–48

Relatórios de posicionamento, 80

Renda. *Ver também* Despesas

acompanhamento da, 274–275

aumento, 34, 275

curva de aceleração e, 90

diretrizes éticas para, 259–261

fontes de, 102–103

fórmula de distribuição, 108–109

impacto do aumento da, 150–151

Repetição de negócios
    definição, 183–184
    modo adição em, 185–186
    modo expansão em, 185
    modo exploração em, 186–187
    modo transferência em, 186

Responsabilidade conjunta, 154, 310

Resposta, velocidade da, 96

Retorno do investimento (ROI),
    fórmula, 179

Reuniões
    preparação, 160
    programação, 148

Risco, aversão ao, 46

Robbins, Tony, 122

Roda de Gravidade do Mercado
    aliciamento *versus*, 62
    definição, 77
    desenvolvimento da, 78
    elementos da, 79–80
    liderança intelectual e, 123
    referências e, 109

SHBM, 34

Sites de internet
    atualização, 276
    marketing com, 126
    princípios, 95

So, so (mais ou menos), rótulo, 102–103

Solistas virtuosos
    aumento dos, 302
    avanço lento do escopo, 166–167
    características de, 51
    híbridos letais, 51–52
    marca e, 100
    propriedade intelectual, 166–167,
    276–277

Solução de conflitos, 204

Subcontratados/Terceirizados
    acordo, 311–313
    função dos, 29
    honorários, 132–133

Subordinados. *Ver* Empregados

Sucesso
    armadilha, 135–136
    atributos, 32–33
    critérios de coaching, 200
    demonstração, 177–180
    garantia, 145–148
    métricas/critérios de, 67, 308
    parâmetros genéricos, 34–35

Talentos, distribuição de, 281–282

Tarefas, simplificação das, 45

Taylor, Frederick Winslow, 22–23, 295

Taylorismo, 22–23

Teclado, domínio do, 45

Tecnologia
    avanços, 302–303
    filosofia para, 97–98
    uso eficaz da, 95–98

Tecnologia da informação (TI),
consultores de
    abordagem diagonal, 31–32
    potencial 30–31

Tempo
    demanda de, 47
    fator crítico, 219–220
    investimentos, redução de, 58–62
    uso do 240–241

Tendências
    aprendizado *right-on-time*, 39
    departamentos de RH
    insourcing (desfazendo a
    terceirização), 37, 38

lealdade empresarial, 36
voluntariado, 38-39
Terceirização, 45, 60
Termos e condições, 310
Timing (oportunidade)
propostas, 153, 309
reinvenção, 135
Trabalho do tipo "partido" (honorários
fixos e periódicos), 90
Trabalho global
blogs, 119
formas de, 116-117
honorários, 118-119
melhores práticas, 117-118
tecnologia e, 302-303
Trabalho voluntário, 80, 270
Transferência, 186
Transições
avaliações no curto prazo, 289
diretrizes, 287-288
estudo de caso, 286-287
Transparência, 245
Treinamento. *Ver também*
Desenvolvimento da carreira
coaching *versus*, 213
contexto, 212
eficaz, passos, 214
objetivos estratégicos e, 215
Twitter, 86
Vagelos, P. Roy, 218, 246
Valor agregado, 27
Valores
acordos conceituais e, 54
bases do, 150-151, 308
impacto dos, 150-151
propostas, 153
Valores compartilhados, 54

Verdadeira riqueza, 34
Verdadeiros compradores. *Ver*
Comprador econômico
Visualização, 46
Voluntariado
aumento, 38
impacto do, 270
redes de, 80
Welch, Jack, 221
Zona ambígua, 247
Zona neutra, 247

LEIA TAMBÉM

A BÍBLIA DA CONSULTORIA
Alan Weiss, PhD
TRADUÇÃO Afonso Celso da Cunha Serra

A BÍBLIA DO VAREJO
Constant Berkhout
TRADUÇÃO Afonso Celso da Cunha Serra

ABM ACCOUNT-BASED MARKETING
Bev Burgess, Dave Munn
TRADUÇÃO Afonso Celso da Cunha Serra

AGILE MARKETING
Neil Perkin
TRADUÇÃO Luis Reyes Gil

ALIANÇAS ESTRATÉGICAS & PARCERIAS DE MARKETING
Richard Gibbs
Andrew Humphries
TRADUÇÃO Luis Reyes Gil

BOX RECEITA PREVISÍVEL (LIVRO 2ª EDIÇÃO + WORKBOOK)
Aaron Ross, Marylou Tyler, Marcelo Amaral de Moraes
TRADUÇÃO Marcelo Amaral de Moraes

BUYER PERSONAS
Adele Revella
TRADUÇÃO Luis Reyes Gil

CANAIS DE VENDAS E MARKETING
Julian Dent, Michael K. White
TRADUÇÃO Afonso Celso da Cunha Serra

CONFLITO DE GERAÇÕES
Valerie M. Grubb
TRADUÇÃO *Afonso Celso da Cunha Serra*

CUSTOMER EXPERIENCE
Martin Newman, Malcolm McDonald
TRADUÇÃO *Maíra Meyer Bregalda, Marcelo Amaral de Moraes*

CUSTOMER EXPERIENCE
Nick Hague, Paul Hague
TRADUÇÃO *Maíra Meyer Bregalda*

DIGITAL BRANDING
Daniel Rowles
TRADUÇÃO *Afonso Celso da Cunha Serra*

DOMINANDO AS TECNOLOGIAS DISRUPTIVAS
Paul Armstrong
TRADUÇÃO *Afonso Celso da Cunha Serra*

ECONOMIA CIRCULAR
Catherine Weetman
TRADUÇÃO *Afonso Celso da Cunha Serra*

ESTRATÉGIA DE PLATAFORMA
Tero Ojanperä, Timo O. Vuori
TRADUÇÃO *Luis Reyes Gil*

INGRESOS PREDECIBLES
Aaron Ross & Marylou Tyler
TRADUÇÃO *Julieta Sueldo Boedo*

INOVAÇÃO
Cris Beswick, Derek Bishop, Jo Geraghty
TRADUÇÃO *Luis Reyes Gil*

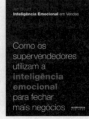

INTELIGÊNCIA EMOCIONAL EM VENDAS
Jeb Blount
TRADUÇÃO *Afonso Celso da Cunha Serra*

IOT – INTERNET DAS COISAS
Bruce Sinclair
TRADUÇÃO *Afonso Celso da Cunha Serra*

KAM – KEY ACCOUNT MANAGEMENT
Malcolm McDonald, Beth Rogers
TRADUÇÃO *Afonso Celso da Cunha Serra*

MARKETING CONVERSACIONAL
Dave Gerhardt, David Cancel
TRADUÇÃO *Maíra Meyer Bregalda*

MARKETING DE CONTEÚDO B2B
Gay Flashman
TRADUÇÃO *Maíra Meyer bregalda*

MARKETING EXPERIENCIAL
Shirra Smilansky
TRADUÇÃO *Maíra Meyer Bregalda*

MITOS DA GESTÃO
Stefan Stern, Cary Cooper
TRADUÇÃO *Afonso Celso da Cunha Serra*

MITOS DA LIDERANÇA
Jo Owen
TRADUÇÃO *Afonso Celso da Cunha Serra*

MITOS DO AMBIENTE DE TRABALHO
Adrian Furnham, Ian MacRae
TRADUÇÃO *Afonso Celso da Cunha Serra*

NEGOCIAÇÃO NA PRÁTICA
Melissa Davies
TRADUÇÃO *Maíra Meyer Bregalda*

NEUROMARKETING
Darren Bridger
TRADUÇÃO *Afonso Celso da Cunha Serra*

NEUROVENDAS
Simon Hazeldine
TRADUÇÃO Luis Reyes Gil

NÔMADE DIGITAL
Matheus de Souza

ONBOARDING ORQUESTRADO
Donna Weber
TRADUÇÃO Marcelo Amaral de Moraes, Maíra Meyer Bregalda

POR QUE OS HOMENS SE DÃO MELHOR QUE AS MULHERES NO MERCADO DE TRABALHO
Gill Whitty-Collins
TRADUÇÃO Maíra Meyer Bregalda

RECEITA PREVISÍVEL 2ª EDIÇÃO
Aaron Ross & Marylou Tyler
TRADUÇÃO Celina Pedrina Siqueira Amaral

TRANSFORMAÇÃO DIGITAL
David L. Rogers
TRADUÇÃO Afonso Celso da Cunha Serra

TRANSFORMAÇÃO DIGITAL 2
David L. Rogers
TRADUÇÃO Luis Reyes Gil

TRANSFORMAÇÃO DIGITAL COM METODOLOGIAS ÁGEIS
Neil Perkin
TRADUÇÃO Luis Reyes Gil

VENDAS DISRUPTIVAS
Patrick Maes
TRADUÇÃO Maíra Meyer Bregalda

VIDEO MARKETING
Jon Mowat
TRADUÇÃO Afonso Celso da Cunha Serra

Este livro foi composto com tipografia Bembo e impresso em papel Off-White 80 g/m² na gráfica Formato Artes Gráficas.